小学校

社会科 学習指導案

文例集

澤井 陽介 ＋ 廣嶋憲一郎

[編著]

東洋館出版社

はじめに

　本書は平成29年3月31日に告示された新学習指導要領に対応した授業実践の計画を掲載したものである。新学習指導要領については、いわゆる「解説書」が2月に市販され、注目されはじめたばかりである。

　新学習指導要領は、平成30年度、31年度の移行期を経て、平成32年度の全面実施を迎える。まだまだ先のことと感じている先生方も多いかもしれないが、全面実施がうまくいくためには、今から研究し、授業計画を考えておく必要がある。自治体によっては、前もって副読本を改訂する必要がある。その手がかりが必要になるはずである。

　本書は日々社会科の授業研究に熱心に取り組む教師が、新学習指導要領及びその解説書の趣旨を研究しながら書いたものである。したがって、まだまだ未成熟な事例が多いかもしれない。

　しかし、近年、若い教師、経験年数の少ない教師が、各都道府県で急増しており、新学習指導要領がどのような授業を目指しているのかを周知するためには、解説書だけでなく実践計画案を読み、実際の授業イメージをもっていただくことが効果的なのではないかと考えたのである。

　そのため、本書では、次のようにできる限り新学習指導要領の趣旨に沿うよう工夫している。

①目標については、解説書に記載されている例示のとおり、「～に着目して、～して調べ、～を捉え、～を考え、表現することを通して、～を理解できるようにする」という定型文（テンプレート）で表現している。実際には、2文に分けて活用する方法も考えられる。

②「社会的事象の見方・考え方」については、子供がそれを働かせるための「問い」の大切さに注目して、学習問題や学習過程における主な問いを記載している。紙幅の関係で毎時間の問いは掲載していない。教材化の視点としては、時間や空間、相互関係などに着目することを重視している。

③「主体的・対話的で深い学び」については、その実現に向けて、単元のまとまりを見通して、資料や学習活動の工夫など随所に手立てを講じている。

④「評価」については、新学習指導要領に示された資質・能力（教科等の目標）に対応した学習評価の観点例がまだ文部科学省から示されていないため、記載していない。

　いずれにしても、学習指導要領の各学年の内容について、それぞれ見開き2ページで表現し、大まかにでも授業イメージをもっていただくことを第一に考えている。したがって、限られた紙面であるため計画の詳細は書ききれていない。いや研究途上であるので、これ以上は書けないといったほうが正しいかもしれない。その意味から、本書の事例は、その全体がテンプレートであり、読者のみなさんにご活用いただくことで、修正されたり具体的な内容が定まったりしていくものと考えたい。

　新学習指導要領の趣旨が広まり、理解が進む中で、本事例の続きや詳細部分を読者の皆さんに描いていただくことを願っている。

平成30年3月吉日　澤井 陽介

［小学校社会科］学習指導案文例集

（各執筆者の肩書きは平成30年3月現在）

CONTENTS

001　はじめに

第1章　理論編

006　新学習指導要領　社会科改訂のポイント

文部科学省初等中等教育局視学官　澤井陽介

現代的教育課題と授業づくりの視点

聖徳大学大学院教職研究科教授　廣嶋憲一郎

第2章　文例編

044　学習指導案のつくり方　～読み方ガイド～

東京都町田市立大蔵小学校校長　石井正広

第3学年

046　学習指導要領「内容」のポイント　東京都府中市立府中第七小学校副校長　横山　明

【身近な地域や市の様子】
048　わたしたちの小菅村　～山間部にある小規模な村の例～　[A案]　東京都八王子市立陶鎔小学校副校長　島田　学
050　身近な地域や市の様子　～海岸沿いにある大規模な都市の例～　[B案]　横浜市立西富岡小学校校長　西川健二

【地域の生産や販売の仕事】
052　地域に見られる生産の仕事　～農家を取り上げた事例～　[A案]　東京都町田市立大蔵小学校校長　石井正広
054　地域に見られる生産の仕事　～地域の工場の仕事を取り上げた事例～　[B案]

東京都江東区立明治小学校主任教諭　柳沼麻美

056　わたしたちのくらしとスーパーマーケットの仕事　東京都青梅市立霞台小学校校長　森　清隆

【安全を守る働き】
058　安全を守る働き　～消防署の仕事に重点を置いた事例～　[A案]　東京都町田市立南大谷小学校教諭　杉本季穂
060　安全を守る働き　～警察署の仕事に重点を置いた事例～　[B案]　東京都江東区立明治小学校主任教諭　柳沼麻美
062　安全を守る働き　～消防の仕事と警察の仕事を並行して追究する事例～　[C案]

石川県金沢市立三谷小学校教諭　泊　和寿

【市の様子の移り変わり】
064　市の様子の移り変わりと人々の生活の変化　～駅前の変化に着目して導入する事例～　[A案]

東京都町田市立大蔵小学校校長　石井正広

066　市の様子の移り変わり　～市域の広がりに着目して導入する事例～　[B案]

横浜市立西富岡小学校校長　西川健二

068　市の様子の移り変わり　～導入で市規模の行事を取り上げる事例～　[C案]

東京都八王子市教育委員会指導主事　北川大樹

070　市の様子の移り変わり　～市役所の働きと関連付けて考察する事例～　[D案]

東京都町田市立南大谷小学校教諭　杉本季穂

072 区の様子の移り変わり ～身近な地域の変化に着目して導入する事例～ [E案]

東京都世田谷区立経堂小学校主任教諭 吉岡 泰

第4学年

074 **学習指導要領「内容」のポイント** 東京都多摩教育事務所指導課長 相原雄三

【都道府県の様子】

076 東京都の様子 東京都豊島区立目白小学校主任教諭 生沼夏郎

【人々の健康や生活環境を支える事業】

078 私たちの生活を支える水 [A案] 東京都教育庁指導部義務教育指導課統括指導主事 秋田博昭

080 私たちの生活を支える電気 [B案] 東京都江東区立明治小学校主任教諭 髙橋洋之

082 私たちの生活を支えるガス [C案] 千葉県一宮町立東浪見小学校教務主任 古内忠広

084 ごみの処理と再利用 東京都小金井市教育委員会指導主事 田村 忍

【自然災害からくらしを守る活動】

086 自然災害から人々を守る活動 ～地震～ [A案] 東京都教育庁指導部義務教育指導課統括指導主事 秋田博昭

088 自然災害から地域を守る活動 ～風水害～ [B案] 東京都杉並区立天沼小学校主任教諭 新宅直人

【県内の伝統や文化、先人の働き】

090 ずっと大切にしたい平塚の七夕祭り [A案] 横浜市立港北小学校教諭 今津尚子

092 人々に受け継がれてきた「日本橋」[B案] 東京都教育庁指導部指導企画課指導主事 辻 慎二

094 天然痘に立ち向かった伊東玄朴 [A案] 東京学芸大学附属小金井小学校教諭 小倉勝登

096 伊奈忠治と葛西用水の開発 [B案] 埼玉県越谷市教育委員会主幹 長谷川裕晃

【県内の特色ある地域のくらし】

098 伝統的な技術を生かした江戸切子づくりが盛んな江東区 お茶の水女子大学附属小学校教諭 岩坂尚史

100 自然環境を生かし、守り続ける箱根町 [A案] 横浜市立平沼小学校副校長 加藤智敏

102 歴史的な町並みを守り、生かしているまち 香取市佐原 [B案]

千葉県我孫子市立湖北小学校教諭 神野智尚

104 国際交流に取り組む大田区 ～共生のまちづくりを目指して～ [A案]

東京都府中市立府中第四小学校主幹教諭 向井隆一郎

106 国際交流に取り組む新宿区 ～共生のまちづくりのさらなる発展を目指して～ [B案]

東京都文京区立千駄木小学校教諭 河西勇弥

第5学年

108 **学習指導要領「内容」のポイント** 東京都台東区立忍岡小学校校長 吉藤玲子

【我が国の国土の様子と国民生活】

110 世界の中の日本 東京都江東区立南陽小学校校長 島川浩一

112 日本の地形と気候 東京都清瀬市教育委員会指導主事 西山 智

114 高地に住む人々のくらし さいたま市立仲本小学校主幹教諭 伊藤さおり

116 あたたかい土地のくらし 東京都台東区立忍岡小学校教諭 大下尚子

【我が国の農業や水産業における食料生産】

118 日本の食料生産の特色 東京都足立区立中川小学校校長 加藤雅弘

120 我が国の農業における食料生産 横浜市立豊岡小学校教諭 山本麻美

122 我が国の水産業における食料生産 東京都府中市立日新小学校教諭 長坂光一郎

【我が国の工業生産】

124 身のまわりの工業製品と私たちのくらしの変化 東京都北区立豊川小学校校長 村松良臣

| 126 | 自動車をつくる工業 | 東京都八王子市立小宮小学校主幹教諭 | 城﨑武士 |

| 128 | 工業生産を支える貿易と運輸 | 東京都江東区立東砂小学校主任教諭 | 清水隆志 |

【我が国の産業と情報との関わり】

| 130 | 情報をつくり伝える仕事 ～新聞～ | 東京都教職員研修センター企画部企画課長 | 児玉大祐 |

| 132 | 情報通信技術を生かして発展する販売の仕事「外食産業」～販売～［A案］ | | |
| | | 東京都板橋区立成増ヶ丘小学校校長 | 西谷秀幸 |

| 134 | 情報を生かして発展する運輸 ～運輸～［B案］ | 東京都大田区教育委員会統括指導主事 | 矢部洋一 |

| 136 | 情報を生かして発展する観光業 ～観光～［C案］ | 東京都新宿区立愛日小学校主幹教諭 | 田中かおり |

| 138 | 情報を生かして発展する医療 ～医療～［D案］ | 横浜市立平沼小学校教諭 | 石川和之 |

| 140 | 情報通信技術を生かして発展する福祉の仕事 ～福祉～［E案］ | | |
| | | 東京都大田区教育委員会統括指導主事 | 木下健太郎 |

【我が国の国土の自然環境と国民生活との関連】

| 142 | 自然災害からくらしを守る | 東京都新宿区教育委員会指導主事 | 北中啓勝 |

| 144 | 森林の働きと国民生活との関わり | 東京都板橋区立成増ヶ丘小学校教諭 | 水端勇太 |

| 146 | 公害からくらしを守る | 東京都大田区立久原小学校教諭 | 藤原剛志 |

第6学年 ・・・・・・・・・・・・・・・・・・・・・・・・・・・・・・・・・・・

| 148 | **学習指導要領「内容」のポイント** | 東京都江東区立南陽小学校校長 | 島川浩一 |

【我が国の政治の働き】

| 150 | 日本国憲法の役割と我が国の政治の働き | 東京都新宿区立市谷小学校副校長 | 増田義久 |

| 152 | わたしたちの生活をよりよくする政治 ～地方創生～ | 東京都北区立なでしこ小学校主任教諭 | 福盛田嘉子 |

【我が国の歴史上の主な事象】

| 154 | 狩猟・採取や農耕の生活、古墳、大和政権（大和朝廷） | | |
| | | 東京都教育庁指導部義務教育指導課指導主事 | 山﨑禎久 |

| 156 | 仏教と天皇中心の国づくりへ ～聖徳太子から聖武天皇へ～ | 横浜市立西が岡小学校校長 | 山本朝彦 |

| 158 | 貴族の生活と文化 | 東京都教職員研修センター研修部専門教育向上課指導主事 | 國長泰彦 |

| 160 | 武士による政治 | 横浜市立戸部小学校教諭 | 武藤由希子 |

| 162 | 今に伝わる室町文化 | 東京都中野区立美鳩小学校校長 | 佐藤民男 |

| 164 | キリスト教伝来、織田・豊臣の天下統一 | 東京都教育庁指導部義務教育指導課指導主事 | 山﨑禎久 |

| 166 | 江戸幕府の政策 | 東京都青梅市立第七小学校校長 | 中嶋　太 |

| 168 | 町人文化と新しい学問 | 東京都板橋区立成増小学校教諭 | 飯田恵美 |

| 170 | 我が国の近代化 | 横浜市立中丸小学校教諭 | 宗像北斗 |

| 172 | 世界に歩み出した日本 | 横浜市立瀬ケ﨑小学校校長 | 梅田比奈子 |

| 174 | 戦争と人々のくらし | 横浜市立神奈川小学校主幹教諭 | 藤井健太 |

| 176 | 焼け跡からの復興 | 横浜市立神奈川小学校主幹教諭 | 藤井健太 |

【グローバル化する世界と日本の役割】

| 178 | 日本とつながりの深い国々 | 東京都東大和市立第五小学校主任教諭 | 井上寛介 |

| 180 | 世界の課題と日本の役割 | 東京都中野区立新井小学校校長 | 杉渕　尚 |

| 182 | **おわりに** |

［小学校社会科］
学習指導案文例集

第1章

理論編

新 学 習 指 導 要 領
社会科改訂の
ポイント

文部科学省初等中等教育局視学官 **澤井陽介**

　平成29年3月31日に新学習指導要領が告示された。平成29年度は、新学習指導要領の目標や内容についての「周知」が図られる年であり、平成30年度、31年度は、スムーズに全面実施を迎えるよう準備をする「移行期」である。

　ここでは、まず『小学校学習指導要領 社会』（平成29年3月告示）の特徴に触れ、その読み方を説明したい。

小学校社会科の目標

　教科の目標並びに各学年の目標は、総括的な目標としての「柱書」と三つの柱で整理した資質・能力に関する目標の形式で示されている。資質・能力の三つの柱とは、⑴知識及び技能、⑵思考力、判断力、表現力等、⑶学びに向かう力・人間性等である。

　小学校社会科の教科目標は次のとおりである。

　社会的な見方・考え方を働かせ、課題を追究したり解決したりする活動を通して、グローバル化する国際社会に主体的に生きる平和で民主的な国家及び社会の形成者に必要な公民としての資質・能力の基礎を次のとおり育成することを目指す。

⑴　地域や我が国の国土の地理的環境、現代社会の仕組みや働き、地域や我が国の歴史や伝統と文化を通して社会生活について理解するとともに、様々な資料や調査活動を通して情報を適切に調べまとめる技能を身に付けるようにする。

⑵　社会的事象の特色や相互の関連、意味を多角的に考える力、社会に見られる課題を把握して、その解決に向けて社会への関わり方を選択・判断する力、考えたことや選択・判断したことを適切に表現する力を養う。

⑶　社会的事象について、よりよい社会を考え主体的に問題解決しようとする態度を養うとともに、多角的な思考や理解を通して、地域社会に対する誇りと愛情、地域社会の一員としての自覚、我が国の国土と歴史に対する愛情、我が国の将来を担う国民としての自覚、世界の国々の人々と共に生きていくことの大切さについての自覚などを養う。

主な特徴を挙げると次のようになる。

■「社会的な見方・考え方を働かせ」と、社会科としての「深い学び」の鍵が示されていること。
■「課題を追究したり解決したり」と問題解決をイメージした活動が示されていること。
■公民としての資質・能力の基礎が(1)から(3)の目標に具体的に描かれ、資質・能力が授業を通して確かに育成されることを目指していること。
■「よりよい社会の形成に参画する資質・能力の基礎」の具体が能力や態度に描かれていること、等。

ちなみに、第3学年と第4学年の目標・内容は、今回の改訂では分けて示されている。

これらは、社会科が改善を進めてきた方向を変更・転換するものではなく、むしろその方向を引き継ぎ、方策を明確化・具体化してさらに推進するものである。なお、文言については、小・中・高等学校をつなぐ趣旨から共通のものが使用されている部分があり、小学校社会科においては、「社会的な見方・考え方→社会的事象の見方・考え方」「課題を追究したり解決したりする活動→学習問題を追究・解決する活動（いわゆる問題解決的な学習）」などと読み替えることが適当である。これまで「公民的資質」として説明してきた態度や能力も、「公民としての資質・能力」に引き継がれるという考え方である。

1．知識及び技能

小学校社会科の内容は中学校社会科との接続・発展を踏まえれば、地理的環境と人々の生活、歴史と人々の生活、現代社会の仕組みや働きと人々の生活、の3つに区分して整理することができる。すなわち、小学校社会科における「知識」は、地域や我が国の地理的環境、地域や我が国の歴史や伝統と文化、現代社会の仕組みや働きを通して、社会生活についての総合的な理解を図るための知識であるということができる（**資料1**）。

小学校社会科は、地域や我が国の地理的環境、地域や我が国の歴史や伝統と文化、現代社会の仕組みや働きそのものを外側から眺めて理解することにとどまるのではなく、それらと地域の人々や国民との関わりを考え、その関連を踏まえて社会生活について理解することにねらいがあることを明確にしたのである。

小学校社会科における「技能」は、「社会的事象について調べまとめる技能」である。具体的には、調査活動や諸資料の活用など手段を考えて問題解決に必要な社会的事象に関する情報を集める技能、集めた情報を社会的事象の見方・考え方を働かせて読み取る技能、読み取った情報を問題解決に沿ってまとめる技能などであると考えられる。

これらの技能は、単元などのまとまりごとに全てを育成しようとするものではなく、情報を収集する手段や情報の内容、資料の特性等に応じて指導することが考え

資料1　小・中学校社会科における内容の枠組みと対象

枠組み		地理的環境と人々の生活			現代社会の（	
対象		地 域	日 本	世 界	経済・産業	
小学校	3年	(1) 身近な地域や市の様子 イの(ア) 「仕事の種類や産地の分布」			(2) 地域に見られる生産や販売の仕事	(3) 地 働
	4年	(1) 県の様子 (5) 県内の特色ある地域の様子	アの(ア) 「47 都道府県の名称と位置」		内容の取扱いの(3)のイ 「開発、産業などの事例（選択）」	(2) 人々の健康や生活環 (3) 自 を
	5年	(1) 我が国の国土の様子と国民生活 イの(ア) 「生産物の種類や分布」 イの(ア) 「工業の盛んな地域の分布」 (5) 我が国の国土の自然環境と国民生活との関連		イの(ア) 「世界の大陸と主な海洋、世界の主な国々」	アの(イ)「自然に適応して生活していること」 (2) 我が国の農業や水産業における食料生産 (3) 我が国の工業生産 (4) 我が国の情報と産業との関わり (5)我が国の国土の自然環境と	
	6年			イの(ア) 「外国の人々の生活の様子」		(1) 手
中学校	地理的分野	A(1)② 日本の地域構成 C(1) 地域調査の手法 C(4) 地域の在り方	A(1)② 日本の地域構成 C(2) 日本の地域的特色と地域区分 C(3) 日本の諸地域	A(1)① 世界の地域構成 B(1) 世界各地の人々の生活と環境 B(2) 世界の諸地域	③ 資源エネルギーと産業 ③ 産業を中核とした考察の仕方	
	歴史的分野					C(1)「市民 成立と議 政治的
	公民的分野		(1)「少子高齢化」	(1)「情報化、グローバル化」	A(1) 私たちが生 A(2) 現代 B 私たちと経済 (1) 市場の働きと経済 (2) 国民の生活と政府の役割	
					D(2) より	

組みや働きと人々の生活		歴史と人々の生活		
政 治	国際関係	地 域	日 本	世 界

イの(ア)
「市役所などの公共施設
の場所と働き」

内容の取扱いの(4)のウ
「国際化」

(4) 市の様子の移り変
わり

…域の安全を守る
…

イの(イ)
「外国との関わり」

…境を支える事業

内容の取扱いの(1)のイ
「公衆衛生の向上」

…然災害から人々
…る活動

イの(ア)
「過去に発生した地域の自然災害」

内容の取扱いの(4)のア
「国際交流に取り組む地域」

内容の取扱いの(4)のア
「地場産業、伝統的な文化(選択)」

(4) 県内の伝統や文
化、先人の働き

イの(ア)「生産量の変化」
イの(イ)「技術の向上」

イの(ア)
「輸入など外国との関わり」

イの(ア)
「工業製品の改良」

イの(ウ)
「貿易や運輸」

イの(イ)
「情報を生かして
発展する産業」

…国民生活との関連

…が国の政治の働き

(2) 我が国の歴史上の
主な事象

アの(サ)
「国際社会での重要な役割」

イの(イ)
「我が国の国際協力」

内容の取扱いの(2)のオ
「当時の世界との関わり」

(3) グローバル化する
世界と日本の役割

州という地域の広がりや
地域内の結び付き

④ 交通・通信

地域の伝統や歴史的な背景
を踏まえた視点

地域の変容

A(1)「ギリシャ・ローマの文明」		A 歴史との対話		(1)(ア) 世界の古代文明や宗教の起こり
		(2) 身近な地域の歴史	B 近世までの日本とアジア	(2)(ア) 武家政治の成立とユーラシアの交流
…革命」「立憲国家の…政治」「国民の…覚の高まり」			(1) 古代までの日本 (2) 中世の日本 (3) 近世の日本	(3)(ア) 世界の動きと統一事業
			C 近現代の日本と世界	(1)(ア) 欧米諸国における近代社会の成立とアジア諸国の動き
C(2)「我が国の民主化と再建の過程」			(1) 近代の日本と世界 (2) 現代の日本と世界	(2)(ア) 日本の民主化と冷戦下の国際社会 など

…きる現代社会と文化の特色

(1)「文化の継承と想像の意義」

…社会を捉える枠組み

…私たちと政治

D 私たちと国際社会
の諸問題

(1) 人間の尊重と日本国
憲法の基本的原則
(2) 民主政治と政治参加

(1) 世界平和と人類の福祉の増大

…い社会を目指して

[第1章] 理論編

009

資料2

社会的事象等について

技能の例

情報を収集する技能	事象等に関する情報を収集する技能 手段を考えて課題解決に必要な社会的	【1】調査活動を通して ○野外調査活動 ・調査の観点（数、量、配置等）に基づいて、現地の様子や実物を観察し情報を集める ・景観のスケッチや写真撮影等を通して観察し、情報を集める ・地図を現地に持って行き、現地との対応関係を観察し、情報を集める ○社会調査活動 ・行政機関や事業者、地域住民等を対象に聞き取り調査、アンケート調査などを行い、情報を集める 【2】諸資料を通して ○資料の種類 ・地図（様々な種類の地図）や地球儀から、位置関係や形状、分布、面積、記載内容などの情報を集める ・年表から、出来事やその時期、推移などの情報を集める ・統計（表やグラフ）から傾向や変化などの情報を集める ・新聞、図書や文書、音声、画像（動画、静止画）、現物資料などから様々な情報を集める
情報を読み取る技能	考え方に沿って読み取る技能 収集した情報を社会的な見方・	【1】情報全体の傾向性を踏まえて ・位置や分布、広がり、形状などの全体的な傾向を読み取る ・量やその変化、区分や移動などの全体的な傾向を読み取る ・博物館や郷土資料館等の展示品目の配列から、展示テーマの趣旨を読み取る 【2】必要な情報を選んで ○事実を正確に読み取る ・形状、色、数、種類、大きさ、名称などに関する情報を読み取る ・方位、記号、高さ、区分などを読み取る（地図） ・年号や時期、前後関係などを読み取る（年表） ○有用な情報を選んで読み取る ・学習上の課題の解決につながる情報を読み取る ・諸情報の中から、目的に応じた情報を選別して読み取る ○信頼できる情報について読み取る
情報をまとめる技能	に向けてまとめる技能 読み取った情報を課題解決	【1】基礎資料として ・聞き取って自分のメモにまとめる ・地図上にドットでまとめる ・数値情報をグラフに転換する（雨温図など） 【2】分類・整理して ・項目やカテゴリーなどに整理してまとめる ・順序や因果関係などで整理して年表にまとめる ・位置や方位、範囲などで整理して白地図上にまとめる ・相互関係を整理して図（イメージマップやフローチャートなど）にまとめる ・情報機器を用いて、デジタル化した情報を統合したり、編集したりしてまとめる

【出典】教育課程部会　社会・地理歴史・公民ワーキンググループにおける審議の取りまとめ（平成28年8月26日）資料7

られる。そのため、資料2を参考にするなどして、繰り返し児童生徒が身に付けるように指導することが大切である。

　なお、地球儀の活用については、地球儀の特徴や使い方を知り、地球儀で調べる活動を指導計画に適切に位置付けることが必要である。地球儀の特徴は、平面地図に比べて、大陸や海洋、主な国の面積や相互の位置関係をより正確に捉えることができることである。第5学年のはじめには、地球儀に触れる活動を通して、少しずつ使い方に慣れ、こうした特徴を実感できるようにすることが大切である。

調べまとめる技能

小・中・高等学校）

○その他
・模擬体験などの体験活動を通して人々の仕事などに関する情報を集める
・博物館や郷土資料館等の施設、学校図書館や公共図書館、コンピュータなどを活用して映像、読み物や紀行文、旅行経験者の体験記など様々な情報を集める
・コンピュータや情報通信ネットワークなどを活用して、目的に応じて様々な情報を集める
3】情報手段の特性や情報の正しさに留意して
・資料の表題、出典、年代、作成者などを確認し、その信頼性を踏まえつつ情報を集める
・情報手段の特性に留意して情報を集める
・情報発信者の意図、発信過程などに留意して情報を集める

3】複数の情報を見比べたり結び付けたりして
・異なる情報を見比べ（時期や範囲の異なる地域の様子など）たり、結び付け（地形条件と土地利用の様子など）たりして読み取る
・同一の事象に関する異種の資料（グラフと文章など）の情報を見比べたり結び付けたりして読み取る
・同種の資料における異なる表現（複数の地図、複数のグラフ、複数の新聞など）を見比べたり結び付けたりして読み取る
4】資料の特性に留意して
・地図の主題や示された情報の種類を踏まえて読み取る
・歴史資料の作成目的、作成時期、作成者を踏まえて読み取る
・統計等の単位や比率を踏まえて読み取る

3】情報を受け手に向けた分かりやすさに留意して
・効果的な形式でまとめる
・主題に沿ってまとめる
・レイアウトを工夫してまとめる
・表などの数値で示された情報を地図等に変換する

　地球儀で調べる活動としては、世界の大陸や主な海洋、主な国の位置などを確かめる、それらと我が国との位置関係について方位などを使って調べる、主な国の位置を緯度や経度を用いて言い表したり、面積の大小や日本からの距離の違いを大まかに比べたりして、これらの方法を身に付け、子供が自ら活用できるようにすることが大切である。

［第1章］理論編

２．思考力、判断力、表現力等

　小学校社会科における「思考力、判断力」は、社会的事象の特色や相互の関連、意味を多角的に考える力、社会に見られる課題を把握して、その解決に向けて、学習したことを基に、社会への関わり方を選択・判断する力である。

　「社会的事象の特色」とは、他の事象等と比較・分類したり総合したりすることで捉えることのできる社会的事象の特徴や傾向、そこから見いだすことのできるよさなどであり、それは、仕事や活動の特色、生産の特色、地理的環境の特色などに表されるものである。

　「社会的事象の相互の関連」とは、比較したり関連付けたりして捉えることのできる事象と事象のつながりや関わりなどであり、それは、生産・販売する側の工夫と消費者の工夫の関連、関係機関の相互の連携や協力、国会・内閣・裁判所の相互の関連などに表されるものである。

　「社会的事象の意味」とは、社会的事象の仕組みや働きなどを地域の人々や国民の生活と関連付けることで捉えることができる社会的事象の社会における働き、国民にとっての役割などであり、それは、産業が国民生活に果たす役割、情報化が国民生活に及ぼす影響、国民生活の安定と向上を図る政治の働きなどに表されるものである。

　「多角的に考える」とは、子供が複数の立場や意見を踏まえて考えることを指している。小学校社会科では、学年が上がるにつれて徐々に多角的に考えることができるようになることを求めている。

　「社会に見られる課題」とは、例えば、地域社会における安全の確保や、良好な生活環境の維持、資源の有効利用、自然災害への対策、伝統や文化の保存・継承、国土の環境保全、産業の持続的な発展、国際平和の構築など現代社会に見られる課題を想定したものである。

　小学校においては、発達の段階を踏まえるとともに、学習内容との関連を重視し、学習展開の中で子供が出合う社会的事象を通して、課題を把握できるようにすることが大切である。「解決に向けて」とは、選択・判断の方向性を示しており、よりよい社会を考えることができるようにすることを目指している。

　「社会への関わり方を選択・判断する」とは、社会的事象の仕組みや働きを学んだ上で、習得した知識などの中から自分たちに協力できることなどを選び出し、自分の意見や考えとして決めるなどして、判断することである。例えば、農業の発展に向けては、農家相互の連携・協力、農業協同組合や試験場等の支援などが結び付いて取り組まれている。また、森林資源を守る取組は、林業従事者、行政、NPO法人など様々な立場から行われている。

　こうした事実を学んだ上で、私たちはどうすればよいか、これからは何が大切か、今は何を優先すべきかなどの問いを設け、取組の意味を深く理解したり、自分たちの立場を踏まえて現実的な協力や、もつべき関心の対象を選択・判断したりすることなどである。

　小学校社会科で養う「表現力」とは、考えたことや選択・判断したことを説明する力や、考えたことや選択・判断したことを基に議論する力などである。その際、資

料等を用いて作品などにまとめたり図表などに表したりする表現力や、調べたことや理解したことの言語による表現力を育成することも併せて考えることが大切である。

「説明する」とは、物事の内容や意味をよく分かるように説き明かすことであり、「説明する力」については、根拠や理由を明確にして、社会的事象について調べて理解したことや、それに対する自分の考えなどを論理的に説明できるように養うことが大切である。「議論する」とは、互いに自分の主張を述べ合い論じ合うことであり、「議論する力」については、他者の主張につなげたり、互いの立場や根拠を明確にして討論したりして、社会的事象についての自分の考えを主張できるように養うことが大切である。

これらの思考力、判断力、表現力等は、問題解決の学習過程において相互に関連性をもちながら育成されるものと考えられる。

３．学びに向かう力、人間性等

小学校社会科における「学びに向かう力、人間性等」は、「主体的に社会的事象に関わろうとする態度」と、「多角的な考察や理解を通して涵養される自覚や愛情など」である。

「主体的に社会的事象に関わろうとする態度」は、学習対象としての社会的事象について、よりよい社会を考え主体的に問題解決しようとする態度や、学んだことを社会生活に生かそうとする態度などである。

「多角的な考察や理解を通して涵養される自覚や愛情など」は、各学年の内容に応じて涵養される地域社会に対する誇りと愛情、地域社会の一員としての自覚、我が国の国土と歴史に対する愛情、我が国の将来を担う国民としての自覚、世界の国々の人々と共に生きていくことの大切さについての自覚などである。

小学校社会科の内容

小学校社会科の内容は次のような構造で書かれている。

１．内容の示し方

⑴　Ａについて、学習の問題を追究・解決する活動を通して、次の事項を身に付けることができるよう指導する。

　ア　次のような知識や技能を身に付けること。

　　㋐　Ｂを理解すること。

　　㋑　Ｃなどで調べて、Ｄなどにまとめること。

　イ　次のような思考力、判断力、表現力等を身に付けること。

　　㋐　Ｅなどに着目して、Ｆを捉え、Ｇを考え、表現すること。

この構造の読み取り方について、第３学年の内容(1)「身近な地域や市の様子」を例示しながら述べる。

　Ａ（例：身近な地域や市の様子）は、内容(1)の総称である。内容(1)全体では、Ａについて、学習の問題（いわゆる学習問題）を見いだし、それを追究・解決する学習活動を通して、子供が身に付けていく事項を示している。

　アは、知識や技能に関わる事項である。「次のような知識」を身に付けることとは、Ｂ（例：身近な地域や自分たちの市の大まかな様子）を理解し、それを知識として身に付けるように指導することを求めている。「（次のような）技能」を身に付けることとは、Ｃ（例：観察・調査、地図などの資料）などで調べて、Ｄ（例：白地図や年表）などにまとめることを通して、社会的事象について調べまとめる技能を身に付けるように指導することを求めている。

　イは、思考力、判断力、表現力等に関わる事項である。「次のような思考力、判断力、表現力等を身に付けること」とは、Ｅ（例：位置や分布、広がり）などに着目して、Ｆ（例：身近な地域や市の様子）を捉え、Ｇ（例：場所による違い）を考え、表現することを通して、思考力、判断力、表現力等を養うよう指導することを求めている。

　すなわち、社会的事象の見方・考え方を働かせて、〜などの問いを設けて（Ｅなど）に着目して調べ、社会的事象の様子や仕組み、現状など（Ｆ）を捉え、比較・分類したり関連付けたり、総合したりして、社会的事象の特色や相互の関連、意味（Ｇ）を考え、〜などに表現することを示している（＊下線部分は、『小学校学習指導要領解説　社会編』（平成29年７月〈平成30年２月に市販〉）に記述）。

　したがって、指導に当たっては、以下のように、アの(ア)及び(イ)とイの(ア)を関連付けることが必要である。

　　Ｅなどに着目して、Ｃなどで調べ、Ｄなどにまとめ、Ｆを捉え、Ｇを考え、表現することを通して、Ｂを理解すること

　本書における単元ごとの「目標」は、これを踏まえて描かれている。

　なお、Ａによっては、アが複数の理解事項に分けて示されているものもある。例えば、アの理解事項が２つ（Ｂ①とＢ②に分けて示されている場合には、資料３のように、アの(ア)及び(ウ)とイの(ア)、アの(イ)及び(ウ)とイの(イ)を、それぞれ関連付けることが必要である。

　アの理解事項が３つ以上に分かれている場合も同様であるが、その場合、技能に関わる事項の記号は、(エ)(オ)などと、知識に関わる事項の記号に続けて示されている。

　また、「（社会への関わり方を）選択・判断すること」と「（〜の発展などについて）多角的に考えること」は、次のように内容の取扱いに位置付けられている。

　第３学年
　　○内容(2)「地域や自分自身の安全を守るために自分たちにできることなどを
　　　　　考えたり選択・判断したりできるよう配慮すること」
　第４学年
　　○内容(2)「節水や節電など自分たちにできることを考えたり選択・判断した

資料3

> (2) Aについて、学習の問題を追究・解決する活動を通して、次の事項を身に付けることができるよう指導する。

知識（Aについての理解）　　　　　　　　　　　　　　　　技能

アの(ア) B①を理解すること	アの(イ) B②を理解すること	アの(ウ) Cなどで調べて、 Dなどにまとめること。

思考力、判断力、表現力等

イの(ア) E①などに着目して、F①を捉え、G①を考え、表現すること。	イの(イ) E②などに着目して、F②を捉え、G②を考え、表現すること。

りできるよう配慮すること」「ごみの減量や水を汚さない工夫など、自分たちにできることを考えたり選択・判断したりできるよう配慮すること」

○内容(3)「地域で起こり得る災害を想定し、日頃から必要な備えをするなど、自分たちにできることを考えたり選択・判断したりできるよう配慮すること」

○内容(4)「地域の伝統や文化の保存や継承に関わって、自分たちにできることを考えたり選択・判断したりできるよう配慮すること」

第5学年

○内容(2)「消費者や生産者の立場などから多角的に考えて、これからの農業などの発展について、自分の考えをまとめることができるよう配慮すること」

○内容(3)「消費者や生産者の立場などから多角的に考えて、これからの工業の発展について、自分の考えをまとめることができるよう配慮すること」

○内容(4)「産業と国民の立場から多角的に考えて、情報化の進展に伴う産業の発展や国民生活について、自分の考えをまとめることができるよう配慮すること」

○内容(5)「国土の環境保全について、自分たちにできることを考えたり選択・判断したりできるよう配慮すること」

第6学年

○内容(1)「国民としての政治への関わり方について多角的に考えて、自分の考えをまとめることができるよう配慮すること」

○内容(3)「世界の人々と共に生きていくために大切なことや、今後、我が国が国際社会において果たすべき役割などを多角的に考えたり選択・判断したりできるよう配慮すること」

したがって、これらを含めて考えるならば、「思考力、判断力、表現力等の育成」と「知識の習得（理解）」には明確な順序はなく、資料4のように考えることもできる。

資料4

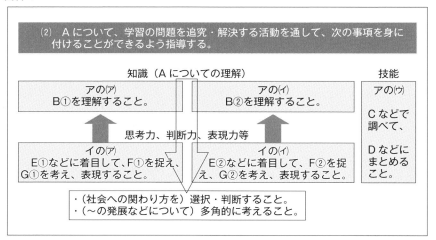

２．内容の改善ポイント

第3学年から第6学年までの内容を「改善のポイント」としてまとめると以下のようになる。

①伝統・文化等に関する学習の引き続きの充実

　市の様子の移り変わり（第3学年）、県内の文化財や年中行事（第4学年）。

②主権者教育等の改善・充実

　市役所による公共施設の整備、租税の役割（第3学年）、自然災害から安全を守る県庁や市役所などの働き（第4学年）、我が国の政治の働きを内容(2)から(1)へ、国民としての政治への関わり方について多角的に考えることを明示（第6学年）。

③防災教育、海洋や領土に関する教育の改善・充実

　地域の関係機関や人々による自然災害への対応や備え（第4学年）。

　領土の範囲、海洋に囲まれ多数の島からなる国土の構成（第5学年）。

④グローバル化等への対応

　工業における優れた技術、我が国の産業と情報との関わり（第5学年）。

　地域の少子高齢化や国際化（第3学年）、地域の開発や活性化（第6学年）。

　国際交流に取り組む地域（第4学年）、国際交流の役割、地球規模の課題（第6学年）。

３．内容の具体的改善点

これらを各学年の内容に分けて詳細にまとめると次のようになる。

【第3学年の内容】

第3学年においては、自分たちの市を中心とした地域を学習対象として取り上げ、次のような改善を図った。

○主として「地理的環境と人々の生活」に区分される内容
- 身近な地域や市区町村の様子に関する内容については、公共施設の場所と働きに「市役所など」という文言を加え、市役所の働きを取り上げることを示した。なお、内容の取扱いにおいて、この内容を「学年の導入で扱うこととし、『自分たちの市』に重点を置くよう配慮すること」や「白地図などにまとめる際に、教科用図書『地図』を参照し、方位や地図記号について扱うこと」を加えた。

○主として「歴史と人々の生活」に区分される内容
- これまでの「古くから残る暮らしにかかわる道具、それを使っていたころの暮らしの様子」に関する内容を「市の様子の移り変わり」に関する内容に改め、交通や公共施設、土地利用や人口、生活の道具を調べるように示した。また、少子高齢化等による地域の変化を視野に入れて、内容の取扱いにおいて、「『人口』を取り上げる際には、少子高齢化、国際化などに触れること」を示した。また、政治の働きへの関心を高めるようにすることを重視して、内容の取扱いにおいて、「市が公共施設の整備を進めてきたことを取り上げること。その際、租税の役割に触れること」を示した。また、「時期の区分について、昭和、平成など元号を用いた言い表し方などがあることを取り上げること」も示した。

○主として「現代社会の仕組みや働きと人々の生活」に区分される内容
- 地域に見られる生産や販売の仕事に関する内容については、生産の仕事において、「仕事の種類や産地の分布、仕事の工程」を取り上げるように示した。また、販売の仕事において、「他地域や外国との関わり」を取り上げるように示し、内容の取扱いにおいて、「地図帳などを使用すること」とした。また、「消費者の多様な願いを踏まえ売り上げを高めるよう、工夫していること」を示した。
- 地域の安全を守る働きに関する内容については、内容の取扱いにおいて、これまでの「火災、風水害、地震などの中から選択して取り上げること」を「火災を取り上げること」に改めた。また、「火災と事故はいずれも取り上げること。その際、どちらかに重点を置くなど効果的な指導を工夫すること」を加えた。

【第4学年の内容】
　第4学年においては、自分たちの県を中心とした地域を学習対象として取り上げ、次のような改善を図った。

○主として「地理的環境と人々の生活」に区分される内容
- 都道府県の様子に関する内容については、「自分たちの県の地理的環境の概要を理解すること」や「47都道府県の名称と位置を理解すること」を示した。
- 世界との関わりに関心を高めるようにすることを重視して、県内の特色ある地域の様子に関する内容の取扱いにおいて、これまでの「自然環境、伝統や文化などの資源を保護・活用している地域や伝統的な工業などの地場産業の盛んな地域」に「国際交流に取り組んでいる地域」を加えた。

○主として「歴史と人々の生活」に区分される内容
- 県内の伝統や文化に関する内容については、内容の取扱いにおいて、「県内の主

な文化財や年中行事が大まかに分かるようにすること」を示した。
・先人の働きに関する内容については、内容の取扱いにおいて、これまでの「開発、教育、文化、産業など」に「医療」を加えた。

○主として「現代社会の仕組みや働きと人々の生活」に区分される内容
・これまで「地域社会における災害及び事故の防止」の内容の取扱いに示されていた「風水害、地震など」を独立させ、「自然災害から人々を守る活動」として示し、「地震災害、津波災害、風水害、火山災害、雪害などの中から、過去に県内で発生したものを選択して取り上げる」ようにした。その際、政治の働きに関心を高めるようにすることを重視して、「県庁や市役所の働きなどを中心に取り上げ、防災情報の発信、避難体制の確保などの働き、自衛隊など国の機関との関わりを取り上げること」を示した。
・人々の健康や生活環境を支える事業に関する内容については、飲料水、電気、ガスを供給する事業において「安全で安定的」な供給を、廃棄物の処理において「衛生的な処理」を示した。なお、内容の取扱いにおいて、「現在に至るまでに仕組みが計画的に改善され公衆衛生が向上してきたことに触れること」を加えるとともに、これまで飲料水、電気、ガスの確保及び廃棄物の処理の内容において扱うものとしていた「法やきまり」を廃棄物の処理に限定した。

【第5学年の内容】
　第5学年においては、我が国の国土や産業を学習対象として取り上げ、次のような改善を図った。

○主として「地理的環境と人々の生活」に区分される内容
・我が国の国土の様子と国民生活に関する内容については、「領土の範囲」を大まかに理解することを示し、内容の取扱いにおいて、「『領土の範囲』については、竹島や北方領土、尖閣諸島が我が国の固有の領土であることに触れること」を示した。

○主として「現代社会の仕組みや働きと人々の生活」に区分される内容
・我が国の農業や水産業における食料生産に関する学習については、これまでア「様々な食料生産が国民の食生活を支えていること、食料の中には外国から輸入しているものがあること」と、イ「我が国の主な食料生産物の分布や土地利用の特色など」とに分けて示されていた内容を「食料生産の概要」として合わせて示した。また、食料生産に関わる人々の工夫や努力として、「生産性や品質を高めること」や「輸送方法や販売方法を工夫していること」を示すとともに、これまで内容の取扱いに示されていた「価格や費用」を内容に示した。
・我が国の工業生産に関する内容については、これまでア「様々な工業製品が国民生活を支えていること」とイ「我が国の各種の工業生産や工業地域の分布など」とに分けて示されていた内容を「工業生産の概要」として合わせて示し、「工業製品の改良」を取り上げるように示した。また、工業生産に関わる人々の工夫や努力として、「製造の工程」「工場相互の協力関係」や「優れた技術」を示した。また、「貿易や運輸」を独立して示し、それらが工業生産を支える役割を考えるようにした。

・情報化に伴う生活や産業の変化を視野に入れて、我が国の産業と情報との関わりに関する内容については、これまでイ「情報化した社会の様子と国民生活とのかかわり」として示していた内容を「情報を生かして発展する産業」に改め、内容の取扱いにおいて、「販売、運輸、観光、医療、福祉などに関わる産業の中から選択して取り上げること」を示した。また、技能に関わる事項において、「映像や新聞などの資料で調べること」を示した。

○主として「地理的環境と人々の生活」及び「現代社会の仕組みや働きと人々の生活」に区分される内容

・これまで「国土の保全などのための森林資源の働き及び自然災害の防止」として示していた内容を「自然災害」と「森林」に分けて示した。

【第6学年の内容】

　第6学年においては、我が国の政治の働きや歴史上の主な事象、グローバル化する世界と日本の役割を学習対象として取り上げ、次のような改善を図った。

○「歴史と人々の生活」に区分される内容

・第6学年の我が国の歴史学習においては、「世の中の様子、人物の働きや代表的な文化遺産などに着目して調べること」や、「我が国の歴史の展開を考えること」、我が国が歩んできた「大まかな歴史」や「関連する先人の業績、優れた文化遺産を理解すること」など、小学校の歴史学習の趣旨を明示した。

・(ア)から(サ)の内容については、政治の中心地や世の中の様子に着目して時期を捉える小学校の歴史学習の趣旨を踏まえて、「日本風の文化が生まれたこと」「戦国の世の中が統一されたこと」を独立して示すよう改めた。

・「オリンピック」→「オリンピック・パラリンピック」「歌川広重（安藤広重）」→「歌川広重」等、歴史上の事象や人物の名称の表記を改めた。

・外国との関わりへの関心を高めるようにすることを重視して、内容の取扱いにおいて、「当時の世界との関わりにも目を向け、我が国の歴史を広い視野から捉えられるよう配慮すること」を加えた。

○主として「現代社会の仕組みや働きと人々の生活」に区分される内容

・政治の働きへの関心を高めるようにすることを重視して、我が国の政治の働きに関する内容については、これまでの順序を改め、内容の(2)を(1)として示すとともに、これまでのア（地方公共団体や国の政治に関する内容）、イ（日本国憲法と国民生活に関する内容）の順序も改め、(ア)日本国憲法や立法、行政、司法の三権と国民生活に関する内容、(イ)国や地方公共団体の政治の取組に関する内容として示した。その際、(イ)については、「政策の内容や計画から実施までの過程、法令や予算との関わり」を取り上げるように示すとともに、内容の取扱いにおいて、これまでの「地域の開発」を「地域の開発や活性化」と改めた。

・グローバル化する世界と日本の役割に関する内容については、「国際交流」をこれまでのイ（我が国の国際交流や国際協力、国際連合に関する内容）からア（日本とつながりの深い国の人々の生活に関する内容）に移行し、「国際交流の果たす役割を考え」るようにした。

内容の取扱い

　内容の取扱いについては、(1)各学年の内容ごとに示されているものと、(2)第3～6学年に共通で示されているものがある。

１．各学年の内容ごとの内容の取扱い

　内容ごとには、これまでの配慮事項等に加えて、次の事項が示されている。

(1)　地図帳の活用

　第3学年の内容(1)「身近な地域や市の様子」には、「白地図などにまとめる際に、地図帳を参照して、方位や主な地図記号について扱う」旨が、また第3学年の内容(2)「地域に見られる販売の仕事」には、「地図帳などを使用して都道府県や国の名称と位置を調べるようにする」旨が、それぞれ内容の取扱いに示された。

(2)　カリキュラム・マネジメント

　単元等の設計を効果的に行うよう、第3学年の内容(1)「身近な地域や市の様子」には、「学年の導入で行うこと」とし、「自分たちの市に重点を置く」旨が、第3学年の内容(3)には、「緊急対処と未然防止について、火災と事故のどちらかに重点を置く」旨が示された。また、第6学年の内容(2)「我が国の歴史上の主な事象」には、「取り上げる人物や文化遺産の重点の置き方に工夫を加えるなど、精選して具体的に理解できるようにする」旨が示されている（従来より）。これらは単元計画のマネジメントの視点であると言える。

(3)　「選択・判断」や「多角的な思考」

　先に述べたとおり、「（社会への関わり方を）選択・判断すること」と「（～の発展などについて）多角的に考えること」は、内容の取扱いに示された。これは、各学年の内容に応じて、学習し理解したことを基にして考えさせることを意図したものであり、すべての内容で求めているものではないことを示している。

２．第3～6学年に共通で示されている内容の取扱い

　各学年にわたって指導計画作成する際の内容の取扱いは、次のように示されている。

(1)　指導計画作成上の配慮事項

①単元など内容や時間のまとまりを見通して、その中で育む資質・能力の育成に向けて、子供の主体的・対話的で深い学びの実現を図るようにすること。その際、問題解決への見通しをもつこと、社会的事象の見方・考え方を働かせ、事象の特色や意味などを考え概念などに関する知識を獲得すること、学習の過程や成果を振り返り学んだことを活用することなど、学習の問題を追究・解決する活動の充実を図ること（＊「主体的・対話的で深い学び」については、この後の項で述べる）。

②各学年の目標や内容を踏まえて、事例の取り上げ方を工夫して、内容の配列や授業時数の配分などに留意して効果的な年間指導計画を作成すること。

③我が国の47都道府県の名称と位置、世界の大陸と主な海洋の名称と位置につい

ては、学習内容と関連付けながら、そのつど、地図帳や地球儀などを使って確認するなどして、小学校卒業までに身に付け活用できるように工夫して指導すること。

④障害のある子供などについては、学習活動を行う場合に生じる困難さに応じた指導内容や指導方法の工夫を計画的・組織的に行うこと。

⑤第1章総則の第1の2の(2)に示す道徳教育の目標に基づき、道徳科などとの関連を考慮しながら、第3章特別の教科道徳の第2に示す内容について、社会科の特質に応じて適切な指導をすること。

(2) 内容の取扱いについての配慮事項

①各学校においては、地域の実態を生かし、子供が興味・関心をもって学習に取り組めるようにするとともに、観察や見学、聞き取りなどの調査活動を含む具体的な体験を伴う学習やそれに基づく表現活動の一層の充実を図ること。また、社会的事象の特色や意味、社会に見られる課題などについて、多角的に考えたことや選択・判断したことを論理的に説明したり、立場や根拠を明確にして議論したりするなど言語活動に関わる学習を一層重視すること。

②学校図書館や公共図書館、コンピュータなどを活用して、情報の収集やまとめなどを行うようにすること。また、全ての学年において、地図帳を活用すること。

③博物館や資料館などの施設の活用を図るとともに、身近な地域及び国土の遺跡や文化財などについての調査活動を取り入れるようにすること。また、内容に関わる専門家や関係者、関係の諸機関との連携を図るようにすること。

④子供の発達の段階を考慮し、社会的事象については、子供の考えが深まるよう様々な見解を提示するよう配慮し、多様な見解のある事柄、未確定な事柄を取り上げる場合には、有益適切な教材に基づいて指導するとともに、特定の事柄を強調しすぎたり、一面的な見解を十分な配慮なく取り上げたりするなどの偏った取扱いにより、子供が多角的に考えたり、事実を客観的に捉え、公正に判断したりすることを妨げることのないよう留意すること。

「主体的・対話的で深い学び」と社会科

学習指導要領改訂に向けた中央教育審議会答申「幼稚園、小学校、中学校、高等学校及び特別支援学校の学習指導要領等の改善及び必要な方策等について」(平成28年12月)は、授業改善の視点「主体的・対話的で深い学び」(いわゆるアクティブ・ラーニング)について、その趣旨と活動の方向性を示した。

ここでは、小学校社会科における「主体的・対話的で深い学び」とは何か、その実現のために「教師がなすべきことは何か」を考えたい。

1. 「主体的な学び」とは

中央教育審議会答申では、「主体的な学び」について次のように説明している。

[主体的な学び] 学ぶことに興味や関心を持ち、自己のキャリア形成の方向性と関連付けながら、見通しを持って粘り強く取り組み、自己の学習活動を振り返って次につなげる（学び）

小・中・高等学校を通じて実現を目指す「学び」であるため、「自己のキャリア形成の方向性」などと、少々大人びた姿として描かれているが、次の2点が大切である。

(1) 「問い」を把握する

学級として学習問題を設定したからといって、必ずしもすべての子供が「問い」を把握しているわけではない。そもそも学習問題の意味を捉えきれていない子供たちも少なからずいるはずである。その対策としは、次の2つが考えられる。

その一つは、問いの前提となる社会的事象との出合いを丁寧に行う方法である。

社会科では、写真やグラフ、あるいは実物などの資料提示を行い、子供と社会的事象との出合いの場面を設定することが多い。例えば、スーパーマーケットにたくさんの種類の商品が並んでいる写真や、1日の来客数のグラフ、売り出し中のチラシを見せる、などである。

そこから子供たちは、「いろいろな品物があること」「表示物がたくさんあること」「お客がたくさん来る時間があること」「売り出しの商品が日によって違うこと」など、いろいろな事実に気付く。また、「なぜトマトの種類をこんなにたくさん並べているのか」「なぜ○時にお客さんが多く来るのか」「なぜ先着100名だけなのか」などと素朴な疑問を表現する。

こうした気付きや疑問を教師が拾い上げていき、「そうだね、お客さんを集める工夫が何かありそうだね」と言いながら学習問題「○○スーパーマーケットはどのようにしてたくさんのお客さんを集めているのだろう」を設定する。

このことにより、子供たちは、「たくさんのお客」「集める」といった言葉の意味を自分なりに捉えるようになるのである。

「なぜ○○なのだろう」といった「なぜ型」の学習問題を設定する際はなおさらである。教師が「なぜ」と提示しても、子供たちは「なぜ？」と受け止めていないことも多い。それは「なぜ」は本来「～であるのになぜ」という文脈に位置付くはずだからである。したがって「～であるのに」の部分に当たる前提（社会的事象に関する必要な情報）を子供が踏まえていない限り、その前提とのズレや矛盾が生じた状態としての「なぜ」疑問は子供に生まれないのである。

もう一つは、学習問題のイメージをできる限り共有する方法である。

例えば、「みんながお客さんだったら、どんなお店に行きたくなる？」「たくさんのお客が来るお店ばかりではないよね。では、なんで○○スーパーマーケットにはたくさん来るの？」などと、学習問題を子供たちの思考に沿ったり生活経験になぞらえたりしながら届ける方法である。

子供たちは、「安いと行くよ」「食べてみておいしければまた買いに行く」「新鮮だと買うとお母さんが言ってた」「うちのお母さんは働いているから、土日に一度に買い物をするよ」などと、直観的、感覚的、あるいは自分の生活経験から個別的に反

応する。これは、学習問題が子供に届き、予想がはじまっている姿である。

(2) 学んだことを振り返る

　また、もう一つ大切な視点がある。学習したことを振り返って、自分の学びの質と内容を自覚することである。振り返ることによって、子供は「私たちは何を学べたのか」「どのように成長したのか」「どうしたから調べることができたのか」「それでもなお、分からなかったことは何か」などを知る。こうした「知識・技能」が、次の学習に向けてさらに問い続ける姿勢、すなわち「学びに向かう力」を鍛えることになる。振り返りには、次のようにいくつかの視点が考えられる。

○毎時間の学習問題（課題）への振り返り

　いわゆる学習のまとめである。「なぜ～だろう」という問題には「なぜなら～だからである」と、「どのように～しているのだろう」という問題には「～のように～している」といった、いわばQに対するAのまとめである。多くの場合、その授業を通して獲得される概念的な知識（特色や意味などを説明する知識）やその理解状況が表現される。

○毎時間の学び方への振り返り

　学習方法や学習過程への振り返りである。「今日の話し合いで参考になった意見は～」「今日は～を調べてみたから～が分かった」「次は～を～して調べてみたい」といった振り返りでは、自分の学び方や学んだことの意味の自覚が促される。学習感想などとして、授業の最後に記述されることが多い。

○単元の学習問題やテーマへの振り返り

　社会科の内容は単元によって構成されることが多く、そのため、単元の学習問題は大きな概念を求めるものや抽象的なものが多くなる。「今日の学びから、単元の学習問題に迫るキーワードは～」などと、振り返ると、「日本の工業は～」「政治と国民生活の関わりは～」などと、大きな概念に迫る事項を表現するようになる。それまでよりも視野を広げて社会を見つめたり、未来を考えたりする子供を育てることにもつながる。ほかにも、振り返りの視点は様々考えられることと思う。

２．「対話的な学び」とは

　中央教育審議会答申では、「対話的な学び」について次のように説明している。

[対話的な学び] 子供同士の協働、教職員や地域の人との対話、先哲の考え方を手掛かりに考えること等を通じ、自己の考えを広げ深める（学び）

　小学校社会科では、これまで「学び合い」「関わり合い」といった言葉を通じて、次のような協働的な学びを重視してきた。

[事実や様子の把握] 社会的事象の様子や特徴について気付いたことをつなぎ合う。

[予想の磨き合い] 予想を出し合ってより精度の高いものに絞り込む。

[見通しの共有] 予想に基づいて調べる際の学習計画を相談する。

[協力した調査] 観点や事項を分担して調べて多様な情報を集める。

[討論、話合い] 社会的事象の特色や意味について、異なる立場に分かれたり視点をいくつか設けたりして話し合う。
[共同作業、協力した学習成果物の作成] 調べたことをもち寄って作品化など学習のまとめをする。

　ほかにも、実社会の人々が協力・連携して、課題（問題）を解決しようとしている姿を調べる、実社会の人々の話を聞いたり意見交換をしたりして一緒に課題（問題）について考える、といった「協働」も見られる。

　その一方で、授業の実態をつぶさに観察してみると、本当の意味で子供の学びが「対話的」となっている授業はそう多くはないことに気付く。形だけは向き合う形になっていたりGTを招いたりしてはいるが、直接的な「やりとり」が少ないからである。「やりとり」が習慣化されている学級は、接続詞やつなぎ言葉が発言の冒頭に表れる。

　「だから、～だと思います」「なぜなら、～と思ったからです」「つまり、～だからです」「それは、～ということだと思います」「私の考えはAさんと似ていて、～です」「Bくんの考えとはちょっと違うけど、～だと思います」

　また、相手の話をよく聞いているため、「今、～と言ったけど、それは～のことですか」「でも私が調べたら～だったです、何が違いますか」などと、質問が自然な形で生まれる。

　一朝一夕にはいかないが、日ごろからの指導の積み重ねが、ゆくゆく効いてくるようになると考えられる。

３．「深い学び」とは

　新しい学習指導要領では、「主体的・対話的で深い学び」を重視し、学習プロセスの質的改善を求めている。すなわち、「深い学び」があって初めて、その授業は望ましいものとなり、アクティブ・ラーニングの条件を満たすと言える。言い換えると、どれだけ主体的・対話的であっても、そこに「深い学び」がなければ、よい授業にはならないということである。

　中央教育審議会答申では、「深い学び」について次のように説明している。

[深い学び] 習得・活用・探究という学びの過程の中で、各教科等の特質に応じた「見方・考え方」を働かせながら、知識を相互に関連付けてより深く理解したり、情報を精査して考えを形成したり、問題を見いだして解決策を考えたり、思いや考えを基に創造したりすることに向かう（学び）

　少々むずかしい言葉が使われているが、
○各教科等において共通する「各教科等の特質に応じた見方・考え方を働かせる」という部分と、
○各教科等の特質に応じた「深い学び」を列記している部分に分かれている、と捉えるとよい。

　社会科における深い学びと関わるのは主に次の２つになろう。
　・知識を相互に関連付けて深く理解する

・問題を見いだして解決策を考える

(1) 知識を相互に関連付けて深く理解する

「深い理解」について社会科の例で考えると、「概念的な知識の獲得」と読み替えることができる。例えば、「霞ヶ関にはＡというビルがある」という記述があったとする。これは「事実」を言い表している。「霞ヶ関にはたくさんのビルがある」と言えば、「事実」に加え、霞ヶ関の「特色」を言い表した「知識」であると言える。さらに、「霞ヶ関は、ほかの地域よりもビルが密集している」「霞ヶ関は政府機関が集まっているので、官公庁ビルが多い」と言えば、「特色」がより際立った「知識」となる。このことから、「知識」には概念化の階層があるということが分かる。

「深い理解」と言うときの「深い」は、必ずしも深度を表すものではない。どこからが深くて、どこまでが浅いのかではないということである。この捉えは、概念的知識の境界をどこに定めるのかといった不毛な議論と似ていて、結局のところ答えはいくつも存在するというほかない。

小学校社会科で獲得を目指す概念的な知識は、「法則」や「理論」そのものではなく、「生産の仕事は地域の人々と関わりをもって営まれている」「販売の仕事は消費者の願いを踏まえ売り上げを高めるよう工夫している」といった社会的事象の特色や意味であり、子供に獲得させたい知識はその特色や意味を説明するための「知識の体系」と言ったほうがよい。

言い換えると、日々の授業で蓄えられていく「知識」を、社会科の特質に応じて体系化・構造化することで、その教育内容への理解に一般共通性が付与される、すなわち子供の中にある「知識」が概念化されると考えることができる。

つまり、授業を通して子供に身に付けさせたい知識は、単なる事実の羅列ではなく、生きて働く知識、子供が後々使える知識にしていく（概念的知識を形成する）ことが求められているのである。

(2) 問題を見いだして解決策を考える

これは、今回の改訂で明示された「社会に見られる課題を把握して、その解決に向けて社会への関わり方を選択・判断する」ことと深く関わる。

小学校社会科では、これまで実社会の課題は小学生には難しいものと捉え、積極的には扱ってこなかった。今回の改訂では、「社会に開かれた教育過程」「社会との関わりを意識して課題を追究したり解決したりする学習活動の充実」（いずれも中教審答申）が求められたことを踏まえて、小学校社会科において改善が図られた事項である。

このことは、12、13ページに述べたとおりであるので、ここでは説明は割愛するが、こうした学習を通して、子供ちは自分たちと社会との関係性について理解することになる。「社会的事象と自分たちはつながっており、自分たちは社会の一員である」という理解である。これは、概念化とは異なるもう一つの深い理解の方向と考えることもできる。また、子供たちが学んだことを社会生活につなげようとすること、すなわち子供の学びが社会につながることが大切であり、「社会に開かれた教育課程」の推進役は、やはり社会科が担うべきであるといえるのではないだろうか。

４．「見方・考え方」とは

　社会科では、「時間」「空間」「相互関係」など、問いを立てる際に大事になる「視点」（見方）とその視点のもとに調べ考える「方法」（考え方）があると言える。これが、「深い学び」で大事だとされる「見方・考え方」である。社会科では、「社会的事象の見方・考え方」として「社会的事象を、位置や空間的な広がり、時期や時間の経過、事象や人々の相互関係などに着目して捉え、比較・分類したり、地域の人々や国民の生活と関連付けたりすること」と整理している。

　平成29年３月に告示された新学習指導要領では、「総則」において、次のように書かれている。

> 　特に、各教科等において身に付けた知識及び技能を活用したり、思考力、判断力、表現力等や学びに向かう力、人間性等を発揮させたりして、学習の対象となる物事を捉え思考することにより、各教科等の特質に応じた<u>物事を捉える視点や考え方</u>（以下「見方・考え方」という。）が<u>鍛えられていく</u>ことに留意し、児童が各教科等の特質に応じた見方・考え方を働かせながら、知識を相互に関連付けてより深く理解したり、情報を精査して考えを形成したり、問題を見いだして解決策を考えたり、思いや考えを基に創造したりすることに向かう<u>過程</u>を重視した<u>学習の充実</u>を図ること。（第３の１「主体的・対話的で深い学びの実現に向けた<u>授業改善</u>」／下線・筆者）

　注目すべきは、「見方・考え方」は授業改善の項目で示されていること、物事を捉える視点や考え方を鍛えていくような学習過程を工夫して学習の充実を図るように描かれていることである。そのことを裏付けているのは、中教審答申である。次のように述べられている。

> 　学習指導要領においては、長年、見方や考え方といった用語が用いられてきているが、その内容については必ずしも具体的に説明されてはこなかった。今回の改訂においては、（中略）各教科等における「見方・考え方」とはどういったものかを改めて明らかにし、それを軸とした<u>授業改善の取組を活性化</u>しようとするものである。　　　　　　　　　　　　　　　　　　（下線・筆者）

　ここにも「授業改善」という言葉が使われ、その軸が「見方・考え方」であるとされているのである。では、どのような授業改善か。社会科においては次の４つが大切である。

⑴　問いの構成の工夫

　まず重要な鍵となるのが、「問い」である。

　社会的な見方・考え方を働かせて考えるとは、例えば、「どのような場所にあるか」「どのように広がっているか」などの問いを設けて、「場所」「分布」「範囲」（位置や空間的な広がり）などに着目したり、「なぜはじまったのか」「どのように変わってきたのか」などの問いを設けて、「起源」「継承」「変化」（時期や時間の経過）などに着目したり、「なぜこのような方法をとっているか」「どのようなつながりがあるか」などの問いを設けて、「工夫・努力」「関わり」「協力」（事象や人々の相互関

資料5

```
              【考えられる視点の例】

○位置や空間的な広がりの視点
  地理的位置、分布、地形、環境、気候、
  範囲、地域、構成、自然条件、社会的
  条件                    など
○時期や時間の経過の視点
  時代、起源、由来、背景、変化、発展、
  継承、向上、計画、持続可能性  など
○事象や人々の相互関係の視点
  工夫、努力、願い、つながり、関わり、
  協力、連携、対策、役割、影響、多様
  性と共生（共に生きること）   など
```

●社会的事象の特色や意味などを考えるための「問い」の例

　・どのように広がっているのだろう
　・なぜこの場所に集まっているのだろう
　・地域ごとの気候はどのような自然条件によって異なるのだろう
　・いつどのような理由で始まったのだろう
　・どのように変わってきたのだろう
　・なぜ変わらずに続いているのだろう
　・どのような工夫や努力があるのだろう
　・どのようなつながりがあるのだろう
　・なぜ○○と○○の協力が必要なのだろう
　　　　　　　　　　　　　　　　　　　など

●社会に見られる課題の解決に向けて選択・判断するための「問い」の例

　・どのように続けていくことがよいのだろう
　・共に生きていく上で何が大切なのだろう
　　　　　　　　　　　　　　　　　　　など

係）などに着目したりして、社会的事象の様子や仕組みなどを見いだすことである。

　また、見いだした社会的事象について、「どのような共通点があるか」「どのような仕組みと言えるか」などの問いを設けて、比較・分類、総合して社会的事象の特色を考えたり、「なぜ必要なのか」「どのような役割を果たしているか」などの問いを設けて、地域の人々や国民の生活と関連付けて社会的事象の意味を考えたりすることなどを想定しているものである。

　社会的な見方・考え方を用いて判断するとは、着目する視点を「これからはどのように続けていくべきか」「自分たちはどのような関わり方ができるか」など、自分の生活や行動について選択したり社会の発展に向けた自分なりの意見をもったりするための問いに生かし、子供が社会への自分たちの関わり方を選択・判断することなどを想定しているものである。

　こうした問いを単元等のプロセスの中でどのように構想するかが大切である。学習問題（課題）と毎時の問題（課題）における問いはどのようにつながり、どのように特色や意味に迫っているか、あるいはどのように社会への関わり方の選択・判断につながっているかなど、単元を通した問いの構成を工夫して、子供が社会的事象の見方・考え方を働かせるように授業設計することが大切である。

　ちなみに、問いとは、学習の問題や毎時の課題、教師の発問や子供の疑問など幅広い捉え方のできる言葉であるが、細かな規定はともかく授業の中に存在するQuestionのことである。見方・考え方は、子供の中にQuestionとして残り、子供が自在に用いるものとして、その後の学習における問いや予想などに生かしたり、社会生活に問いかけたりできるようにすることを目指しているのである。

　(2)　教材化の工夫

　子供が、位置や空間的な広がり、時期や時間の経過、事象や人々の相互関係（以下「時間、空間、相互関係」という）などに着目するようにするには、当然ながら

問いだけでは不十分で、抽象的で難しい授業になってしまう。子供自身が、そうした視点に着目できるようにするには、教材が重要な役割を果たす。

　小学校社会科では、内容を先述の資料①（8、9ページ）のように、①「地理的環境と人々の生活」に関する内容、②「歴史と人々の生活に関する内容」、③「現代社会の仕組みや働きと人々の生活」に関する内容の3つに区分できる。したがって、自ずと①では位置や空間、②では時期や時間、③では相互関係に着目することが主眼となる。

　しかし、それだけでは、社会的事象の様子を確かに捉えたり、社会的事象の特色や意味に迫ったりすることはできない。図にも表れているとおり、地理的な内容にも時間に関わる視点や相互関係に関わる視点が、歴史的な内容にも空間に関わる視点や相互関係に関わる視点が必要になることがある。特に人々の働きや協力関係の様子を捉える内容では、時間に着目したり空間に着目したりすることが大切になる。

　さらに1時間ごとの授業を考えれば、地図を使ったほうが社会的事象の様子が分かる場面、年表に整理したほうが社会的事象の意味が分かる場面など、随所に時間、空間、相互関係に関わる視点は必要になることであろう。当然ながら、時間、空間、相互関係に着目する以外の視点も様々考えられるはずである。

　こうした視点を教材にどのように位置付けるかが、教材化の工夫である。したがって、社会的事象の特色や相互関連、意味を考え、社会生活についての理解につなげるために、どのような視点が単元のどの段階で必要になるかを考え、授業設計することが大切である。

　ただし注意が必要な点がある。時間、空間、相互関係の視点は、必ずしも3つとも必要とは限らないし、バランスよく配置する必要もないということである。そのため「など」と書かれている。単元等の目標を実現するために、補強すべき視点は何かと、「足し算」で考えてみることが大切である。

(3)　資料提示の工夫

　社会科では、これまでも地図や年表、図表などから情報を読み取ることを重視してきた。したがって、これまでどおり、こうした資料を必要な場面で十分に生かしていくことが大切である。しかし、ただ地図を見せれば、子供が空間的な広がりに着目するわけではない。年表を見せれば時間の経過に着目するわけでない。ここには、資料の適切な加工の仕方や提示の仕方が必要になる。

　例えば、「分布」「広がり」「自然条件」に着目させるにはどのように提示したらよいか。「起源」「経緯」「変化」に着目させるにはどのように提示したらよいか。「つながり」「連携」「多様性」に着目させるにはどのように提示したらよいかなど、視点を意識して資料を提示することが大切になる。

　また、比較・分類、総合、関連付けについても、「比較しなさい」「関連付けなさい」では、子供が見方・考え方を用いたことにはならない。子供が比較するように、関連付けるように資料提示を工夫することが大切である。

　したがって、資料の内容はもとより資料提示の仕方を工夫して、子供が社会的事象の見方・考え方を働かせるように授業設計することが大切である。

　もちろん、資料提示の際には、どのような問いかけが必要かも併せて考えること

が大切である。その意味からは、先ほど説明した問いと資料はセットで考えていくことが必要である。

⑷　対話的な学習活動の工夫

　教師の意図的な問いの設定や、地図や年表等の資料提示の工夫によって子供が見方・考え方を働かせるようになる。しかし、それだけでも不十分であろう。

　子供の頭の中は、教科の縦割りになっているわけではない。「時間の経過」に着目する視点を身に付けたからと言って、子供はそれだけを使うわけではないはずである。理科の見方・考え方と組み合わせたり数学的な見方・考え方を生かしたりしながら、自在に物事の変化を見るようになっていくはずである。

　したがって、社会科では「社会的な」見方・考え方を鍛えるように授業を仕組んでいくわけであるが、子供の中では「社会的」を応用した「自分の見方・考え方」として成長していくと考えられる。これが、見方・考え方を資質・能力に位置付けず評価対象とはしなかったゆえんである。

　そのため授業では、子供同士の交流によって、多様な見方・考え方へと鍛えられていくことも大切にしたいものである。

　そもそも教師が地図を示しても、「つながり」や「協力」に着目したり、「時期」や「持続性」に着目したりするなど、子供の見方は多様である。教師は、それらを否定し「空間的な広がり」だけを見せる必要はない。いろいろな視点が出てきてよい、しかし、ここでは「分布」だけは全員にしっかり捉えさせよう、という意図があればよい。

　むしろ子供たちは、自由な発言や意見交換などによって、様々な視点で捉えられることに気付いていくはずである。特に、比較したり関連付けたりといった方法は、子供同士の対話的な学びから自然と生まれることが多い。

　子供は自分で調べたことや教師から提示された情報をもとにして、知識や互いの意見などを比べたりつなげたりして考え、言葉や文でまとめる。こうした思考や表現の過程を重視して特色や意味を追究するプロセスが大切である。このプロセスにより、社会的事象の意味には多様な解釈の仕方があることを学ぶことにもなる。

　また、このことが社会への関わり方を選択・判断する際に大きく影響するはずである。選択・判断する場面は、学んだことを使う場面でもある。「選択」は選ぶことであるので、多様な意見や解釈の中から自分の判断で選ぶことができるようになるために、対話的な学習活動は大切になるのである。

　以上、ここまでをまとめると、「見方・考え方」を働かせる社会科授業づくりの条件は、単元等の目標の実現するために、教材化の視点とともに、問いや資料、学習活動などを含めた問題解決的な学習の展開（過程）を工夫することであると言える。

「カリキュラム・マネジメント」と社会科

平成29年３月に告示された学習指導要領の「総則」に次のように示されている。

　　各学校においては、児童や学校、地域の実態を適切に把握し、教育の目的や
　目標の実現に必要な教育の内容等を教科等横断的な視点で組み立てていくこ
　と、教育課程の実施状況を評価してその改善を図っていくこと、教育課程の実
　施に必要な人的又は物的な体制を確保するとともにその改善を図っていくこと
　などを通して、教育課程に基づき組織的かつ計画的に<u>各学校の教育活動の質の</u>
　<u>向上を図っていくこと</u>（以下「カリキュラム・マネジメント」という。）に努
　めるものとする。
　　　　　　　　　　　　　　　　　　　　　　　　　　　　　　（傍線・筆者）

　つまり、カリキュラム・マネジメントは、学校の教育課程を改善し続けること自
体が目的なのではなく、そのことを通して「教育活動の質の向上」を実現していく
ことこそが目的だということである。中教審答申では、カリキュラム・マネジメント
の３つの「側面」が示された。次の３点である。

①各教科等の教育内容を相互の関係で捉え、学校教育目標を踏まえた教科横断
　的な視点で、その目標の達成に必要な教育の内容を組織的に配列していく。
②教育内容の質の向上に向けて、子供たちの姿や地域の現状等に関する調査や
　各種データ等に基づき、教育課程を編成し、実施し、評価して改善を図る一
　連のPDCAサイクルを確立する。
③教育内容と、教育活動に必要な人的・物的資源等を、地域等の外部の資源も
　含めて活用しながら効果的に組み合わせる。

　いずれも社会科において重要な側面であるが、ここで改めて②のPDCAについて
考えてみたい。
　PDCAとは、文字どおり、プラン（計画づくり）→　ドゥー（実践）→　チェッ
ク（考察・評価）→　アクション（見直し・改善）のことで、一人一人の先生方
が、日ごろからカリキュラム・マネジメントを意識して、教育活動の質の向上を図
るには、どのようにしたらよいかということである。そもそも、PDCAは、いきな
り学校全体の教育課程について回そうと思っても難しい。**資料６**のように日々の授
業改善、単元等の改善、各教科等の改善といった段階があるはずである。
　教科等の改善については、年間の単元配列や教材・内容、活動などの計画をつく
り、年度末などにその改善要素を加えることであろう。
　その前に、一人一人の教師がカリキュラム・マネジメントにおけるPDCAの発想
を日ごろからもつために大切なことは、単元等のマネジメントを行うことであろう。
教科等によっては、単元ではなく「題材」と呼ぶ場合もある。共通していること
は、１時間（コマ）ではなく、複数時間で構成されている「内容のまとまり」を指
しているということである。１時間の授業とは異なる、中期的なマネジメントであ
る。このことについては、学習指導要領の「総則」「各教科等」の本文において、
「単元や題材など内容や時間のまとまりを見通しながら」という文言が何度も登場す

資料6

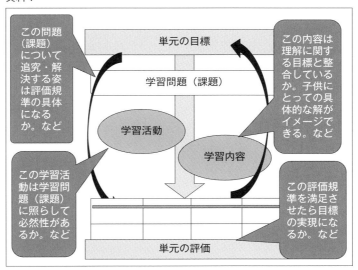

資料7

　ることからも、その重要性が分かるはずである。
　マネジメントの基本は、目標の実現のために手段や方法を工夫・改善することである。すなわち、**資料7**のように、学習問題（課題）や学習活動、学習内容、学習評価等を関連付けて、目標の実現に向かう形をプログラムのようにイメージし、それぞれの有効性や効果などを検討する（P）。そして、実際に授業実践してみる（D）。実践を通して子供の学びの姿を記録したら、それを使って授業の成果や課題を考察する（C）。そして、改善や一層の工夫が必要な事項を考慮して、改善案を考えるという流れである。
　本書は、これらのつながりを意識して構成されている（ただし評価規準については、新しい「評価の観点」が現在検討されている段階であるため掲載していない）。

現代的教育課題と授業づくりの視点

聖徳大学大学院教職研究科教授 **廣嶋憲一郎**

中央教育審議会の提言

中央教育審議会答申（平成28年12月）では、小学校社会科の具体的な改善事項として「社会に見られる課題を把握して、その解決に向けて構想する力を養うためには、現行学習指導要領において充実された伝統・文化等に関する様々な理解を引き続き深めつつ、将来につながる現代的な諸課題を踏まえた教育内容の見直しを図ることが必要である」とし、以下の内容の見直しが提言された。

(1) 世界の国々との関わりへの関心を高めるようにすること
(2) 政治の働きへの関心を高めるようにすること
(3) 自然災害時における地方公共団体の働きや地域の人々の工夫・努力等に関する指導を充実させること
(4) 少子高齢化等による地域社会の変化を取り上げること
(5) 情報化に伴う生活や産業の変化などを踏まえた教育内容を見直すこと

将来につながる現代的な諸課題として示された教育内容は、これからの社会を生きる子供たちに不可欠な教育内容である。

教育内容の見直しと授業づくりの視点

１．世界の国々との関わりへの関心を高める内容

この内容改善の視点は、グローバル化する社会への対応を考慮し、小学校生活全体を通して世界に目を向け、世界の事がらに関心をもてる子供を育てようとするものである。具体的な内容としては、

第３学年内容(2)「地域に見られる生産や販売の仕事」では、イ(イ)において、

消費者の願い、販売の仕方、他地域や外国との関わりなどに着目して、販売に携わっている人々の仕事の様子を捉え、それらの仕事に見られる工夫を考え、表現すること。

としている。

ここでの学習は、店で売られている商品には、外国産の物があることなどに着目し、地図帳などを活用して外国の位置を調べることが考えられる。その際、外国の国旗についても調べることができるようにする。このことは、内容の取扱いの(2)において

　　イ　「他地域や外国との関わり」を扱う際には、地図帳などを使用して都道府県や国の名称と位置などを調べるようにすること。
　　ウ　我が国や外国には国旗があることを理解し、それを尊重する態度を養うよう配慮すること。

と示されている。
　なお、このような学習をスムースに行うことができるように、これまで第4学年から配布されていた地図帳が第3学年から配布される。
　第4学年内容(5)「県内の特色ある地域の様子」では、特色ある地域の取扱いについて、内容の取扱い(5)で次のように示している。

　　ア　県内の特色ある地域が大まかに分かるようにするとともに、伝統的な技術を生かした地場産業が盛んな地域、国際交流に取り組んでいる地域及び地域の資源を保護・活用している地域を取り上げること。

　ここでは、「県内の特色ある地域の様子」を理解する事例として、従来から取り上げてきた「伝統的な技術を生かした地場産業が盛んな地域」や「地域の資源を保護・活用している地域に加えて、新たに「国際交流に取り組んでいる地域」を取り上げることが求められる。「国際交流に取り組んでいる地域」とは、「姉妹都市提携などを結び外国の都市と様々な交流を行っている地域」や、国際都市を目指して市内で交流活動を盛んに行っている地域などのことである。
　ここでの学習は、国際交流が盛んな地域と交流を行っている諸外国の位置を地図で確かめたり、交流の背景や内容を調べたりするなどの活動が考えられる。その際、「我が国や外国には国旗があることを理解し、それを尊重する態度を養うよう配慮すること」は、第3学年の内容(2)と同様である。
　第5学年内容(1)「我が国の国土の様子と国民生活」では、イ(ア)において

　　世界の大陸と主な海洋、主な国の位置、海洋に囲まれ多数の島からなる国土の構成に着目して、我が国の国土の様子を捉え、その特色を考え、表現すること。

と示されている。この内容は、実質的に従前の学習指導要領を引き継いだものである。「主な国」の取り上げ方については、内容の取扱い(1)ウに

　　「主な国」については、名称についても扱うようにし、近隣の諸国を含めて取り上げること。その際、我が国や諸外国には国旗があることを理解し、それを尊重する態度を養うよう配慮すること。

と示されている。

ここでの学習は、近隣諸国を含めてユーラシア大陸やその周りに位置する国々の中から10か国程度、北アメリカ大陸、南アメリカ大陸、アフリカ大陸、オーストラリア大陸やその周りに位置する国々の中からそれぞれ２か国程度を選択することが考えられる。その際、取り上げた国の正式名称や国旗、我が国との位置関係などを、地図帳や地球儀などで確認するようにしたい。なお、世界の国々の名称や位置に目を向ける学習は、産業学習での輸出や輸入を通した諸外国との関わりを学習する際の基礎になることが期待される。

　第５学年内容(3)「我が国の工業生産」では、ア(ウ)及びイ(ウ)において

> ア(ウ)　貿易や運輸は、原材料の確保や製品の販売などにおいて、工業生産を支える重要な役割を果たしていることを理解すること。
> イ(ウ)　交通網の広がり、外国との関わりなどに着目して、貿易や運輸の様子を捉え、それらの役割を考え、表現すること。

と示されている。

　ここでの学習は、地図や地球儀、統計などの資料を活用して原材料や工業製品の輸出入に関する貿易相手国を調べたり、我が国の工業生産において貿易が果たす役割を考えたりすることが大切である。

　第６学年内容(2)「我が国の歴史上の主な事象」では、内容の取扱い(2)オにおいて

> 　ア(イ)から(サ)までについては、当時の世界との関わりにも目を向け、我が国の歴史を広い視野から捉えられるよう配慮すること。

が示されている。

　ここでの学習は、世界の国々との関わりが深い歴史上の主な事象、例えば、「大陸文化の摂取」「元との戦い」「キリスト教の伝来」「黒船の来航」「日清・日露の戦争」「我が国に関わる第二次世界大戦」などを取り上げる際に、地図などを活用して当時の世界の動きにも目を向けて我が国の歴史が理解できるようにすることが大切である。

　第６学年内容(3)「グローバル化する世界と日本の役割」では、アにおいて

> ㋐　我が国と経済や文化などの面でつながりの深い国の人々の生活は多様であることを理解するとともに、スポーツや文化などを通して他国と交流し、異なる文化や習慣を尊重し合うことが大切であることを理解すること。
> ㋑　我が国は、平和な世界の実現のために国際連合の一員として重要な役割を果たしたり、諸外国の発展のために援助や協力を行ったりしていることを理解すること。

が示されている。この内容は、実質的に従前の学習指導要領を引き継いだものである。

　ここでの学習は、グローバル化する国際社会を背景に、小学校社会科における「世界の国々との関わりへの関心を高める内容」の集大成として位置付けることができる。

　㋐では、我が国とつながりが深い国の中から数か国を取り上げ、子供が一か国を選択して調べる活動を通して、外国の文化や習慣を背景とした人々の生活の様子には違いがあることを理解できるようにする。また、国際的なスポーツや文化などの

交流の事例を基にして、異なる文化や習慣を尊重し合うことが大切であることを理解できるようにすることが求められる。

(イ)では、国際連合は、平和な国際社会の実現のために大きな役割を果たしていること、我が国は、国際連合の一員としてユニセフやユネスコの活動に協力していることなど、平和な国際社会の実現のために大きな役割を果たしていることや、我が国が教育や医学、農業などの分野で諸外国の発展に貢献していること、今後も国際社会の発展のために果たさなければならない責任と義務があることなどを基に、グローバル化する国際社会における我が国の役割について理解できるようにすることが求められる。

このようにして見ると、今回の学習指導要領で示された「世界の国々との関わりへの関心を高める内容」は、以下のような系統性をもって、グローバル化する社会への対応を考慮したものとなっていることが分かる。

第３学年　商品を通した外国との物の行き来

⇓

第４学年　国際交流を通した外国との人や文化の行き来

⇓

第５学年　世界の国の名称や位置の理解を基礎とした貿易によるつながり

⇓

第６学年　歴史や国際協力などによる相互依存のつながり

なお、これらの内容は、中学校社会科の

地理的分野　Ａ 世界と日本の地域構成　(1)地域構成　①世界の地域構成
　　　　　　Ｂ 世界の様々な地域　(1)世界の各地の人々の生活と環境　(2)世界の
　　　　　　地域構成
公民的分野　Ｄ 私たちと国際社会の諸課題　(1)私たちと国際社会の諸課題
に接続・発展するものと捉えることができる。

２．政治の働きへの関心を高める内容

この内容改善の視点は、18歳選挙権の実施に伴い、子供に主権者としての意識を育むことに配慮したものである。

第３学年内容(1)「身近な地域や市区町村の様子」では、イ(ア)において

都道府県内における市の位置、市の地形や土地利用、交通の広がり、市役所など主な公共施設の場所と働き、古くから残る建造物の分布などに着目して、身近な地域や市の様子を捉え、場所による違いを考え、表現すること。

と示されている。

ここでは、市の様子を調べる際に、主な公共施設の一つとして「市役所」を取り

上げることになる。市役所の働きとして、小学校3年生にとって比較的分かりやすい内容は、例えば、学校などの公共施設の建設や運営、災害時における避難場所の指定などが考えられる。ここで市役所の働きを取り上げることによって、政治の働きへの関心が芽生えることが期待される。

第3学年内容(4)「市の様子の移り変わり」では、イ(ア)において

　交通や公共施設、土地利用や人口、生活の道具などの時期による違いに着目して、市や人々の生活の様子を捉え、それらの変化を考え表現すること。

と示されている。「公共施設」の取り上げ方については、内容の取扱い(4)イで、

　イの(ア)の「公共施設」については、市が公共施設の整備を進めてきたことを取り上げること。その際、租税の役割に触れること。

としている。

　ここでの学習は、市の様子の移り変わりの要因の一つとして公共施設を取り上げることになる。その際、内容の(1)で取り上げた公共施設との関連を図り、公共施設の建設や運営には市が関わってきたことやその建設には租税が重要な役割を果たしていることに触れ、身近な政治の働きに関心をもたせるようにする。

　なお、昭和52年版の学習指導要領では、第4学年で、「地域の人々の生活の向上を図るため、市（町、村）や県（都、道、府）によって計画的な事業が行われていることを理解させる」ために、「地域にある公民館、公園などの公共施設ができるまでの経過を調べ、そこには市（町、村）や県（都、道、府）の計画的なはたらきがあることに気付き、これらの公共施設と人々の生活との関連について考えること」を学習している。今回の改訂では、このような過去の実践を参考にすることも考えられる。

　第4学年内容(3)「自然災害から人々を守る活動」は、新設された内容であり、自然災害への対応を通して県庁や市役所の働きが見えるようにするものである。

　ア(ア)　地域の関係機関や人々は、自然災害に対し、様々な協力をして対処してきたことや、今後想定される災害に対し、様々な備えをしていることを理解すること。
　イ(ア)　過去に発生した地域の自然災害、関係機関との協力などに着目して、災害から人々を守る活動を捉え、その働きを考え、表現すること。

　ここで取り上げる「関係機関」については、内容の取扱い(2)イで

　アの(ア)及びイの(ア)の「関係機関」については、県庁や市役所の働きなどを中心に取り上げ、防災情報の発信、避難体制の確保などの働き、自衛隊など国の機関との関わりを取り上げること。

と示されている。

　ここでの学習は、県や市が策定した防災計画に基づく防災対策、防災情報の発信や避難体制の確保などの対策や事業を取り上げ、県庁や市役所が、消防署や警察

署、自衛隊などの国の機関などとも連携・協力して人々の安全を守る活動を行っていることを理解できるようにする。

第5学年内容⑸「国土の自然環境と国民生活との関連」では、ア(ア)において

　　自然災害は国土の自然条件などと関連して発生していることや、自然災害から国土を保全し国民生活を守るために国や県などが様々な対策や事業を進めていることを理解すること。

と示されている。

　ここでの学習では、我が国で発生する様々な自然災害と国土の自然条件を関連付けて、自然災害が発生する理由や国や県などの防災・減災に向けた対策や事業の内容と役割を理解できるようにする。

　第6学年内容⑴「我が国の政治の働き」については、第6学年の内容構成を変更することによって、「政治の働きへの関心」を高める工夫がなされている。

【平成20年版第6学年学習指導要領の構成】

⑴　我が国の歴史上の主な事象
⑵　我が国の政治の働き
　・地方公共団体や国の政治
　・日本国憲法
⑶　世界の中の日本の役割

【平成29年版第6学年学習指導要領の構成】

⑴　我が国の政治の働き
　・日本国憲法
　・国や地方公共団体の政治
⑵　我が国の歴史上の主な事象
⑶　グローバル化する世界と日本の役割

　新しい学習指導要領では、「歴史」と「政治」の順番を入れ替え、「我が国の政治の働き」の学習を先に行うように配列を変更している。また、「日本国憲法」と「国や地方公共団体の政治」の学習の順番を入れ替えることにより、「日本国憲法の基本的な考え方」を理解した上で、「国や地方公共団体の政治は、国民主権の考え方の下、国民生活の安定と向上を図る大切な働きをしていることを理解すること」ができるようにしている。

　なお、内容の取扱い⑴アには、

　　イの(ア)に関わって、国民としての政治の関わり方について多角的に考えて、自分の考えをまとめることができるように配慮すること。

が示され、政治に対する参画意識を促すことが求められている。

　このようにして見ると、今回の学習指導要領で示された「政治の働きへの関心を高める内容」は、以下のような系統性をもって、改善されていることが分かる。

　第3学年　市の公共施設を通した市役所の働き

　　　⇩

　第4学年　自然災害から人々を守る県庁や市役所の働き

⇓

第５学年　国土の自然災害における国や県の対策や事業

⇓

第６学年　我が国の政治の働きと国民としての政治への関わり方

なお、これらの内容は、中学校社会科の

公民的分野　C 私たちの政治　(1)人間の尊重と日本国憲法の基本原則　(2)民主政治と政治参加に接続・発展するものと捉えることができる。

３．自然災害時における地方公共団体の働きや地域の人々の工夫・努力

　この内容改善の視点は、防災安全に関する教育の充実を図ることに配慮したものである。

　これまで、３・４年生の「災害及び事故の防止」の中で、火災・風水害・地震などの中から選択して取り上げられていたものを、第３学年で「地域の安全を守る働き」として火災と事故を取り上げることとし、第４学年では「自然災害から人々を守る活動」を新設したものである。

　自然災害に関わる内容を系統的に見ていくと、次のようになる。

第４学年内容(3)「自然災害から人々を守る活動」では、

ア(ア)　地域の関係機関や人々は、自然災害に対し、様々な協力をして対処してきたことや、今後想定される災害に対し、様々な備えをしていることを理解すること。

イ(ア)　過去に発生した地域の自然災害、関係機関との協力などに着目して、災害から人々を守る活動を捉え、その働きを考え、表現すること。

が示されている。また、内容の取扱(2)では、

ア　アの(ア)については、地震災害、津波災害、風水害、火山災害、雪害などの中から、過去に県内で発生したものを選択して取り上げること。

ウ　イの(ア)については、地域で起こりうる災害を想定し、日頃から必要な備えをするなど、自分たちにできることなどを考えたり選択・判断したりできるよう配慮すること。

が示されている。

　ここでの学習は、これまでの経験で、自然災害が繰り返して起こっているという事実に着目して、過去に発生した地域の自然災害を取り上げる。また、災害を自分事として捉え、地域で起こりうる災害を想定して、自分たちでできること（自助）を考えたり、選択・判断したりできるようにすることが大切である。

第５学年内容(5)「国土の自然環境と国民生活との関連」では、ア(ア)において

自然災害は国土の自然条件などと関連して発生していることや、自然災害か

> ら国土を保全し国民生活を守るために国や県などが様々な対策や事業を進めていることを理解すること。

と示されている。

　ここでの学習では、第４学年の「自然災害から人々を守る活動」との違いに留意する必要がある。第４学年では、県内で発生した自然災害を取り上げ、地域の関係機関や人々による自然災害への対処や備えを理解することがねらいである。一方、第５学年では国土において発生する様々な自然災害を取り上げて、自然災害と国土の自然条件との関連を通して国土の地理的環境を理解することにねらいがある。

　第６学年内容(1)「我が国の政治の働き」では、内容の取扱い(1)ウで、

> アの(イ)の「国や地方公共団体の政治」については、社会保障、自然災害からの復旧や復興、地域の開発や活性化などの取組の中から選択して取り上げること。

が示されている。

　自然災害からの復旧や復興に関する学習は選択ではあるが、この内容を取り上げる場合には、災害が発生したときに市役所、県庁が、自衛隊の派遣を要請するなど国と協力しながら救援活動を行ったり、災害復旧のために物流拠点を配置したり、長期的な視野に立って地域の再興に向けて様々な施策を実行したりしていることなどを具体的に調べることなどが考えられる。

　今回の学習指導要領で示された「自然災害時における地方公共団体の働きや地域の人々の工夫・努力に関する内容」は、以下のような系統性をもって、改善されていることが分かる。

　　第４学年　自然災害から人々を守る活動（過去に発生した地域の自然災害）

　　　　⇓

　　第５学年　国土の自然災害（自然災害と国土の自然条件の関係）

　　　　⇓

　　第６学年　自然災害からの復旧や復興（「国や地方公共団体の政治」の選択事例）

　なお、これらの内容は、中学校社会科の

| 地理的分野 |　C 日本の様々な地域　(1)地域調査の方法　(2)日本の地域的特色と地域区分に接続・発展するものと捉えることができる。

４．少子高齢化等による地域社会の変化に関する内容

　この内容改善の視点は、人口の減少や人口構成の変化等により変化する地域社会の様子を学習することによって、よりよい地域社会の創造に関心をもつようにすることにある。

第３学年内容(4)「市の様子の移り変わり」では、イ(ア)において

> 交通や公共施設、土地利用や人口、生活の道具などの時期による違いに着目して、市や人々の生活の様子を捉え、それらの変化を考え、表現すること。

と示されている。「人口」の取り上げ方については、内容の取扱い(4)ウで、

> イの(ア)の「人口」を取り上げる際には、少子高齢化、国際化などに触れ、これからの市の発展について考えることができるよう配慮すること。

としている。

　ここでの学習は、市の様子の移り変わりの要因の一つとして人口を取り上げる。その際、人口の増減を土地利用や公共施設の変化、生活に使われていた道具の変化などとも関連付けて、市の移り変わりの様子を捉えるようにすることが大切である。少子高齢化の推移状況は、市によって違いがあるため、資料の活用に当たっては、市役所などが作成している資料を活用したり市役所の人の話を聞いたりするとともに、これからの市の発展に関心をもつようにすることが大切である。

資料１　年齢（３区分）別人口の割合の推移－全国（大正９年～平成27年）

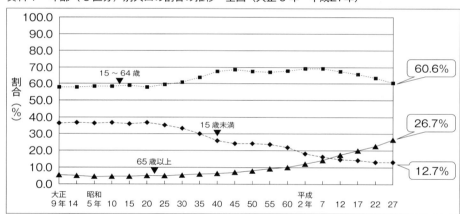

　資料１のグラフは、国勢調査に基づく我が国の人口統計（総務省）であるが、平成27年10月１日現在、我が国の総人口は１億2711万人で、総人口に占める15歳未満の人口は1586万４千人で、総人口に占める割合は12.7%である。一方、65歳以上の人口は3342万２千人で、総人口に占める割合は26.7%となり、総人口の４人に１人をはじめて超えている。

　学習指導要領では、少子高齢化の内容を直接扱うのは、第３学年内容(4)「市の様子の移り変わり」だけである。しかし、ここで育まれた少子高齢化についての「見方・考え方」は、第５学年内容(2)「我が国の農業や水産業における食料生産」や第５学年内容(3)「我が国の工業生産」などで学習する「働く人々の工夫や努力」の内容に関わって、後継者の問題や労働形態の変化などの学習に発展していくものと考えられる。

　なお、第６学年内容(1)「我が国の政治の働き」では、内容の取扱い(1)ウで、

アの(イ)の「国や地方公共団体の政治」については、社会保障、自然災害からの復旧や復興、地域の開発や活性化などの取組の中から選択して取り上げること。

と示されており、社会保障を選択して学習する場合には、少子高齢化の現状を踏まえて、子育て支援や高齢者の生活支援や介護などを取り上げることも考えられる。
　なお、これらの内容は、中学校社会科の

地理的分野 　C 日本の様々な地域　(2)日本の地域的特色と地域区分　④人口
　　　　　　　　　　　　　　　(3)日本の諸地域　③人口や都市・村落を中核
　　　　　　　　　　　　　　　とした考察の仕方

公民的分野 　A 私たちと現代社会　(1)私たちが生きる現代社会と文化の特色
　　　　　　　B 私たちと経済　　　(2)国民の生活と政府の役割

に接続・発展するものと捉えることができる。

5．情報化に伴う生活や産業の変化に関する内容

　この内容改善の視点は、情報化の進展に伴い生活や産業が大きく変化していることから、情報化に関わるより適切な内容構成への見直しを図ろうとするものである。
　第5学年内容(4)「我が国の産業と情報の関わり」では、ア(ア)及びイ(ア)において、従来と同様に放送、新聞などの産業を取り上げることになっている。この内容は

　ア(ア)　放送、新聞などの産業は、国民生活に大きな影響を及ぼしていることを理解すること。
　イ(ア)　情報を集め、発信するまでの工夫や努力になどに着目して、放送、新聞などの産業の様子を捉え、それらの産業が国民生活に果たす役割を考え、表現すること。

であり、これまでの内容と大きな違いはない。一方、「情報を生かして発展する産業」については、ア(イ)及びイ(イ)において、

　ア(イ)　大量の情報や情報通信技術の活用は、様々な産業を発展させ、国民生活を向上させていることを理解すること。
　イ(イ)　情報の種類、情報の活用の仕方などに着目して、産業における情報活用の現状を捉え、情報を生かして発展する産業が国民生活に果たす役割を考え、表現すること。

と示されている。
　「情報を生かして発展する産業」に関する内容は、我が国の情報産業の現状を踏まえて、これまでの「情報化した社会の様子と国民生活」に変わって新設されたものである。
　内容の取扱い(4)イでは、

　アの(イ)及びびイの(イ)については、情報や情報技術を活用して発展している販売、

> 運輸、観光、医療、福祉などに関わる産業の中から選択して取り上げること。その際、産業と国民の立場から多角的に考えて、情報化の進展に伴う産業の発展や国民生活の向上について、自分の考えをまとめることができるよう配慮すること。

と示されている。

　我が国の情報サービスに関わる産業は、資料2に示す統計資料（経済産業省2014年）のように、売上高においても従業員数においても大きな割合を占めており、我が国の産業を理解する上で欠かすことのできない状況にある。このような事実を踏まえて、ここでは、情報や情報技術を活用して発展している販売、運輸、観光、医療、福祉などに関わる産業の中から、いくつかを選択して取り上げることになる。

資料2

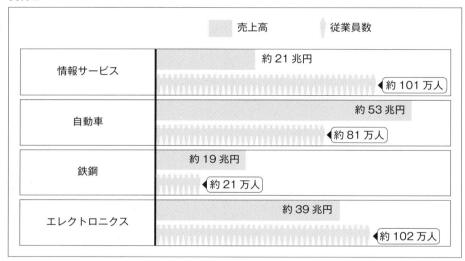

　取り上げる事例としては、販売情報を収集・分析して商品の入荷量や販売状況を予測したり、インターネット上で商品の管理を行ったりしている販売業、道路の交通情報や位置情報、正確な気象情報を収集・分析し安全で効率的な輸送に生かしている運輸業、魅力ある地域の観光資源について情報を発信して地域の活性化に努めている観光業、様々な機関と連携したり離れた地域間で情報を共有したりすることによりサービスの向上に努めている医療や福祉などの産業などが考えられる。

　今回の学習指導要領で、直接「情報化に伴う生活や産業の変化に関する内容」を扱うのは、第5学年内容(4)「我が国の産業と情報の関わり」だけである。しかし、ここで育まれた情報化についての「見方・考え方」や情報活用能力は、その後の学習や他の教科等の学習に発展していくものと考えられる。

　なお、ここでの内容は、中学校社会科の

公民的分野　A 私たちと現代社会　(1)私たちが生きる現代社会と文化の特色

に接続・発展するものと捉えることができる。

［小学校社会科］
学習指導案文例集

第2章

文例編

第○学年　学習指導案のつくり方〜読み方ガイド　小学校学習指導要領社会 各学年ごとの内容規定No. 内容(4) 全●時間

単元名

単元名は、各内容の冒頭にある社会的事象の文言を中心に設定。一つの内容でも複数の事例や展開のパターンがある場合は、同じ単元でも複数のプランを掲載しているので、教科書の事例や地域の特色、子供の実態に応じて選択。単元の時間数は年間の授業時数から単元数や問題解決的な学習展開が実現できるように配慮する。

単元目標の要素
- **C**ontents：学習内容
- **V**ision：見方（視点）
- **I**nvestigation：調べ方（技能）
- **T**hought：考え方（思考）
- **K**nowledge：知識
- **M**otivation：主体的に学習に取り組む態度、社会的事象に関わろうとする態度

指導計画

主な学習活動　内容（予想される子供の反応例）	指導の手立て

つかむ

主な問い ●●はどのような（に）●●なのだろう [●時間]
- ●●●●●●●●●●●●●●●●
- ●●●●●●●●●●●

見方・考え方を生かして設定した「問い」を子供の思考の流れや学習プロセスに合わせて位置付ける。

追究する

学習問題：●●●●の様子は、どのように●●●●なのだろう。

「学習問題」の設定
単元の目標の理解事項を踏まえて学習問題を設定する。その際、まとめの段階で子供が導き出す学習問題の結論との整合性を考慮することが大切である。

・●●●●●●●●●●●●●●●●●●●●●●●●●●
・●●●●●●●●●●●●●●●●●●●●●●●●●●
・●●●●●●●●●●●●●●●●●●●●●●●●●●
・●●●●●●●●●●●●●●●●●●●●●●●●●●

「予想される子供の反応例」の想定
学習問題や問いを追究した結果とし、どのようなことを考えたのか想定することで主な学習内容を表している。

●●●●●●●●●●●●●●●●●●●●
●●●●●

「指導の手立て」
問いの追究場面に即して、資料提示や学習活動の工夫点、教師の配慮事項などを明記する。

資料 ●●●●●●●●●●●●●●●●●●●●●●●●●●●●●●

「資料」
子供が社会とつながる場面設定
内容の取扱いで「発展を考える」「選択・判断する」への配慮事項がある場合には、学んだことを基に、発展を考えたり、関わり方を選択・判断したりする学習場面を工夫して設定する。

まとめる

●●●●●●にまとめる

「まとめ方」の想定
技能の育成を想定し、目標の技能に関する記述に即して学習内容の理解を促す地図や年表、図表などのまとめ方を設定する。まとめの内容が学習問題の結論となるようにする。

「深い学び」の学習プロセス

［小学校社会科］学習指導案文例集

単元 目標	◎●●●●について **C**、●●●●に着目して **V**、●●●●で調べてにまとめ **I**、●●●● [比較・分類・関連付けて] 考え **T**、●●●● [特色や意味] を理解できるようにする **K** ○●●●● [協力・追究・思考など] しようとしている **M**。

単元の総括的な目標の◎印は、内容ごとに示されているアの(ア)及び(イ)とイの(ア)に基づいて設定する。各単元では、例えば第 3 学年内容(4)の記述のように、左ページの「単元目標の要素」に基づいて分割した文言を、記号の順に従って「イ(ア)の思考力・判断力・表現力とア(イ)の技能を学習のプロセスとして組み合わせ、ア(ア)の知識の事項を理解する」という構造となっている。また、総括的な目標の◎印は、「主体的に学習に取り組む態度、社会的事象に関わろうとする態度」に関するもので、学年目標の(3)の記述に基づいて、各内容の特質に応じて書き表している。特に、内容の取扱いにおいて、「〜の発展を考える」「自分たちの関わり方を選択・判断する」という事項がある場合には、それらに関わる態度目標を設定する。

単元の配慮事項

●●●●●●●●●●●●●●●●●●●●●●●●●●●●●●●●●●●●●●

単元の配慮事項は、「内容の取扱い」に記載された配慮事項に基づいて設定する。また、「内容の取扱い」以外にも、単元構成上の配慮事項や実際の指導に当たっての配慮事項を記載する場合もある。

「見方・考え方」を働かせる「深い学び」のポイント

1．●●●や●●●に着目して追究できるようにする

見方・考え方を働かせる指導の工夫①

「見方・考え方」を働かせるために、各内容のイに示された着目する視点を参考にして、学習問題を解決するために必要な追究の問いを想定する。

その際、問いの追究を通してどのような知識を獲得できるのかを明確にする。

実際に活用する資料などの教材分析をして、子供が主体的に学ぶことができるかを構想する。

2．●●●と●●●を関連付けて●●●の働きについて考えることができるようにする

見方・考え方を働かせる指導の工夫②

「見方・考え方」を働かせるために、各内容のイに示された考え方を参考にして、追究した結果について特色や意味を見いだすことができるような問いを設定したり表現活動などの学習活動の工夫を行ったりする。

見方・考え方を働かせる指導の工夫③

発展について考えて話し合ったり自分たちの関わり方を選択・判断して話し合ったりできるように、問いを設定したり教材や話し合いなどを工夫したりする。

「教材化」のヒント

1．●●●がつかむことができる教材

子供の追究に必要な資料の選定①

教材選択の視点として次のことを大切にする。
①子供の興味・関心を高める教材
②見方・考え方を働かせるための教材
③子供の思考を促す教材と発問　など
ここでは、学習問題の解決や上記で設定した問いを追究するために必要な資料の具体例を示す。

2．●●●を関連付けてまとめるワークシート

子供の追究に必要な資料の選定②

資料の種類は、写真、地図、グラフ、文章資料など様々あるので、子供の発達の段階に応じて資料を選択したり加工したり提示の仕方を工夫したりすることが重要である。

また、単元によっては、ワークシートや図表、思考ツールなど作品例を掲載する場合もある。

第3学年

学習指導要領「内容」のポイント

学習指導要領の内容と単元の構成例

	学習指導要領の内容	単元名 (例)	時数
内容(1)	身近な地域や市の様子	わたしたちの小菅村	全18時間
		身近な地域や市の様子	全18時間
内容(2)	地域の生産や販売の仕事	地域に見られる生産の仕事	全10時間
		わたしたちのくらしとスーパーマーケットの仕事	全10時間
内容(3)	安全を守る働き	事故や事件からくらしを守る	全15時間
内容(4)	市の様子の移り変わり	身近な地域や市の様子	全17時間

内容ごとのポイント

内容(1)
「身近な地域や市の様子」のポイント

内容(1)は、都道府県内における市の位置、市の地形や土地利用、交通の広がり、市役所などの主な公共施設の場所と働き、古くから残る建造物の分布などに着目して、身近な地域や市区町村の様子を大まかに理解する内容である。

ここでは、内容(2)～(4)に関わりがあることを踏まえて学年の導入で扱う。また、授業時間数の配分などを工夫して、「自分たちの市」に重点を置いた効果的な指導を行うようにする。

実際の指導に当たっては、第3学年から配布される地図帳を参照して方位や主な地図記号について理解し活用できるようにする。また方位については最初に四方位を取り上げ、八方位については第4学年修了までに身に付けるようにする。さらに地図記号については地域の実態を踏まえて必要なものを扱うようにする。

単元の事例では、山間部の小規模な村、海岸沿いの大規模な市の2事例を紹介している。

内容(2)
「地域の生産や販売の仕事」のポイント

内容(2)は、市の生産や販売の仕事について理解する内容である。生産の仕事では、仕事の種類や産地の分布、仕事の工程などに着目して地域の人々の生活と密接な関わりをもって行われていることを理解できるようにする。また、販売の仕事では、消費者の願い、販売の仕方、他地域や外国との関わりなどに着目して、多様な願いを踏まえて売り上げを高めるよう工夫していることを理解できるようにする。

ここでは、事例として、生産の仕事は農家や工場などの中から選択するとともに、販売の仕事では商店を取り上げる。商店を取り上げる際には、商品の産地や仕入れ先について第3学年から配布される地図帳を使用して都道府県や国の名称と位置などを調べたり、我が国や外国には、国旗があることを理解し、それを尊重する態度を養ったりするよう配慮していく。

実際の指導に当たっては、生産の仕事では市内に見られる生産の仕事の種類や分布を大まかに調べた上で見学・調査をしたり、販売の仕事では身近な商店を見学・調査をしたりすることが考えられる。また、買い物調べなどをする際には、個人のプライバシーに十分配慮する必要がある。

単元の事例では、農家と工場を取り上げた事例とスーパーマーケットを取り上げた事例を紹介している。

内容(3)
「安全を守る働き」のポイント

内容(3)は、施設・設備などの配慮、緊急時への備えや対応などに着目して、消防署や警察署などの関係機関が、相互に連携して緊急時に対処する体制をとっていることや、地域の人々と協力して火災や事故の防止に努めていることなど地域の安全を守る働きを理解する内容である。

ここでは、「緊急時に対処する体制を取っていること」と「防止に努めていること」について火災と事故のいずれも取り上げる。その際、例えば、「緊急時に対処する体制を取っていること」については火災に重点を置き、「防止に努めていること」については事故に重点を置くなど、取り上げ方に軽重を付けて効果的に指導する。指導計画作成に当たっては、消防署、警察署の距離や見学・調査など可能性など、地域や学校の実態を考慮して効果的な展開を工夫する必要がある。

また、社会生活に営む上で大切な法やきまりについて扱うとともに、地域や自分自身の安全を守るために自分たちにもできることなどを考えたり選択・判断したりできるよう配慮する。

実際の指導に当たっては、関係機関等から集めた資料を活用したり、関係機関や地域の人などから地域の安全を守るための活動について話を聞いたりする活動が考えられる。

単元の事例では、「消防署の仕事に重点を置いて安全を守る働きについて考える事例」「警察署の仕事に重点を置いて安全を守る働きについて考える事例」「消防署と警察署を並行して扱って安全を守る働きについて考える事例」の3事例を紹介している。

内容(4)
「市の様子の移り変わり」のポイント

内容(4)は、交通や公共施設、土地利用や人口、生活の道具などの時期による違いに着目して、自分たちの市やそこに住む人々の生活の様子は時間の経過に伴い移り変わってきたことを理解する内容である。内容(1)が市の地理的な様子を空間的に見ていくことに対して、内容(4)は市の様子の変化を時間的な経過から見ていく内容であり、内容(1)で調べたことや調べたことをまとめた市の地図を効果的に活用していくことが大切である。

ここでは、市の移り変わりについて年表などにまとめる際には、時期の区分について、昭和、平成など元号を用いた言い表し方などがあることを取り上げる。公共施設については、内容(1)で取り上げた学校、図書館、公民館、資料館などを取り上げ、市が公共施設の整備を進めてきたことを取り上げる。その際、建設や運営に必要な租税の役割に触れる。

「人口」を取り上げる際には、棒グラフを活用して人口の変化の傾向を捉えて少子高齢化、国際化などに触れ、市役所が作成している資料などから、これからの市の発展について考えることができるよう配慮する。

実際の指導に当たっては、市町村の合併の時期、交通の整備や公共施設の建設、人口の増減などの視点から市の様子が大きく変わったいくつかの時期に着目して、その頃の様子を調べる活動や現在と比較して年表などにまとめる活動などが考えられる。

単元の事例では、導入時に何に着目して時期の区分を捉えて追究するかで学習展開が変わる。今回は、(A)駅周辺の変化に着目して導入する事例、(B)市域や市街地の広がりと交通網の発達に着目して導入する事例、(C)市政100年という時期に着目して導入する事例、(D)学校や地域の航空写真と市の年表を関連付けて生活の変化に着目して導入する事例、(E)身近な商店街の様子の時期による違いを比較して人口に着目して導入する事例の5事例を紹介している。

第3学年 わたしたちの小菅村
～山間部にある小規模な村の例～

A案

内容(1) 全18時間

単元目標の要素	**C**ontents：学習内容	**V**ision：見方（視点）	**I**nvestigation：調べ方（技能）	**T**hought：考え方（思考）
	Knowledge：知識	**M**otivation：主体的に学習に取り組む態度、社会的事象に関わろうとする態度		

指導計画

「深い学び」の学習プロセス

つかむ

主な学習活動	内容（予想される子供の反応例）	指導の手立て

 主な問い 高台から村全体を眺めると何が見えるだろう [3時間]
- 景観を観察したり、村の地図を調べたりし、村の中心部の様子や村の概観を調べる。
- 調べたことを白地図に記入する。

・学校の周りには村役場、診療所、店や旅館が集まっているね。
・西のずっと先に大菩薩峠が見え、村の西から東へ小菅川が流れているよ。
・川の上流はどうなっているのかな。
・道路はどこにつながっているのかな。

資料 村の地図
- 学校の位置を確認し、村の中心部の様子を捉えるようにする。
- 景観と地図を照合し、地図の内容を読み取り、四方位を使って言い表すことができるようにする。
- これまでの経験や前時で観察した学校周辺の様子を想起し、村全体の様子について予想できるようにする。

 主な問い 小菅村はどのような村なのだろう [2時間]
- 村の様子について予想し、学習問題を設定する。

学習問題：わたしたちが住む小菅村は、どのような村なのだろう。

追究する

- 学習計画を立て、村役場で資料を集める。

 主な問い それぞれの集落は、どのような様子なのだろう [7時間]
- 観察・調査や、地図などの資料で村の各集落の様子について調べ、調べたことをカードにまとめる。

・小菅川上流の橋立集落からは、谷が深くなっていき、滝や養魚場があります。急な斜面では南に向かって畑がつくられています。
・下流の東部集落に向かうと、川幅が少し広がって、ヤマメやイワナの釣り場があります。川の近くにキャンプ場もあります。
・他の集落は小菅川沿いにあるけど、長作は鶴峠を越えたところにあります。観音堂は国の重要文化財で、安産祈願で有名です。

- 村役場を訪問し、村役場の働きに関心をもてるようにする。

資料 村発行のパンフレット・副読本
資料 村ホームページ

- それぞれの集落周辺に「何があるのか」「どのくらいあるのか」「何をしているか（何をするところか）」に着目し、各集落の様子を捉えることができるようにする。
- 実際に見学する集落は、子供の経験や実態に応じて精選するようにする。

 主な問い 道路は、どこにつながっているのだろう [3時間]
- 道路地図や路線図を使って、交通の様子、隣接自治体の名称や県内の村の位置などを調べ、白地図に記入する。

・国道が村の南にある大月市と東にある東京都奥多摩町を結んでいます。トンネルができて、大月市に行くのが便利になりました。
・小菅の湯から大月駅と奥多摩駅へのバスが出ています。村の各集落は村営バスが結びます。道の駅では行楽客がにぎわいます。
・村営バスの運営や道の駅などの施設の整備は村役場がしています。

資料 バス路線図、道路地図
資料 山梨県の地図

- 交通拠点や観光施設の整備を誰が行っているかについても調べ、村役場の働きについて着目できるようにする。

まとめる

 主な問い 小菅村は、どのような村なのだろう [3時間]
- 白地図やカードを活用して「村営バスでめぐる小菅マップ」を作成し、村の様子について意見を交流する。

・小菅村は山梨県の東の端にある、山あいの村です。
・小菅川上流では養魚場やわさびなどの栽培、下流ではキャンプ場や旅館、高台（河岸段丘上）では温泉や道の駅があり、清流と山の恵みを生かしています。行楽客もたくさんやって来る村です。

- 学校周辺（村の中心部）と各集落の様子を比較し、場所による違いに気付くようにする。

| 単元目標 | ◎身近な地域や小菅村の様子について C、山梨県内における村の位置、村の地形や土地利用、交通の広がり、村役場など主な公共施設の場所と働き、古くから残る建造物の分布などに着目して V、観察・調査したり地図などの資料を活用したりして調べて、白地図などにまとめ I、身近な地域や小菅村の様子を捉え、場所による違いを考え T、身近な地域や自分たちの村の様子を大まかに理解できるようにする K。
◎身近な地域や小菅村の様子について、学習問題の解決に向けて意欲的に追究しようとしている M。 |

単元の配慮事項

■ 本単元は学年の導入で扱い、「自分たちの村の様子」についての理解に重点を置くこと。そのため、村全体の様子を追究する学習問題を設定し、追究していくこと。

■ 内容の取扱いに示されているように、村の様子について調べたことを「白地図などにまとめる」際に、地図帳を参照し、方位や主な地図記号について扱い、地図を読み取ったり、地図記号を用いて表現したりすること。

「見方・考え方」を働かせる「深い学び」のポイント

1. 村全体の様子を捉えるため、必要な要素に着目して追究できるようにする

つかむ 他の集落を調べる際の視点を導き出す

身近な地域(学校周辺)の様子を捉える際、「何があるのか」「どのくらいあるのか」「何をしているか(何をするところか)」を明確にし、村内の他の集落を調べる際の視点を導き出すようにする。

追究する 「交通の広がり」と「村役場の働き」に着目する

人々の生活に欠かせない交通網について、問いをもつほか、交通や観光が地域振興の要となっていることから、「交通の広がり」を学習する中で、「誰が整備したのか」と投げかけるなど、村が関わっていることを調べる場面をつくり、「村役場の働き」を捉えるようにする。

追究する 「古くから残る建造物などの分布」に着目する

村内の各集落を調べる活動の中に位置付け、文化財として大切にされていることや観光資源として活用されていることに気付くようにする。

2. 村の場所による違いを関連付けて考えることができるようにする

追究する 「土地利用の様子」と他の様子を結び付ける

例えば「谷が深くなって、急な斜面では(日当たりをよくするために)南に向かって畑が作られています」など、地形の様子と土地利用の様子を結び付け、それぞれの集落の特色を考えることができるようにする。

3. 説明や表現活動の工夫について

まとめる 作成した白地図やカードを活用する

単元全体で1つの地図を完成させるイメージで表現活動を設定し、各集落の様子を比較する。また、地図にその後の小単元で学習したことを追記したり、「村の様子の移り変わり」の学習で同じ集落について様子の変化を調べたりするなど、年間を通して活用できるようにする。

「教材化」のヒント

1. 子供の興味・関心を高める観察・調査活動

村全体の様子についての興味・関心を高めるため、最初から地図を読み取るのではなく、景観や航空写真を観察するなどして、無理なく平面地図の読み取りに移行するように配慮する。

特に村の特徴的な地域を観察したり、子供にとってなじみの薄い地域を観察したりする場合は、空撮映像などゆっくりと画面が変化するものが効果的である。地形の様子を捉える場合は、鳥瞰図や地図ソフトを活用することも考えられる。その場合、子供の発達の段階を考慮し、情報過多にならないように資料を精選する。

2. 追究を活発にする資料の収集と聞き取り調査

本単元では子供が村役場でパンフレットなどの具体的な資料を集めたり、可能な限り聞き取り調査をしたりするようにしている。情報機器の活用も重要であるが、「自分の体を使って」情報を集めることは、主体的な活動を促し、必要な情報を選択する力を育てる上で大切である。

3. 調べたことを楽しく表現する活動

本単元では、各集落を結ぶコミュニティ・バスになぞらえた作品づくりを設定している。子供の発想を生かした「動きのある」作品づくりは、調べたことを再構成し、生きて働く知識・技能を身に付ける上で効果的である。

第3学年

内容(1) 全18時間

身近な地域や市の様子
～海岸沿いにある大規模な都市の例～

B案

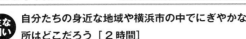

指導計画	主な学習活動 　内容（予想される子供の反応例）	指導の手立て
つかむ 	**主な問い** 自分たちの身近な地域や横浜市の中でにぎやかな所はどこだろう［2時間］ ●駅前や大通りと住宅地の写真と市のにぎやかな所の写真を比べて話し合う。 ・自分たちの住んでいるところと駅の周りや大通りには違いがある。 ・駅の周りや大通りにはたくさんのお店がありそうだ。 ●身近な地域や市の印象を出し合い、学習問題をつくる。	**資料** 身近な地域の駅前、大通り、住宅地、市のにぎやかな所の写真 ●生活科の学習や生活経験を基に、それぞれの場所の印象を出し合えるようにする。

学習問題：自分たちの住む地域や市は、どのようなところだろう。

| 「深い学び」の学習プロセス | 追究する
 | **主な問い** 大通りや駅前と住宅地にはどのような違いがあるだろう［4時間］
●駅前や大通りを見学して調べる。
●見学した結果を基に、駅前や大通りと住宅地の様子について話し合う。
・駅前には、店がたくさんある。
・バスターミナルなどがあり、人がたくさん乗り降りしている。
・駅前や大通りは、にぎやかだ。
主な問い 駅前や大通りは、なぜにぎやかなのだろう［4時間］
●駅前や大通りがにぎやかなわけと交通機関との関連について話し合う。
・駅前にはスーパーやお店がたくさんある。バス停もある。
・乗り降りする多くの人が買い物をするためにお店がある。
主な問い 市全体の様子はどのようになっているのだろう［4時間］
●市全体の土地の使われ方について白地図にかき込み、場所による違いについて話し合う。
●場所による違いと、交通機関や公共施設の分布との関連について話し合う。
・海沿いは有名な観光地が多く、にぎやかだ。
・横浜駅など、交通機関がにぎやかな所をつなげている。
●海沿いには、横浜市のもののはじめに関わる文化財など古い物があることや市役所や県庁、区役所などの公共施設が市や区の中心にあることなどを調べる。
・横浜市全体もにぎやかな所と住宅地などの違いがあり、身近な地域と同じように交通機関などの広がりと関連がある。 | ●行ったことのある場所について出し合い、子供の行った経験の違いから、見学・調査への意欲をもてるようにする。
資料 駅前や大通りの白地図
●駅前や大通りを見学し、お店の数や分布、バス停の数や行き先などについて調べられるようにする。
●調べた結果を話し合う中で、「にぎやかさ」に着目し、住宅地との違いについて疑問をもてるようにする。
資料 調査活動で使用した白地図
資料 駅を中心とした鉄道やバスの路線図
資料 駅の利用者数
●駅前のお店やスーパーなどの土地利用の特色と交通機関の利用を結び付けて考えることができるようにする。
資料 横浜市全体の土地利用図
資料 市の沿岸部にある大規模商業施設、工業地帯、ニュータウンなどの住宅街等、特色ある地域の写真
●市全体の土地利用図と写真を関連付け、具体的に捉えられるようにする。
●土地利用と交通機関と関連付け、考えるようにする。
資料 県庁、市役所や区役所などの分布地図 |
| | まとめる
 | ●県内における横浜市の位置を確認し、観光都市として、他都市の人が多く訪れ、海外からもたくさんの観光客を呼んでいることについて、市役所の観光課の人から聞き取り調査をする。
●横浜市を紹介するマップを作る［4時間］。 | ●公共施設の場所と働きについて、概要を調べるとともに、文化観光局、地域振興課などを取材し、横浜市を紹介するマップをつくる意欲を高める。 |

| 単元目標 | ◎身近な地域や市について C、市の地形や土地利用、交通の広がりなどに着目して V、観察・調査したり、地図などの資料で調べたりして、白地図などにまとめ I、身近な地域や市の様子を捉え、場所による違いと地形などの地理的条件や公共施設や交通機関などの社会的条件を比較・関連付けて考え T、理解できるようにする K とともに、市役所や区役所などの公共施設の働きを理解できるようにする K。
◎身近な地域や市の様子について、学習問題の解決に向けて意欲的に追究しようとしている M。 |

単元の配慮事項

- 本単元は、学年の導入で扱い、身近な地域を入口として、「自分たちの市」に重点を置くよう配慮すること。
- 身近な地域の見学の際に「にぎやかな所」などの視点を絞ること。
- 身近な地域で得られた交通機関との関わりを市全体を見ていくときの視点として扱うようにすること。
- 市全体の様子を調べる際には、子供の生活経験を掘り起こし、写真などの資料から具体的に捉えるようにすること。

「見方・考え方」を働かせる「深い学び」のポイント

1. 位置や空間的広がりに着目し追究できるようにする

つかむ 生活経験から身近な地域や市の場所による違いに着目する

身近な地域や市の中で行ったことのある場所を出し合い、「自分たちの住んでいる地域や市全体はどのようなところか」などの問いをもち、違いに着目することで、学習対象を市に広げる際の視点にする。

追究する 比べてつなげ、市全体の土地利用を調べる

「身近な地域と市全体はどこが違うのか」などの問いをもち、市全体の土地利用の様子を調べる。その際、予想したことを基に、写真やインターネットなどを利用し、具体的に捉えられるようにする。

追究する 公共施設と交通機関とのつながり、古い物と市役所や区役所とのつながりに着目して調べる

市役所や区役所などの位置と交通機関とのつながりについて調べ、それぞれを関連付けて考える。また、市役所や区役所の働きを調べる中で、地域に残る古い物や文化財の保護や観光などと関連付けられるようにする。

2. 身近な地域で身に付けた調べ方を市全体にも生かすようにする

追究する 市全体の土地利用と交通機関の広がりを関連付ける

身近なまちで得られた「商業施設などが多い場所と交通機関の集中には関連がある」などの概念的知識を市全体の土地利用を追究する視点とし、そのつながりを捉える。

3. 市と他の都市や外国とのつながりについて考えることができるようにする

まとめる 市や区役所の働き、観光や地域振興を中心に調べ、市と他地域とのつながりの発展を考える

市や区役所の職員からその働きのあらましについて聞き取り調査をする中で、主に観光の振興について知り、他地域とのつながりを理解する。また、他地域の人々に横浜市を紹介する意欲を高め、横浜市紹介マップ作りを通して、横浜市の特色を捉えることができるようにする。

交通機関と市の様々な地域とのつながりを調べ、その結果をA市紹介マップにしてまとめるようにします。

「教材化」のヒント

1. 市全体の土地利用と交通網の広がりを関連付ける

大規模商業施設や工場が集まっている場所の周辺では、消費者や従業員が利用するために、交通網が集中していることが考えられる。地図を重ね合わせることで、それが具体的に理解できるような工夫をするとよい。

2. 地形と関連付ける

身近な土地利用の特色を追究する際には、交通との関連に加え、高い土地には住宅街、低い土地には商店が集中するなど、地形との関連も見られる。地形図と組み合わせることが工夫の一つとして考えられる。

また、市全体も標高の低い沿岸部と標高の高い内陸部を見ていく中で、土地利用は交通条件などの関連も含め地形に影響されていることも理解できる。

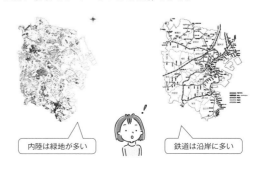

内陸は緑地が多い　鉄道は沿岸に多い

第3学年

内容(2) 全10時間

地域に見られる生産の仕事
~農家を取り上げた事例~

A案

単元目標の要素	**C**ontents：学習内容　**V**ision：見方（視点）　**I**nvestigation：調べ方（技能）　**T**hought：考え方（思考）
	Knowledge：知識　**M**otivation：主体的に学習に取り組む態度、社会的事象に関わろうとする態度

指導計画

	主な学習活動　内容（予想される子供の反応例）	指導の手立て

つかむ

 主な問い どのような生産の仕事がどこに集まっているのだろう [2時間]

- スーパーやJAなどの地場野菜売り場の野菜を調べる。
  - 市内でつくられた野菜がたくさん売られている。
  - キャベツの生産が多いんだ。
  - 北側の川の近くに畑が多い。
  - 学校の近くでもつくられている。
- 市内で生産されている野菜の種類を調べる。
- 主な野菜の産地や給食の野菜の仕入れ先を調べる。

資料 スーパーの地場野菜売り場の写真
資料 主な野菜の生産量のグラフ

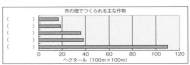

資料 市内の主な野菜の生産地の地図

学習問題：私たちが食べている野菜はどのように生産されているのだろう。

追究する

 主な問い 農家Nさんはどのように野菜を育てているのだろう [2時間]

- Nさんの畑の見学の計画を立てる。
- Nさんの畑の見学をし、仕事について聞き取り調査をする。
  - Nさんは一人で何種類もの野菜を生産している。
  - Nさんは機械や肥料などを使って野菜を生産している。
  - 直売もしていて人気がある。
- 見学で分かったことをカードにして分類する。

 主な問い 農家Nさんのキャベツづくりのひみつは何だろう [3時間]

- キャベツづくりの仕事について聞き取りをしたことを農事カレンダーに整理する。
  - キャベツができるまでには、たくさんの仕事があるんだ。
  - たくさんの工夫があるからおいしいキャベツができるんだ。
  - 私の1番のひみつは、やっぱり愛情だと思います。
- 農事カレンダーを見て、キャベツづくりのひみつを話し合う。

 主な問い 農家Nさんのキャベツはどこに出荷されているのだろう [1時間]

- Nさんにキャベツの出荷先を聞き地図で出荷先を確かめ、白地図にまとめる。
  - 市外にも出荷しているけど、市内のJAやお店にもたくさん出荷して、みんなも買ったことがある。

まとめる

主な問い 市の野菜の生産は私たちの生活とどうつながっているか [2時間]

- 地域の人々が地場野菜についてどのように考えているのか調べ、市の野菜の生産地をまとめた白地図にPR文を考え書き加える。

> 私たちの市では野菜づくりが盛んです。特にきれいな川の水と栄養のある土で、農家の人の愛情いっぱいでつくられたキャベツは市の特産品です。ぜひ、JAで安心なおいしい野菜をたくさん買ってください。

「深い学び」の学習プロセス

- スーパーやJAなどの野菜売り場では地場野菜が多く置かれ、地域の人に生活に欠かせないことに気付くようにする。

資料 給食室に運ばれる野菜の段ボール箱
資料 学校のキャベツとNさんのキャベツ

- 栄養士の話から給食室に野菜を納入している農家Nさんの存在に気付くことにより、Nさんを中心に生産の仕事を調べていく見通しをもてるようにする。
- 見学の視点を明確にして、見て調べる時間と聞いて調べる時間を設定する。

- Nさんのキャベツづくりの1番のひみつを短冊にして、学級全体で理由を付けて説明し合わせて、ピラミッド・ランキングに整理する。

資料 地図帳と白地図

- 聞き取りをした出荷先などを地図帳で確かめて白地図に書き込み、市内の農協やスーパーにたくさん出荷されていることを確かめる。

資料 地場野菜を購入している人の話

- Nさんのキャベツづくりのひみつや市が作成しているPRパンフレットを参考にPR文を考えるようにする。

| 単元目標 | ◎地域に見られる生産の仕事について**C**、仕事の種類や産地の分布、仕事の工程などに**着目して****V**、見学や聞き取り調査をしたり地図などの資料を活用したりして調べ、白地図などに**まとめ****I**、生産に携わっている人々の仕事の様子を捉え、地域の人々の生活との関連**を考え、表現することを通して****T**、市の生産の仕事は、地域の人々の生活と密接な関連をもって行われていることを**理解できるようにする****K**。
◎地域に見られる生産の仕事について学習問題を意欲的に追究し、生産の仕事から見た地域のよさ**を考えようとしている****M**。 |

単元の配慮事項

- 本単元では、地域の生産の仕事については、事例として農家、工場などの中から一つを選択して取り上げること。
- 農家や工場がない場合には、地域の実態に応じて木を育てる仕事、魚や貝を採ったり育てたりする仕事を取り上げることも考えられること。
- 特定の生産者の仕事の様子のみを調べるのではなく、市内に見られる生産の仕事の種類や分布を大まかに調べること。

「見方・考え方」を働かせる「深い学び」のポイント

1. 生産の種類や産地の分布に着目して追究できるようにする

つかむ 地場野菜売り場の野菜の種類や産地を調べる

前単元で「地域の販売の仕事」を学習している場合には、スーパーやJAなどの地場野菜の写真の読み取り、または見学から学習をスタートすることで、「私たちの市ではどのような野菜の生産がさかんなのか」や「市内のどこで生産されているのか」などと問いをもつことができるようにする。

そして、主な野菜の生産量のグラフや主な産地の分布の地図などの資料を活用して調べ、生産の仕事の種類や分布を大まかに捉えることができるようにしていく。

2. 仕事の工程に着目して追究できるようにする

追究する Nさんの野菜ができるまでの仕事を調べる

「どのように野菜を生産しているのか」などと問いをもち、キャベツなどの野菜ができる工程とそのための農家の仕事を見学して調べ、農事カレンダーにまとめる。

カレンダーにまとめることで、四季や自然環境に合わせて仕事を進めていることが分かるようにする。

3. 農家の仕事と生活と関連させて考える

まとめる 地域の人の地場野菜のアンケート結果から、「地域の野菜の生産は私たちの生活とどうつながっているか」などと問いをもち、生活との関連を考え、生活との密接なつながりに気付くことができるようにする。

「教材化」のヒント

1. 子供の興味・関心を高める野菜比べ

本単元では、学校の給食室に野菜を納入している農家Nさんを中心に調べていく。農家の仕事がイメージできない子供が多い場合、あらかじめ、学校園で野菜を育てておき、プロの農家がつくった野菜と比較させるとよい。

比較

その大きさや形、重さの違いに驚き、子供は「どうしたらこんなに立派な野菜ができるのかな」と問いをもつ。

2. 「見方・考え方」を働かせる思考ツール

「Nさんの野菜づくりのひみつは何だろう？」と問いをもち、学校の野菜づくりの仕事とNさんの仕事を観点ごとに比較表にまとめることでひみつが見えるようにする。

	Nさんのキャベツ	学校のキャベツ
キャベツの様子	大きくて色がこい、重い 根がおくまでのびる	小さくて虫食いが多い かるい 根が横にひろがっている
土	ふわふわしている 足がずぼっともぐる	かたくて かわいている
ひりょう	かれ葉からつくるたいひ かがくひりょうをすこし	とくになし
日当たり	畑がななめでどこでも日光が当たる	ごごは校しゃのかげになる
水やり	キャベツがほしいときだけ	毎日水やりをする
のうやく	虫がついているときだけ	なし
取り入れ	ほうちょうで切る 200個	手でぬく

第3学年

内容(2) 全10時間

地域に見られる生産の仕事
～地域の工場の仕事を取り上げた事例～

B案

単元目標の要素 | **C**ontents：学習内容　**V**ision：見方（視点）　**I**nvestigation：調べ方（技能）　**T**hought：考え方（思考）
Knowledge：知識　**M**otivation：主体的に学習に取り組む態度、社会的事象に関わろうとする態度

指導計画

「深い学び」の学習プロセス

主な学習活動　　内容（予想される子供の反応例）

つかむ

江東区にはどのような工場があるのだろう [2時間]

- 区内にある工場を分布図やグラフから読み取る。
- 封筒工場では窓あき封筒が作られていて、そこで作られている封筒は自分の家にも届いていることを知る。
- 工場の位置や封筒工場が作る製品を確認し、学習問題をつくる。

学習問題：封筒工場はどのようにして窓あき封筒を作っているのだろう。

- 窓あき封筒からその作り方を予想する。

追究する

封筒工場ではどのような窓あき封筒を作っているのだろう [3時間]

- 工場見学の計画を立てる。
- 工場を見学し、仕事について聞き取り調査をする。
- 見学で分かったことをワークシートに記録し、付箋で整理する。

・機械が動かす前には人が正確な長さをはかって決めている。点検しながら作っている。
・手作業かと思ったけどまとめて機械で切っていた。窓を切り抜く刃が500種類もあった。

封筒工場で働く人は窓あき封筒をどのようなことに気を付けて作っているのだろう [2時間]

- 窓あき封筒の作り方をまとめる。
- 作り方の中で働く人が気を付けていたことを話し合う。

・注文に合わせて、ぴったり作ろうとしていた。速く作るだけでなく正確さが一番大事。
・機械には安全装置がついていて働く人も安全に働けるようにしている。

まとめる

封筒工場の製品はどこへ届くのだろう [1時間]

- 製品の主な出荷先、関連工場を調べ、白地図にまとめる。

・区内だけでなく、全国に届けている。違う県にも工場がある。

工場で生産された製品はわたしたちの生活とのようにつながっているのだろう [2時間]

- 学習したことを基に封筒工場の紹介文にまとめる。

封筒工場ではお客さんのいろいろな注文に合わせてたくさんの種類の窓あき封筒を作っています。窓の大きさを注文どおりにするために、500種類の刃を使い分けて、正確に作っています。みんなから信用される工場が区にあるのは嬉しいなと思いました。

指導の手立て

資料 地域の工場の分布図
資料 区内の生産物の種類別工場数のグラフ

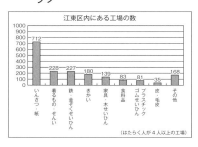

（はたらく人が4人以上の工場）

資料 封筒工場の建物の概観、工場の様子、働く人の人数が分かる写真
資料 封筒工場で作られた窓あき封筒の実物
資料 工場で紙を裁断する人の写真

- 写真を基に、工場内のどんなことに着目したらよいか調べる観点を明らかにする。工場内部の様子を読み取ることで、安全に見学するために気を付けることは何かを考えられるようにする。
- 「なぜ正確に作っているのか」という発問により、考える場面を作る。働く人が注文どおりに正確に作ることで工場が信用され、たくさんの注文や生産につながることに気付けるようにする。

資料 封筒工場の方の話（取引先や関連工場）
資料 地図帳と白地図

- 聞き取りや文章資料により出荷先や関連工場の位置を地図帳で確かめ、製品のつながりを白地図に書き込む。

資料 区のブランドとして認定された工場の製品や写真・ブランドマーク

- 封筒工場のほかにも、区内には様々な製品を作る工場があり、封筒工場以外にも区のブランド企業として認定されている工場が増えていることに気付くようにする。

| 単元目標 | ○地域に見られる生産の仕事**について** C 、仕事の種類や産地の分布、仕事の工程などに**着目して** V 、見学や聞き取り調査をしたり地図などの資料を活用したりして**調べ**、白地図などに**まとめ** I 、生産に携わっている人々の仕事の様子を捉え、地域の人々の生活との関連**を考え** T 、表現することを通して、市の生産の仕事は、地域の人々の生活と密接な関連をもって行われていること**を理解できるようにする** K 。
○地域に見られる生産の仕事について学習問題を意欲的に追究し、生産の仕事から見た地域のよさ**を感じている** M 。 |

単元の配慮事項

- 地域の生産の仕事については、事例として農家、工場などの中から一つを選択して取り上げるようにすること。
- 農家や工場がない場合には、地域の実態に応じて木を育てる仕事、魚や貝を採ったり育てたりする仕事を取り上げることも考えられる。
- 特定の生産者の仕事の様子のみを調べるのではなく、市内に見られる生産の仕事の種類や分布を大まかに調べること。

「見方・考え方」を働かせる「深い学び」のポイント

1. 封筒の作り方を予想し、話し合う

つかむ 窓あき封筒の作り方を予想し、調べる観点を明らかにする

学習問題「封筒工場では、どのようにして窓あき封筒を作っているのだろう」について予想する際には、仕事の種類や工程に着目して予想できるようにする。

3段階の作りかけのものを提示して考えさせると、「すべて機械で行う」「この部分だけ手作業で行う」「機械で封筒の形を作ってから人が切り抜く」などの意見が挙がってくる。話し合うことにより、「働く人は何人ぐらいで、何をしているのか（人）」「機械では何をするのか（機械）」「どんな工場でどのように作っているのか（作り方や工場の様子）」という問いが生まれ、調べる観点が明らかになってくる。何を調べなければいけないかがはっきりすることで、子供は主体的に調べることができる。

2. 生産工程から人の作業や工夫に着目して追究する

追究する 働く人や機械などの存在を知った上で調べる

人が作業をしている写真から、働く人や機械が存在することを確認することが大切である。子供が「機械や人がどのように関わっているのか」に着目し、観察・調査をするようになる。さらには、働く人が機械を使って注文どおりに封筒を作ることの意味が工場の信頼につながることを理解できるようになる。

3. 工場の仕事と地域の人々の生活と関連させて考える

まとめる 自分の生活で使われていることを示す

「まとめる」段階で、再び家に届く窓あき封筒を示したり、区のマスコットを用いた封筒や区のブランドとして製品が認定されていることなどを紹介したりすると、子供自身はあまり使わない窓あき封筒を身近な製品として捉え、地域にある工場の存在を誇りに思い、地域のよさに気付くことにつながっていく。

「教材化」のヒント

1. 子供の興味・関心を高める工場の取り上げ方

工場でどのように製品を作っているのかについては、子供にはなかなか見えにくい。原料や製品になる途中のものを提示することで、どのように作られているのか興味・関心が高めることができる。また、区の産業の活性化として、製品がブランドに認定されている工場や、社員が地域の清掃活動の社会貢献活動をしている工場などを取り上げることができれば、積極的に地域と関わり、地域をよりよくしていこうとする工場やそこで働く人の姿に子供も気付くことができる。

2. 見方・考え方を働かせる思考ツール

観点ごとに調べたことを付箋で表にまとめた上で、工場で働く人の話を再び聞くと、「なぜその作業をしているのか」などを考え、見学だけでは見えない仕事の意味を捉えることができるようになる。

第3学年

わたしたちのくらしとスーパーマーケットの仕事

内容(2) 全10時間

| 単元目標の要素 | **C**ontents：学習内容　**V**ision：見方（視点）　**I**nvestigation：調べ方（技能）　**T**hought：考え方（思考）
Knowledge：知識　**M**otivation：主体的に学習に取り組む態度、社会的事象に関わろうとする態度 |

指導計画

「深い学び」の学習プロセス

	主な学習活動　　内容（予想される子供の反応例）	指導の手立て

つかむ

 主な問い どうしてスーパーマーケットの折込広告が入っているのだろう [1時間]
- 折込広告を見て、意見を発表する。
  - ・たくさんのお客さんに、お店に来てほしいから
- スーパーマーケット店長の話を聞く。
- 折込広告を参考にして、学習問題をつくる。

資料 スーパーマーケットの折込広告
- 前の単元で作成した「青梅市の地図」を用いて、お店の位置を確認する。

資料 スーパーマーケットの店長さんの話
「売り上げを高めるための工夫」

学習問題：スーパーマーケットの人は、売り上げを高めるために、どのような工夫をしているのだろう。

追究する

主な問い スーパーマーケットの人は売り上げを高めるために、どんな作戦を立てているのだろうか [4時間]
- スーパーマーケットの人が立てている作戦を予想して、学習計画を立てる。
  - ・値段の安さが作戦ではないか。
  - ・品物が新鮮なことが作戦だ。
  - ・体にいいものを売っている。
- 売るための作戦を見付けるため、スーパーマーケットを見学する。
  ・商品の並べ方
  ・お店の人の動き　など
  ・スーパーマーケットの人から売るための工夫を聞く。
  - ・新鮮でよいものを国内や外国から品物から仕入れている。
  - ・お客さんが買いやすいように並べ方を工夫している。
- 見学して、スーパーマーケットの作戦をまとめる。

- 工夫を意味する"作戦"という文言で、子供に考えやすくする。
- 多くの視点から考えられるように、子供相互の生活経験を基に話し合うようにする。
- 価格、鮮度、安心・安全等の視点から子供の発言を把握する。
- 前時の子供の予想を踏まえ、予想に出ていない視点を中心にした見学とする。

資料 スーパーマーケットの人の話
- 食料品（野菜、肉、魚）の仕入先として産地の話を依頼しておく。
- 見学後の子供の疑問を大切にする。

 主な問い スーパーマーケットの食料品は、どの国や地域で作られたものなのだろう [1時間]
- 商品ラベルから地図帳で場所を調べ、白地図にシールを貼り、外国の場合は国旗を確かめる。
  - ・魚は、ペルーからも来ている。
  - ・ジャガイモは、北海道からだ。

資料 産地の分かる商品のラベル・折込広告
資料 地図帳
- 国内の他地域、外国の産地を、学級全体で白地図に示し、国旗を確認させる。
- 消費者の視点から考えさせる。

主な問い お家の人の食料品の買い物の決め手は、何だろう [2時間]
- お家の人の食料品を買う決め手について、予想する。
- 自分の家での買い物の決め手を発表する。

資料 お家の人への聞き取り調査
- 買い物の決め手に着目して聞き取るようにする。

まとめる

主な問い お客さんの気持ちを考え、スーパーマーケットの作戦を生かして、折込広告を作ろう [2時間]
- 売り上げを高めるための作戦を発表し合う。
- 野菜か肉か魚かの一つの食料品の折込広告を作成する。
- 作った広告をお店でのアナウンス原稿を作成する。

  ・やさいコーナーでは、A地域で今朝とれたてのトマトを用意しました。とても新鮮でジューシーです。ぜひお買いもとめください。

- お客さんの気持ちとして、価格、鮮度、安心・安全などの視点から選択する。
- 8cmほどの方形の用紙に、野菜か肉か魚の折込広告を貼り、子供が選択した視点からコメントを書くようにする。
- 100字程度の原稿用紙を用意する。

| 単元目標 | ◎地域に見られる販売の仕事について C 、消費者の願い、販売の仕方、他地域や外国との関わりなどに着目して V 、家庭での買い物の実際や販売店での様子を調べて、販売店のちらしとしてまとめ I 、販売に携わっている人々の仕事の様子と関連付けて考え T 、販売の仕事に見られる工夫を理解できるようにする K 。
◎販売されている商品の産地を地図帳などで都道府県や国の名称と位置を調べ、意欲的に追究しようとしている M 。|

単元の配慮事項

■販売の仕事については、身近な地域にある、小売店、スーパーマーケット、コンビニエンスストア、デパート、移動販売などの中から選択して商店を取り上げること。

■商品の仕入れ先を調べる際、地図帳などを使って、都道府県や外国の名称や位置などを確かめる活動を行い、販売の仕事は国内の他地域や外国と結び付いていることに気付くように指導すること。

「見方・考え方」を働かせる「深い学び」のポイント

1. 販売の仕方や消費者の願いに着目させて追究できるようにする

つかむ 折込広告から学習問題をつくる

商店の宣伝の一つとしての折込広告を活用する。

追究する スーパーマーケットを見学する

スーパーマーケットの見学から品物の並べ方やお客さん向けの掲示の工夫、地元の品物や安全に配慮した品物、安さを売り物にした品物など販売店の工夫（作戦）に気付くようにする。また、スーパーマーケットで働く人の仕事の様子から販売の仕方に着目させていく。見学では、スーパーマーケットの人に、商品が他地域や外国からの商品があることを話してもらう。

追究する 消費者の視点から販売店の作戦を考える

各家庭の買い物の決め手を発表し合う中から多様な消費者の願いを理解させていく。販売店の見学から学んだことを関連させ、消費者の願いに着目させて販売店の販売の工夫を考えられるようにする。

まとめる 消費者の願いを踏まえ、折込広告を作る

消費者の願いを踏まえ、野菜・肉・魚から一人一品の広告を作成し、班で1枚の折込広告に仕上げていく。折込広告にした一品を店内でアナウンスする原稿を各自100字程度で作成する。

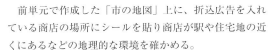

2. 市の範囲から他地域や外国へといった空間的な広がりを捉えるようにする

つかむ 折込広告を入れている商店の位置を調べる

前単元で作成した「市の地図」上に、折込広告を入れている商店の場所にシールを貼り商店が駅や住宅地の近くにあるなどの地理的な環境を確かめる。

追究する 国内の他地域や外国との関わりに着目する

商品ラベルや店内の段ボールなどから、地図帳を用い、品物が運ばれてきた都道府県や国の名称を、外国の場合は国旗も含めて、確かめさせていく。他地域や外国から商品が運ばれてくる意味についても考えるようにする。

「教材化」のヒント

1. 販売に向けた宣伝の一つである折込広告の活用

折込広告を活用することで、子供の関心を高めていく。商店は折込広告等を用いて宣伝しており、商店の販売の工夫や国内の他地域や外国から取り寄せたことを気付かせることができる。さらに、折込広告に示された販売の工夫の意味までも考えさせていくことができる教材である。

2. 他地域や外国との関わりに気付かせる商品ラベル

商店で、商品を買うときに何気なく見ている商品ラベルには、商品の産地や販売に向けた工夫が示されている。自分のくらしと関わらせながら学習を進めていくことができる。

3. 商品の産地を調べ、白地図にまとめる

つかむ段階では、前単元で作成した「市の地図」を活用することができる。追究する段階では、商品の産地の名称と位置を地図帳で確認し、白地図に位置付けていく。できあがった白地図に基づき、一つの商店で売られている商品が、国内の他地域や外国と関わりがあることを一目で見て理解することができる。

第3学年 安全を守る働き
~消防署の仕事に重点を置いた事例~

内容(3) 全15時間(消防10／警察5) 　A案

単元目標の要素
- **C**ontents：学習内容
- **V**ision：見方（視点）
- **I**nvestigation：調べ方（技能）
- **T**hought：考え方（思考）
- **K**nowledge：知識
- **M**otivation：主体的に学習に取り組む態度、社会的事象に関わろうとする態度

指導計画

「深い学び」の学習プロセス

つかむ

主な学習活動	内容（予想される子供の反応例）	指導の手立て

主な問い：火事の現場では、だれがどんなことをしているのだろう［2時間］

- 火事の現場の様子や消防団の活動の様子を調べ、気付いたことを話し合う。
- 火災件数と全焼件数のグラフから火事に対処する人々に関する疑問を出し合い、学習問題をつくる。

・火事が起こると消防車や救急車が駆けつけてくれる。
・消火活動や交通の整理に多くの人が関わっている。
・火事が起きても、全焼件数が少ないのはなぜだろう。

- 資料　火事の現場の様子の写真
- 資料　消防団の写真
- 資料　火災件数と全焼件数のグラフ
- ●消防士の仕事の様子に加え、地域の消防団の活動を見せることで緊急時に対処する人々の姿に関心をもつことができるようにする。

追究する

学習問題①：消防署の人や地域の人は、すぐに火事を消すために、どのような働きをしているのだろう。

主な問い：火事が起きた時、だれがどのような働きをしているのだろう［6時間］

- 消防署の人の話から、火災発生時に備える消防署の仕事を調べる。
- 火災発生から消火までに関わる人々について調べる。
- 学校や地域の消防施設について調べ、地域の地図にまとめる。

- 資料　消防署の方の話　　資料　勤務表
- 資料　訓練の様子や消火道具、消防自動車
- 資料　通信指令室と関係機関の連携図
- 資料　各消防設備の写真　資料　消防地図
- ●見学・調査を通して関係機関は相互に連携して緊急時に対処する体制をとっていることを捉えられるようにする。

まとめる

主な問い：火事からくらしを守るためにどのような取組が必要なのだろう［2時間］

- 火災の原因や地域の人々の協力について調べ、自分たちができることを話し合う。

・学校や地域の防災訓練などにも参加したい。

- 資料　火事の原因グラフ
- 資料　火災予防運動や地域の防災訓練の写真

つかむ

主な問い：交番や駐在所には、どのような仕事があるのだろう［1時間］

- 交番や駐在所の様子から仕事の内容や役割を予想する。
- 交番の勤務日誌の一例をもとに、学習問題をつくる。

- 資料　駐在所の時間ごとの写真
- 資料　勤務日誌
- ●勤務の内容から「防止」の働きに着目できるようにする。

追究する

学習問題②：地域の警察官は、事故や事件を防ぐために、どのような働きをしているのだろう。

主な問い：警察官をはじめ、安全を守るために、地域ではどのような働きをしているのだろう［3時間］

- 事故発生時や地域で見かける警察の仕事を調べる。
- 交番の方の話から地域の安全を守るための取組について調べ、地域や自分自身の安全について考える。

- 資料　事故発生時の関係機関の連携図
- 資料　交番の対応図　資料　交番の方の話
- 資料　パトカーの写真
- 資料　交通安全マップ
- 資料　地域の交通安全や防犯対策の写真
- 資料　交通事故発生状況統計グラフ

まとめる

主な問い：事故や事件を減らすために、自分たちにできることは何だろう［1時間］

- 事故や事件をなくすために自分たちができることを話し合い、交番の方に報告する。

・交通ルールを守り、交通安全マップを生活に役立てたい。

- ●統計資料や調べたことを基に、自分たちとの関わりに気付くことができるようにする。

単元目標

◎地域の安全を守る働き**について C**、施設・設備などの配置、緊急時への備えや対応などに**着目して V** 見学・調査したり資料などで調べたりして、関係機関や地域の人々の諸活動**を捉え I**、相互の関連や従事する人々の働き**を考え表現することを通して T**、消防署や警察署などの関係機関は、地域の安全を守るために相互に連携して緊急時に対処する体制をとっていることや、関係機関が地域の人々と協力して火災や事故などの防止に努めていること**を理解できるようにする K**。

◎地域の安全を守る働きについて、学習問題の解決に向けて意欲的に追究し、地域の安全を守る働きについて学んだことをもとにして、地域や自分自身の安全を守るために自分たちにできること**を考えようとしている M**。

単元の配慮事項

■「緊急時に対処する体制をとっていること」と「防止に努めていること」については、火災と事故はいずれも取り上げること、その際にはどちらかに重点を置くなど効果的な指導を工夫すること。

■社会生活を営む上で大切な法やきまりについて扱うとともに、地域や自分自身の安全を守るために自分たちにできることなどを考えたり、選択・判断したりできるよう配慮すること。

「見方・考え方」を働かせる「深い学び」のポイント

1. 関係機関の働きに着目して追究できるようにする

つかむ 緊急時に対処する姿を予想する

消防では、緊急時に対処する様子に着目し、統計資料をもとに迅速に対応する姿を捉えることで、「火事に備えた準備があるのではないか」という問いをもつことができるようにする。

追究する 見学・調査活動を生かす

関係機関の連携に気付いたり、地域の一員として考えたりすることができるようにするために、校外学習においては、地域で取り組まれている安全対策や自分たちでもできる備えなどについて、聞き取り調査ができるように、事前に打ち合わせをしておくことが望ましい。

追究する 関係図でつながりを視覚的に捉える

関係図を用いて、関係機関の働きや連携を視覚的に捉えられるようにする。

2. 自分たちの暮らしに関連付けて考えることができるようにする

つかむ 消防団や避難訓練など身近な資料を基に考える

地域における安全を守るための具体的な取組の場面に着目し、自分たちの周りにも協力し、連携する人々の営みがあることを実感できるようにする。

追究する 地域の地図にこれまで調べたことをまとめる

地域の地図を活用し、身近なところに施設・設備などの配置、緊急時への備えや対応があることを視覚的に捉えることができるようにする。

3. これからの安全を守る働きについて考えることができるようにする

まとめる 問題解決学習の過程で調べたことを生かす

見学・調査や実際に行われている地域の取組には、避難訓練への参加、消防体験、法やきまりの遵守などを扱い、地域や自分自身の安全を守るために自分たちにできることを考えたり、選択・判断したりできるようにする。

「教材化」のヒント

1. 子供の興味・関心を高める資料と活動

本単元では、消防士と警察官の働く姿や使用する道具を写真として提示することで、緊急時に対処したり、防止に努めたりする活動への関心を高める。

例えば、消防士の靴にはめ込まれた防火服を見て、「なぜ靴と防火服が一緒になっているのだろう」という問いをもち、緊急時の対処に焦点化して考えることができるようにする。校外学習を実施する際には、緊急時に対処する体制や防止に努めていることを焦点化し、追究できるようにする。

2. 見方・考え方を働かせる各種の推移グラフ

各種の推移グラフを使うことで、「なぜ火災の件数は減っているのだろう」といった問いにつながる。また、統計資料によって「高齢者の事故は割合が高まってい

る」や「左からの進行車両にも注意が必要」など、課題の把握に役立てることも重要である。

3. 消防署の仕事に重点を置いた単元計画

消防の単元で経験した問題解決的な学習を警察の単元で生かせるように、単元の構成に軽重を付けて計画する。さらに、消防や警察について調べる資料をできるだけ対応させ、形態や性質の似た資料を使うことで、消防の学習で経験した学習方法をそのまま警察の学習で生かすことができる。

消防	警察
火事の現場の様子	駐在所の写真
勤務表	勤務日誌
通信指令室の連携図	事故発生時の連携図
消防署の方の話	交番の方の話
消防地図	交通安全マップ
火事の原因グラフ	交通事故発生状況統計グラフ
火災予防運動防災訓練の写真	地域の交通安全や防犯対策

第3学年

内容(3) 全15時間(警察10／消防5)

安全を守る働き
～警察署の仕事に重点を置いた事例～

B案

単元目標の要素	**C**ontents：学習内容	**V**ision：見方(視点)	**I**nvestigation：調べ方(技能)	**T**hought：考え方(思考)
	Knowledge：知識	**M**otivation：主体的に学習に取り組む態度、社会的事象に関わろうとする態度		

指導計画

「深い学び」の学習プロセス

つかむ

主な学習活動	内容(予想される子供の反応例)	指導の手立て
地域では、事故がどれぐらい起こり、起こったときはどのように対応しているのだろう [1時間] ●交通事故件数の変化のグラフを読み取り、学習問題をつくる。	・以前より減ってきている。 ・被害を防ぐ取組をしているのかな。	資料 全国の交通事故件数のグラフ 資料 交通事故原因のグラフ 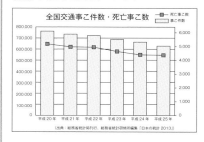

学習問題①：事故などを防ぐために、どのような人々がどのような取組をしているのだろう。

追究する

事故を防ぐ施設はどのようなものあるだろう [2時間] ●身近な施設を調べる。 事故を防ぐためにだれがどのような仕事をしているのだろう [5時間] ●警察署で働く人の仕事や様々な関係機関や地域の人々の協力について調べる。 ●自転車放置の様子から法やきまりについて考える。	・110番に電話するといろいろなところに連絡が行くね。 ・110番は、事件を防ぐためにも大事なんだね。 ・警察の人が学校に来ることも大事な活動の一つなんだね。 ・地域の人々も協力して取り組んでいる。 ・自分たちもできることはあるのだと思った。	資料 学校の周辺地図 ●事故を防ぐ施設が身近に多くの施設があることを実感できるようにする。 資料 通信指令センターのしくみ(図)や警察署で働く人の話 資料 交通安全教室や不審者対応教室等で来校した警察署の方の話 ●来校した警察署の方から事故や事件の防止に取り組む姿を考える。 資料 こども110番ステッカー、町内会やPTAの方の話 資料 放置自転車の写真、市役所の人の話

まとめる

事故を防ぐために地域の中でできることはどのようなことだろう [2時間] ●標語をつくり学習問題についてまとめる。		

つかむ

地域で火災が起こったときはどうなのだろうか [1時間] ●火災が起こったときの対処を考え、学習問題をつくる。	・火事が起こったときもみんなと協力しているのではないか。	資料 火災が起きたときの様子の写真 ●前小単元の警察署の仕事で学んだ内容を生かして予想するようにする。

学習問題②：火災が起こると、どのような人々がどのような働きをしているのだろう。

追究する

火災が起こると、だれがどのような仕事をしているのだろうか [3時間] ●消防署で働く人の仕事や地域の人々の取組を調べる。		資料 消防署で働く人の1日 資料 地域の消火施設の写真と地図、点検や使用している写真 資料 火災が起きた時の連絡と出場の図(関係機関の連携の資料) 資料 消防団の方の話

まとめる

火災を防ぐために地域の中でできることは、どのようなことだろう [1時間] ●標語をつくり、学習問題について考えをまとめる。	・消防署の人は、すぐに駆けつけるための訓練もしている。 ・地域の施設を使って素速く消火しようとしている。 ・119番に連絡するとたくさんの人たちに連絡が行くのは、警察署と同じだ。	

| 単元目標 | ◎地域の安全を守る働きについて C 、施設・設備などの配置、緊急時への備えや対応などに着目して V 、見学・調査したり資料などで調べたりして、関係機関や地域の人々の諸活動を捉え I 、相互の関連や従事する人々の働きを考え表現することを通して T 、消防署や警察署などの関係機関は、地域の安全を守るために相互に連携して緊急時に対処する体制をとっていることや関係機関が地域の人々と協力して火災や事故などの防止に努めていることを理解できるようにする K 。
◎地域の安全を守る働きについて、学習問題の解決に向けて意欲的に追究し、地域の安全を守る働きについて学んだことをもとにして、地域や自分自身の安全を守るために地域の中でできることを考えようとしている M 。 |

単元の配慮事項

- 「緊急時に対処する体制をとっていること」と「防止に努めていること」については、火災と事故はいずれも取り上げること、その際にはどちらかに重点を置くなど効果的な指導を工夫すること。
- 社会生活を営む上で大切な法やきまりについて扱うとともに、地域や自分自身の安全を守るために自分たちにできることなどを考えたり、選択・判断したりできるよう配慮すること。

「見方・考え方」を働かせる「深い学び」のポイント

1. 施設や働く人（取り組む人）に着目して追究する

追究する 身近な安全を守る施設や働く人の様子を調べる

「警察署の仕事」では、学校周辺にある標識、ガードレールなどの施設がどれぐらいあるのかを調査し、「消防署の仕事」では、どの場所にどのような消火（防火）施設があるのかを地図や写真を基に調べる。いざというときや予防のために身近なところに多くの施設があることを実感できるようにするとともに、関わる人の姿を写真や文章資料から読み取ることで、たくさんの人が協力しながら対処したり、防いだりしていることに気付かせたい。

2. 自分の関わり方を選択・判断する

追究する 地域の中の法やきまりについて考える

通行の妨げになり、区がパトロールや撤去をしている自転車放置について取り上げて考える時間を設定した。放置自転車の増減をグラフから読み取り、区が行っている駐輪場の設置などの対策を調べる中で、一人一人が選択・判断し、問題意識をもってきまりを守る必要があると考えられるようにする。

3. これからの地域の安全を考える表現活動

まとめる 地域の中でできることはないかを考える

本単元のまとめでは、「警察署の仕事」「消防署の仕事」のそれぞれの終末で、学んだことを生かし、地域の中でできることや家庭や地域に呼びかけたいことを話し合う。その話し合いをもとに、標語に表現するようにする。「なぜ、その標語にしたのか」という理由も合わせて書かせたい。その標語や理由から、子供が学習の中で分かったことや大事にしたいことを読み取ることができる。

【作品例】「不審者を　みんなで見張る　110番」
→110番をするときは事件が起こったときだけではなかった。すぐにみんなが知ると犯罪を防ぐことにもつながることが分かった。

「教材化」のヒント

1. 子供の興味・関心を高める「働く人の姿」

警察署や消防署に見学に行けない場合も少なくない。その場合、警察署や消防署の方々が来校する機会を生かして、ゲストティーチャーとして話をしてもらうか、または映像資料を活用して子供に想起させることができる。また、町内会の方、保護者に地域の交通安全週間、防犯活動の取組について話をしてもらう、消防団の方に活動の様子を話してもらうなども考えられる。安全なくらしを守るために、「どうしてその仕事や取組をしているのか」という問いも生まれる。子供は、様々な人々が協力しながら安全なくらしを守っていることに気付き、地域の中でできることは何かを自分なりに考えるようになる。

2. 見方・考え方を働かせる調査活動や学習構成

本単元では、「警察署の仕事」を重点的に学習し、次の小単元の「消防署の仕事」の学習に生かすことを意識した単元構成としている。事故について「防止に努めること」を中心に、火災については「緊急時に対処する体制をとっていること」を中心に調べることとした。「警察署の仕事」の学習を「消防署の仕事」の学習の際の予想や追究活動に生かせるようにしたことで、子供自らが比較したり関連付けたりしながら調べ、考えることができるようにした。

第3学年

内容(3) 全15時間

安全を守る働き
～消防の仕事と警察の仕事を並行して追究する事例～

[C案]

単元目標の要素
- **C**ontents：学習内容
- **V**ision：見方（視点）
- **I**nvestigation：調べ方（技能）
- **T**hought：考え方（思考）
- **K**nowledge：知識
- **M**otivation：主体的に学習に取り組む態度、社会的事象に関わろうとする態度

指導計画

「深い学び」の学習プロセス

主な学習活動　内容（予想される子供の反応例）	指導の手立て
つかむ **主な問い** 地域の安全を脅かすものから私たちを守る人は誰だろう ［2時間］ ●くらしの安全を脅かすものの事例から、地域の安全を守る消防や警察の働きに着目する。 ・火事　・交通事故　　→　・消防士　・消防団 ・事件　・地震　・雷　　　・警察官　・地域の人たち ●火事から地域の安全を守る消防署や警察署の仕事や働きなどについて予想し、学習計画を立てる。	●くらしの安全を脅かすものを概観し、火事の発生件数のデータを示すことで地域の安全を守る働きの必要性に気付けるようにする。 **資料** 市内の火事件数のデータ **資料** 消火している現場のイラスト ●火災への複数の関係機関の関わりから、学習計画を立てるようにする。
学習問題：地域の安全はどのように守られているのだろう。	
追究する **主な問い** 消防署はどのようなことをしているのだろう ［2時間］ ・消防車で火事を消火するよ。　・地域の防災訓練にも来るよ。 ●資料で調べ、予想し合い、見学の視点をもつ。 ・消火のほかに、救急車でけがや病気の人を病院に運ぶよ。 ・消防士さんは、火事を早く消すために、どのようなことをしているのか、見たり、聞いたりしたいな。 **主な問い** 消防署の人は、火事を早く消すために、どのようなことをしているのだろう ［5時間］ ・消防服や仮眠室などを用意していたよ。（施設・設備） ・どんな状況でも対応できるように訓練をしていたよ。（訓練） ・火事が起きないように、地域に呼びかけていたよ。（広報） ・けが人の救助や救命もしているよ。（救助） ・警察署や水道局と連絡を取り合って協力していたよ。（連携）	**資料** 資料集、学校図書館の本など ●グループでの話合い活動を通して、学習の見通しをもてるようにする。 ●目的を明確にし、見学・調査活動に臨むようにする。 **資料** 消防署の施設や設備 **資料** 消防士さんへの聞き取り ●消防署が関係機関と協力したり、消火以外の働きをしたりしていることから、関連機関との連携・協力や多様な消防署の働きについて理解できるようにする。
主な問い 警察署の人は、地域の安全を守るために、どのようなことをしているのだろう ［3時間］ ●おまわりさんへの聞き取り調査を通して、学校周辺の交通標識や事故や事件から守る設備や取組を調べる。 ・日頃から、事故や事件の防止にパトロールをしたり、交通標識を設置したりして、素早く出動し、地域と協力している。	●警察署の働きについては、地域の警察官や見守り隊など、子供にとって身近な方に話を聞けるようにする。 **資料** 警察官や見守り隊への聞き取り
まとめる **主な問い** 地域の安全は、どのように守られていたのだろう ［3時間］ ●地域の安全はどのように守られているのかについて図にまとめ、自分にできることについて考える。 関係機関が連携しながら様々な施設・設備・訓練・働きかけをしながら、地域の人々と協力して地域の安全を守っていました。地域の安全を守るために自分ができることについて考え、お世話になった方々へお礼のお手紙に書いて届けたいと思います。	●これまでの学習を図等に整理し、学習問題を振り返ることで、関係機関の協力と地域の安全の関係や意味について考えを深めるようにする。 ●学習したことを地域に返すことを通して、よりよい地域社会に向けて自分たちにできることを考えて行動するという地域の一員としての自覚をもてるようにする。

単元目標

◎地域の安全を守る働きのうち消防署や警察署などに**ついて** C 、施設・設備などの配置、緊急時の備えや対応などに**着目して** V 、見学・調査したり資料などで**調べたりして**、関係機関や地域の人々の諸活動に**ついてまとめ** I 、相互の関連や従事する人々の働き**を考え表現することを通して** T 、消防署や警察署などの関係機関は、地域の安全を守るために、相互に連携して緊急時に対処する体制をとっていることや、関係機関が地域の人々と協力して火災や事故などの防止に努めていること**を理解できるようにする** K 。

◎地域の安全を守るために、市民の一人としてできること**について考えようとしている** M 。

単元の配慮事項

▥「緊急時に対処する体制をとっていること」と「防止に努めていること」については、火災と事故はいずれも取り上げること。その際に、どちらかに重点を置くなど効果的な指導を工夫すること。

▥社会生活を営む上で大切な法やきまりについて扱うとともに、地域や自分自身の安全を守るために自分たちにできることなどを考えたり、選択・判断したりできるよう配慮すること。

「見方・考え方」を働かせる「深い学び」のポイント

1. 「問い」（追究の視点）について

つかむ 2つの事実を比較して追究の視点を焦点化する

導入では、2つの事実を比較する。1つ目は、地域の安全が脅かされる事例の列挙と市の火災件数のデータである。これは、安全が脅かされる事態の深刻さを認識するためである。2つ目は、火事の現場のイラストである。これは、火事になると多くの人が巻き込まれて現場周辺が混乱することや消火のために様々な働きをしている人がいて消火されることに気付くためである。この2つの事実を「相互関係」「空間の広がり」に着目して追究することで、消防署の働きに焦点化することができる。

2. 特色や意味の考察の仕方

追究する 消防署と警察署の働きを関連付ける

消防署の働きでは、早く消火するために、警察署などの関係機関と相互に連携して、火事の防止に努めていること、様々な施設や設備を配置していること、地域の消防団などと協力していることをつかみ、「火事を早く消す」ことと関連付けて、その意味を考えるようにする。

警察署の働きについては、導入時に消防署の次に学習する計画を立て、消防署の学びを生かしながら学習を展開するようにする。また、自分の住む地域に目を向けて、校内や地域周辺にある消防施設や交通標識などの設備について調べたことを地図に表して、地元の消防団や交通見守り隊、駐在所の警察官など、身近な人から聞き取ったことを関係付けながら、各設備の設置の意味や消防署・警察署と地域の協力について考えるようにする。

3. 発展を考えたり、自分の関わり方を選択・判断したりするための手立て

まとめる 学習したことを日常生活に生かせるようにする

消防署や警察署の働きの学びを生かすためには、子供であっても、いざというときに119番や110番へ通報できることが大切である。また、自分が生活の安全を守るために、火事や事件や事故などに遭わないためにできることを考え、地域の警察官に考えを伝えて助言を受けるなどの学習も有効である。

「教材化」のヒント

1. 子供の興味・関心を高める教材

本単元の教材において、最も子供の興味・関心を高める点は、消防士や消防団、警察官など、人物と関わりながら学習の問題を追究・解決していくことである。

本事例では、地域を守る働きを1つの単元にして学ぶことで、消防署と警察署の働きや相互の関係、地域との協力の意味について、子供が柔軟に思考を巡らせて追究しやすくなる。地域の安全を守る働きをしている方々から直接聞いた働きの具体や働きに対する願いは、子供のさらなる興味・関心を喚起させることにつながるだけでなく、地域社会に対する誇りと愛情、地域社会の一員としての自覚を養っていくことが期待できる。

2. 見方・考え方を働かせるための教材

本教材は、自分の住む地域の消防署や警察署を見学したり、地域の安全を守る働きに関わっている消防士・警察官や消防団・見守り隊などの方に直接聞き取り調査をしたりしながら追究することができるので、社会的事象の見方・考え方を働かせる場面が豊富に含まれている。

3. 子供の思考を促す資料提示や発問

本事例の導入では、くらしの安全を脅かすものについて概観し、学習内容を自分の生活と関連付け、「市内の火事件数のデータ」や「消火している現場のイラスト」を読み取ることで、子供の思考の深まりや追究の意欲が高まっていくと考えられる。

第3学年

内容(4) 全17時間

市の様子の移り変わりと人々の生活の変化 [A案]
～駅前の変化に着目して導入する事例～

単元目標の要素
- **C**ontents：学習内容
- **V**ision：見方（視点）
- **I**nvestigation：調べ方（技能）
- **T**hought：考え方（思考）
- **K**nowledge：知識
- **M**otivation：主体的に学習に取り組む態度、社会的事象に関わろうとする態度

指導計画

	主な学習活動　内容（予想される子供の反応例）	指導の手立て

つかむ

 主な問い 昔の駅はどんな様子だったのだろう [3時間]

- 60年前、40年前、現在の写真を比べ話し合う。
- 駅以外の市の全体の航空写真を見て違いを比べ合う。
  - ・A駅の周りはいつごろ今のようになったのかな。
  - ・昔は、今と全然違うぞ。駅以外はどんな様子だったのかな。
- 市の地図を見ながら調べることを出し合い学習問題をつくる。

指導の手立て
- 資料　市の中心駅の3つの時期の写真
- ●3つの時期の駅前の変化を読み取り、時期の区分を意識できるようにする。
- 資料　市の異なる3つの時期の航空写真
- 資料　市内に住むおじいさんの話
- ●おじいさんの話をもとに市全体の様子にも関心を向けるようにする。
- 資料　1学期作成の市の地図

学習問題：町田市の様子はどのように移り変わってきたのだろう。

追究する　「深い学び」の学習プロセス

 主な問い 道路や土地の使われ方はどのように変わってきたのだろう [3時間]

- 3枚の地図で道路が増えてきた様子を調べる。
- 土地の使われ方を色分けして比べ、年表にまとめる。
  - 40年前頃からA駅以外にも道路が広がり、田畑が減って住宅地が増えている。

- 資料　3つの時期の交通道路図と土地利用図
- 資料　A市の主な出来事年表
- ●3つの地図を比較して違いを確かめ、土地利用を色分けさせて変化の様子を捉えることができるようにする。

主な問い 公共施設は誰がどのように整備してきたのだろう [2時間]

- どのような公共施設が建設されてきたかを3枚の地図に整理して種類や数の変化を年表にまとめる。
  - ・学校や市民センター、図書館はどの地区にもある。
  - ・昭和40年頃に急に増えた。
  - ・市が税金を使って作っている。

- 資料　市の公共施設マップ
- ●イラストなどを活用して市役所が税金を使って計画的に公共施設を建設・維持していることに気付くようにする。
- 資料　市の人口推移のグラフ

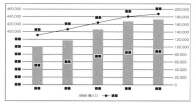

主な問い 市の様子や家庭のくらしはどう変わってきたのだろう [3時間]

- 市の人口が増えたきっかけについて年表の出来事を比べながら話し合う。
- 道具の変化を具体物で調べたり、聞き取り調査をして調べたりしたことを年表に書き加える。
- 年表を概観して、時期ごとの変化の傾向を話し合う。

農村が広がっていた町田市は団地の開発をきっかけに、道路や公共施設が整備され都市化が進み人口が増え、家庭の生活も変わってきた。

- 資料　昔の生活の道具の実物やお話
- ●校内郷土資料室で調査したり、地域の古老から昔の地域の様子や暮らしを聞く。

まとめる

 主な問い 私たちの市はこれからどのように発展していくのだろう [3時間]

- 市役所を見学して市役所の働きや市のこれからの取組を調べる。
- 市の未来について話し合い、ポスターにまとめる。
  - ・住みやすい市になるように市役所も努力している。私たちも協力していきたい。

- ●市の町づくり計画の話を基に市の発展について考えたことを表現できるように他市のポスターを提示する。

単元目標	◎市の移り変わりについて C 、交通や公共施設、土地利用や人口、生活の道具などの時期による違いに着目して V 、聞き取り調査をしたり地図などの資料を活用したりして調べて、年表などにまとめ I 、市や人々の生活の様子を捉え、時期ごとに比較・関連付けて考え説明することを通して T 、市や人々の生活の様子は時間の経過に伴い移り変わってきたことを理解できるようにする K 。 ◎市や人々の生活の変化について学習問題を意欲的に追究し、市の発展について市民の一人として努力や協力しようとしている M 。

単元の配慮事項

■ 市の様子の移り変わりについて追究・解決する中で、「年表にまとめる」際には時期の区分について、昭和、平成などの元号を用いた言い表し方があることを取り上げること。
■ 「公共施設」については市が公共施設の整備を進めてきたことを取り上げて租税の役割に触れること。
■ 「人口」を取り上げる際には少子高齢化、国際化などに触れ、これからの市の発展について考えることができるように配慮すること。

「見方・考え方」を働かせる「深い学び」のポイント

1. 時期による違いに着目して追究できるようにする

つかむ 時期の区分を意識する

市の中心となる駅の3つの時期の写真を比較することで「駅以外はどう変わってきたのだろう」などと問いをもち、市の移り変わりを調べる際の時期を焦点化する。

追究する 追究の視点を生かして移り変わりを調べる

「どんなことが変わってきたのだろう」などと問いをもち、交通や公共施設、土地利用や人口、生活の道具に着目して調べることができるようにする。

追究する 比べてつなげることで移り変わりを捉える

「どこが違うのだろう。どう変わったのだろう」などと問いをもち、時期ごとの様子を比較して変化に気付き、市の様子の変化を捉えられるようにする。

2. 市やくらしの変化について関連付けて考えることができるようにする

追究する 公共施設の整備と市役所の働きを関連付ける

「道路や公共施設は誰がつくったのだろう」などと問いをもち、市が税金を使って人口増加に応じて整備してきたことを調べ、市役所の働きを理解できるようにする。

まとめる 人口増加と市の様子の変化を関連付ける

「人口はどうして急に増えたのだろう」などと問いをもち、年表を活用し、人口の増加と団地の建設、道路や公共施設の整備、土地利用の変化を関連付け、都市化が進んだなど市の様子の変化の傾向に気付くようにする。

3. 市の発展について考えることができるようにする

まとめる 市役所の見学を通して市の発展を考える

市役所を見学して職員から市の課題や将来への展望を聞き、「市の将来はどうなるのだろう」などと問いをもち、市のこれからを話し合い、ポスターに表現する。

鉄道や道路、団地の開発で人口が急激に増えましたが、これからは高齢化が進み、人口が減少します。市では、バリアフリー施設をつくり、すみよいまちづくりを進めています。

「教材化」のヒント

1. 子供の興味・関心を高める駅の移り変わりの写真

本単元では、子供が普段の生活でよく利用する市のターミナル駅の写真を教材化する。市の様子が大きく変わっていった時期の駅の写真を選び、現在、60年前、40年前の順に提示し、子供たちが、その違いと変わりように驚き、市の昔に関心を向けることができるようにする。

2. 見方・考え方を働かせる年表

時期ごとの様子を比べて変化を考えたり、人工の増加など市が大きく変わるきっかけを年表と関連付けて考える。

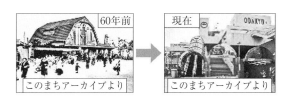

	昭和33年	昭和51年	平成28年	未来
駅前の様子	人が少ない	通勤者が増えた	お店がにぎやか	
道路の広がり	昔からの道	道路が増える	歩道が整備	
土地の使われ方	水田が多い	住宅が増える	住宅とお店	
公共施設	少ない	学校が増える	各地区にある	？
人口	62000人	255000人	428000人	
市のできごと	市ができる	自然の家ができる	市役所が新築	
道具	農具など	電化製品が増える	インターネット	

第3学年

市の様子の移り変わり
～市域の広がりに着目して導入する事例～

B案

内容(4) 全17時間

| 単元目標の要素 | Contents：学習内容　Vision：見方（視点）　Investigation：調べ方（技能）　Thought：考え方（思考）　Knowledge：知識　Motivation：主体的に学習に取り組む態度、社会的事象に関わろうとする態度 |

指導計画

「深い学び」の学習プロセス

つかむ

主な問い 昔の横浜市はどのような様子だったのだろう [1時間]
- 1889年の横浜市制発足から広がる様子を調べ、話し合う。
  - 横浜市は最初は海岸の周りに少しの面積しかなかった。
  - 次第に広がり、50年後の1939年に今の形になった。
- 市域の広がりと地域の変遷、生活の変化について学習問題をつくる。

指導の手立て

資料　市域の変遷図
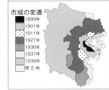
- 第1単元で作成した地図と比べ、沿岸部から内陸部に広がった様子をつかめるようにする。

学習問題：横浜市の様子はどのように変わってきたのだろう。

追究する

主な問い それぞれの時代はどのような様子だったのだろう [4時間]
- 3つの時期の横浜駅の写真を比べ話し合う。
  - 市がはじまった頃は、和服の人が多い。人力車があり、車はない。
  - 市が今の形になった頃は車が見られる。
- 人口の増加や交通網の発達についてグラフや地図で調べ、年表にまとめる。

- 市域の変遷と横浜駅の写真を関連付け、時代の特色をつかめるようにする。

初代横浜駅（明治5年）

二代目横浜駅（大正4年）

三代目横浜駅（昭和3年）　現在の横浜駅

主な問い 人口が増えて横浜市の様子はどのように変わったのだろう [3時間]
- 人口の増加と土地利用の変化を調べ、地図にまとめる。
  - 特に市街地が多くなってきたのは、昭和45年ぐらいからなんだね。
  - 昭和47年には市電が廃止、地下鉄が開通した。自家用車が増えてきた。
- 鉄道の開通、市電の廃止、道路などの交通網の発達を年表にまとめる。

- 自動車の交通量増加と市電の廃止、地下鉄の開通が同時期であり、また、鉄道根岸線の全通により新興住宅地が造成されたことなど、人口と交通網の整備をつかめるようにする。

主な問い 公共施設はどのように整備されてきたのだろう [4時間]
- 区役所の整備と分区、図書館や地区センター設立について年表に表す。

- 区役所の増加を分区の歴史、人口増加と関連付けて考えるようにする。

主な問い 市の様子や市民のくらしはどう変わってきたのだろう [3時間]
- 道具の使い方を体験。聞き取り調査などで、調べたことを年表に書き加える。

- 市の職員へのインタビューから市民生活の文化面での向上を意図した公共施設の整備など、市民生活の向上にも着目できるようにする。

横浜市は開港をきっかけに生まれ、道路や公共施設が整備され都市化が進み人口が増え、市民の生活も大きく変わってきた。

まとめる

主な問い 私たちの住む市はこれからどのように発展していくのだろう [2時間]
- 市役所または区役所を見学してその働きや市のこれからの取組を調べ、市の発展について話し合う。

資料　時代区分と市域の広がり
① 1889年（明治22年）市制施行
② 1939年（昭和14年）市域の完成
③ 高度成長期「人口の増大期」の頃

単元目標	○市の移り変わりについて **C**、市域の広がりや人口の増加、交通や公共施設、生活の道具などの時期による違いに着目して **V**、聞き取り調査をしたり地図などの資料を活用したりして**調べて**、年表などにまとめ **I**、市や人々の生活の様子を捉え、時期ごとに比較・関連付けて考え説明することを通して **T**、市や人々の生活の様子は時間の経過に伴い移り変わってきたことを理解できるようにする **K**。 ○市や人々の生活の変化について学習問題を意欲的に追究し、市の発展について市民の一人として**努力や協力しようとしている** **M**。

単元の配慮事項

■ 年表などにまとめる際には時期の区分について、昭和、平成などの元号を用いた言い表し方があることを取り上げること。
■ 「公共施設」については市が公共施設の整備を進めてきたことを取り上げて租税の役割に触れること。
■ 「人口」を取り上げる際には少子高齢化、国際化などに触れ、これからの市の発展について考えることができるように配慮すること。

「見方・考え方」を働かせる「深い学び」のポイント

1. 位置や空間的広がりに着目し追究できるようにする

つかむ 市域の広がりに着目する

　第1単元で学習した市域が、以前は沿岸部の限られた地域だったことなどに問いをもち、その後の広がりとともに市の移り変わりを調べる時期を焦点化する。

追究する 市街地の広がりと交通網の発達に着目して調べる

　市街地の広がりの事例として、根岸線の全面開通による洋光台から本郷台に至る高度経済成長期の宅地開発、市電の廃止に見られる交通網の発達など具体的に捉えられるようにする。

追究する 市域の広がりから、人口増による分区への変化を公共施設の整備を通して捉える

　区役所が増えていることと分区のつながりを追究する中で、人口の増加に対応して分区していくことによって、きめ細かい行政の整備が進められていることを捉えられるようにする。

2. 文化・スポーツ面からの公共施設の充実を捉え、これからの市の未来・発展も考えることができるようにする

追究する 公共施設の建設の目的と、市民の生活の向上、税金の役割を関連付ける

　歴史博物館や、国際会議場、地区センターやケアプラザ、スタジアムなどの整備により、市民生活が向上してきたこと、それを整備してきた市の働きと目的を理解するようにする。

3. 国際文化都市をめざす市のこれからの未来・発展について考えることができるようにする

まとめる 市役所や区役所を見学してこれからの市の未来を考える

　市や区役所の見学を通して、観光を中心としたこれからの市の未来・発展を聞き取り調査を通して、外国の方々との関係づくりを生活の中でも考えていることを知り、国際化の意味を理解するようにする。そして、これからの市の未来・発展について、市民の一員としての考えをもつことができるようにする。

横浜市は市の発足から国際都市をめざしてきました。これからは、普段の生活の中でも、真の国際理解ができるようになるとよいですね。

「教材化」のヒント

1. 交通網の発達と市の住宅地域の開発を重ねる

　鉄道根岸線の延長は、高度経済成長期の団地の開発と密接につながっている。市域の広がりは宅地開発という土地利用の変化から、横浜市の発展につながる。また、市営地下鉄の開通と、市電の廃止が同時期であることから、新たな交通手段への移行にもつなげ、考えられるようにする。

2. 公共施設の整備と発展、選択・判断とを関連させる

　文化、スポーツ、国際都市等様々な面からの公共施設の整備は、市民の生活をよりよく向上させるための大切な取組である。特に横浜市の国際都市としての取組は、国際会議場という大規模な整備だけでなく、市内に11か所ある国際交流ラウンジの設置など、生活の中での国際化にも力を入れていることを捉えることができる。

　市の未来・発展に向けた取組という視点をもって公共施設の整備を見ていく。

たくさんの外国の人々とより仲よくしていくことが必要です。

第3学年

内容(4) 全17時間

市の様子の移り変わり　C案
～導入で市規模の行事を取り上げる事例～

単元目標の要素　Contents：学習内容　Vision：見方（視点）　Investigation：調べ方（技能）　Thought：考え方（思考）
Knowledge：知識　Motivation：主体的に学習に取り組む態度、社会的事象に関わろうとする態度

指導計画

つかむ

昔の八王子市は、どのような様子だったのだろう[3時間]

- 八王子市は、市制100年を迎えたことを知り、1学期に学習した市の様子と特色を振り返る。
  - ・100年前からずいぶん変化してきた。
  - ・ニュータウンができる前は、山だったんだね。
- 市の歴史年表を読み取り、変化のある観点を整理する。

指導の手立て

大正6年（1917年）、市制施行

学習問題：八王子市の様子は、どのように移り変わってきたのだろう。

- 学習問題をつくり、調べる内容と調べ方やまとめ方を確認して学習計画を立てる。
  - ・土地利用や交通、産業の様子について、年表や地図で調べよう。
  - ・生活の様子の変化を調べるには、家の様子や使っていた道具に着目するといいのかな。

資料 市の広報誌やポスター、市民の生活の様子が分かる写真等

資料 1学期にまとめた「市の絵地図等」

- 副読本等の年表から、市の様子の移り変わりの概要をつかめるようにする。

資料 市の副読本、歴史地図、年表

追究する

八王子市は、どこがどのように変わってきたのだろう[6時間]

- 過去の地図を活用し、土地利用の変化を調べる。
- 過去の地図を活用し、交通網の発達を調べる。
- 資料や具体物を基に、産業の発展を調べる。

市民の生活は、どのように変わってきたのだろう[4時間]

- 地域の古い民家や使われていた道具を基に、生活の様子の変化を調べる。
  - ・家の中や使う道具も変わってきて、電気製品が増えてきた。
  - ・これまで人口は増えてきたけれど、これからはどうなってしまうのかな。
- 市の人口統計について調べ、本市にも少子高齢化の傾向があることについて話し合う。

- 市の自然や産業を現在まで受け継ぎ、活用している取組や魅力について、調べられるようする。

絹織物を活用した商品

まとめる

八王子市は、どのように発展していくのだろう[4時間]

- 調べたことを項目ごとに整理し、市の様子の移り変わり年表に整理する。
- 市の移り変わりの様子についてまとめる。
- 市の様子の移り変わり年表の続きをどのようにつくっていきたいか、話し合う。
  - ・少しずつ、市民が生活しやすいようにつくってきた。
  - ・これまでは、どんどん発展してきたけれど、これからはどうなってしまうのかな。
  - ・市をつくってきた人々の思いや願いを引き継いで、わたしたちが八王子市をつくっていく。

資料 市の人口の変化グラフ（市の統計資料）

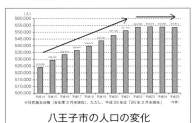

八王子市の人口の変化

「深い学び」の学習プロセス

単元目標	◎市の移り変わりについて C 、交通や公共施設、土地利用や人口、生活の道具などの時期による違いに着目して V 、聞き取り調査をしたり地図などの資料を活用したりして調べて、年表などにまとめ I 、市や人々の生活の様子を捉え、時期ごとに比較・関連付けて考え説明することを通して T 、市や人々の生活の様子は時間の経過に伴い移り変わってきたことを理解できるようにする K 。 ◎市や人々の生活の変化について学習問題を意欲的に追究し、市の発展について市民の一人として努力や協力しようとしている M 。

単元の配慮事項

■ 市の様子の移り変わりについて追究・解決する中で、「年表にまとめる」際には、時期の区分について、昭和、平成などの元号を用いた言い表し方があることを取り上げること。
■ 「公共施設」については、市が公共施設の整備を進めてきたことを取り上げて租税の役割に触れること。
■ 「人口」を取り上げる際には、少子高齢化、国際化などに触れ、これからの市の発展について考えることができるように配慮すること。

「見方・考え方」を働かせる「深い学び」のポイント

1. 時期による違いに着目して追究できるようにする

つかむ 市の様子で身に付けた追究の視点を生かす

現在の市の様子をまとめた白地図等を活用して年表上のどこに位置付くかを確認し、「昔の八王子市はどのような様子だったのか」「八王子市は、どのように変化してきたのか」等の疑問をもてるようにする。また、学習計画の立案の段階で、何に着目すると「人々の生活の様子」を調べられるか、丁寧に確認する必要がある。

追究する 「人口」の変化と市の様子の変化を関連付ける

市の様子の移り変わりは、長期計画に基づいて市が形成されてきた過程である。長期計画は、様々な予想を根拠に策定されているものだが、中でも「人口」の変化の見通しは重要である。子供が、市の様子の移り変わりを追究する中で、「人口の変化との関連は見られるか」と問えるようになることが、目指す子供の姿の一つである。

2. 市の様子と人々の生活の様子の移り変わりについて関連付けて考えることができるようにする

追究する 「人口」の変化と市のまちづくりを関連付ける

本事例において、ニュータウンの建設と「人口」の増加は関連しており、市は数十年規模での予想を基にして施策を講じている。子供たちが自分たちで調査したことと「人口」の変化との関連を見いだしたとき、「市は市民の生活の現在・未来を考えて、市をつくってきた」ことを捉えることができる。

3. 市の発展について考えることができるようにする

まとめる 人口のグラフの続きから関わり方を考える

人口の変化のグラフ上の2050年に40歳代の自分たちを位置付け、少子高齢化や人口減少が予想される市の将来の様子について、市はどのように捉えているか調べていく。市の施策等を基にして、自分はどのように関わっていくことができるか、話し合い、文章で表現する。

「教材化」のヒント

1. 子供の興味・関心を高める行事等の教材

本事例の導入では、市制施行に関連した資料を提示することとしている。これらの資料は、周年行事の際に市がまとめた記念誌等や市制資料室、郷土資料館等で集めることができる。

2. 見方・考え方を働かせる基となる年表

歴史を初めて学習する3年生にとって、追究の対象が時期や時間の経過により変化するため、現在学習していることが年表上のどこに位置付くのかが分からなくなり、混乱することが考えられる。例えば、学習内容の位置付けを右に示したような年表等を活用し、時期の区分を含めて確認することが大切である。

3. 子供の思考を促す資料提示や発問

交通網の発達については、駅周辺の航空写真等の資料を活用することで、移り変わりをつかませることができる。その際に、交通網の発達と人口の変化を関連付けて思考させることが考えられる。

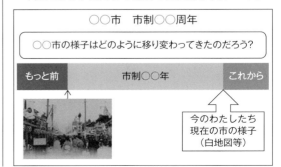

年表による学習内容の概要の位置付け（イメージ）

第3学年 市の様子の移り変わり
～市役所の働きと関連付けて考察する事例～

内容(4) 全17時間　D案

単元目標の要素
- **C**ontents：学習内容
- **V**ision：見方（視点）
- **I**nvestigation：調べ方（技能）
- **T**hought：考え方（思考）
- **K**nowledge：知識
- **M**otivation：主体的に学習に取り組む態度、社会的事象に関わろうとする態度

指導計画

「深い学び」の学習プロセス

つかむ

主な学習活動（内容（予想される子供の反応例））	指導の手立て
主な問い 学校のまわりの様子や町田市の暮らしは、どのようなところが変わってきているだろう［2時間］ ●昭和中期と平成の学校のまわりの様子を航空写真で見る。 ・道路がきれいになり、新しい建物が増えている。 ・町田市の様子や暮らしの変化について調べたい。 ●旧家の家屋と昔の道具を見て、調べたいことを整理する。	●学校建設当時（昭和中期ごろ）と現在の写真など身近な地域資料を比較し、土地利用の様子の変化を視覚的に捉えられるようにする。 **資料** 学校の航空写真、学校周辺の写真 **資料** 昔のくらしの写真（明治・大正～昭和）
主な問い くらしの様子はどのように変わってきたのだろう［1時間］ ●市の年表と道具の登場を比べ、学習問題を立て、予想する。 ・車や電化製品の登場が、便利な生活につながっている。 ・建物や住む人が増えて、まちが発展したのではないか。 ・市役所がまちづくりに関わっているのではないか。 ●市の様子の移り変わりを調べるために、生活の道具・交通・土地利用・市役所の働きに分けて学習計画を立てる。	●市の統廃合など変遷が分かるものを年表で提示する。 **資料** 町田市年表　**資料** 旧家と昔の道具 **資料** 衣食住の道具の写真 ●生活の道具と市の変遷を年表で整理し、時期による違いの概要を把握できるようにする。

学習問題：町田市の様子や人々のくらしは、どのように移り変わってきたのだろう。

追究する

主な問い 町田市のくらしはどのように変化してきたのだろう［8時間］ ●生活の道具が時期によって違うことを調べる。 ●市の交通と公共施設について調べる。 ●市の土地利用や人口について調べる。 ●市役所の働きや公共施設について調べる。 ・高速道路ができ、交通が発達した。 ・市の人口が増え、住宅地も増えた。 ・学校や公園などは、市役所が計画してつくった。 ・市民にとって住みやすいまちづくりが進められた。	**資料** 駅やバス路線図 **資料** 市の地図と公共施設の位置 **資料** 市の人口変化のグラフ **資料** 土地利用の分布地図 ●地図資料と統計資料を比較し、時期による違いや変化を追うことで、それぞれの資料を関連付けられるようにする。 **資料** 市の施設ガイド ●市の課題や取組を紹介し、市の発展や自分たちにもできることを想起できるようにする。 **資料** 市のくらし年表

まとめる

主な問い 町田市はどのように移り変わってきたと言えるだろうか［3時間］ ●市の様子や人々の生活の変化について話し合い、市のくらしの移り変わりを年表にまとめる。	
主な問い これからの町田市はどのように発展していくのだろう［3時間］ ●市が推進する事業についてその目的やねらいを調べる。 ●これからの市のまちづくりについて考え、提案する。 ・豊かな自然が来る人を楽しませる観光重視のまちづくり ・子供から高齢者のことまで考えたバリアフリー重視のまちづくり	**資料** 町田市未来作りプラン（パンフレット） ※簡単にしたもの

単元目標

◎市の様子の移り変わり**について** C 、交通や公共施設、土地利用や人口、生活の道具などの時期による違い**に着目して** V 聞き取り調査をしたり地図などの資料**で調べ**、年表など**にまとめ** I 、市や人々の生活の様子を捉え（比較したり関連付けたりして）変化**を考え表現することを通して** T 、市や人々の生活の様子は、時間の経過に伴い、移り変わってきたこと**を理解できるようにする** K 。

◎市の移り変わりや人々の生活の変化について、学習問題の解決に向けて意欲的に追究し、市や人々の生活の移り変わりについて学んだことを基にして、市の発展を願い、市民の一人として**協力しようとしている** M 。

単元の配慮事項

■ 本単元では、市の様子の移り変わりについて追究・解決する中で、「年表にまとめる」際には時期の区分について、昭和、平成などの元号を用いた言い表し方があることを取り上げること。

■ 「公共施設」については市が公共施設の整備を進めてきたことを取り上げて租税の役割に触れること。

■ 「人口」を取り上げる際には少子高齢化、国際化などに触れ、これからの市の発展について考えることができるように配慮すること。

「見方・考え方」を働かせる「深い学び」のポイント

1. 時期による違いに着目して追究する

つかむ 時期の区分について学ぶ

学校周辺や地域の航空写真を時期の違いごとに年表に整理して調べ、市の年表と比較することで、元号の区分を理解し、調べる際の時期を焦点化できるようにする。

追究する 時代ごとの概要を把握する

年表では、道具の変化や登場を時期の違いによる概要を理解するために活用し、生活の変化を想起できるようにする。また交通や公共施設などの時期による違いに着目する際には、地図資料や統計資料を用いて交通の発展や公共施設の広がりについて調べることができるようにする。

2. 市や生活の変化を関連付けて考える

つかむ 道具と生活の変化を関連付ける

航空写真に写る乗り物や建物の様子から、「便利な物が増えてきたのではないか」と問いをもたせ、生活の変化に関心をもつことができるようにする。

追究する 都市化と市の移り変わりを関連付ける

「交通網の広がりに合わせて公共施設が建設されている」「人口の増加は、団地の建設、道路や公共施設の整備、土地利用の変化と関連している」など、地図や年表、統計資料に基づき、人口が集中する背景として、交通や土地利用の変化が影響してきたことを捉え、市の様子の移り変わりと関連付けて考えることができるようにする。

追究する 公共施設の整備と市役所の働きを関連付ける

市役所の働きについて聞き取り調査を基に考え、公共施設の整備と市の発展を関連付けて捉えることができるようにする。

3. これからの市の発展について考える

まとめる 好ましいと思う政策について選択・判断する

市が推進している政策やまちづくりのプランに基づき、福祉、経済活動、土地利用など重視する事業に着目する。自分たちの住むまちの課題は何か、どんなまちになったらよいかを考え、「○○重視のまちづくり」といった自分たちのまちづくりについて考えられるようにする。

「教材化」のヒント

1. 子供の興味・関心を高める写真

本単元では、市の副読本や開校周年行事等で撮影された航空写真を教材化している。本事例では、市の統・廃合があった明治・大正期、学校が建設された昭和中期、現在といった3つの時期を教材化し、時期による違いに着目できるようにした。

2. 見方・考え方を働かせる資料

「追究する」場面では、地図資料では駅の数や位置、バスの路線図など交通の広がりを視覚的に捉えることができるものを用意し、公共施設の分布と比べながら考えることができるようにする。また時間的な変遷を統計資料で調べることで、市がいつ頃から、どのような変化を

経て発展してきているのかを捉えることができるようにする。

3. 子供の思考を促す発問

「つかむ」の段階では、子供の生活経験を基にした気付きを取り上げ、問いを焦点化することが大切である。「誰が道路を整備したのだろう」「それぞれの時期に道具はどのように使われていたのだろう」など、調べる対象になる事柄を整理し、学習計画を立てるようにする。

また「まとめる」の段階では、現在の市の課題を把握することが重要である。高齢化や国際化などの課題について、市が掲げている取組を提示することで、選択・判断の材料として吟味できるようにする。

第3学年

区の様子の移り変わり
～身近な地域の変化に着目して導入する事例～

E案

内容(4) 全17時間

単元目標の要素	**C**ontents：学習内容　**V**ision：見方（視点）　**I**nvestigation：調べ方（技能）　**T**hought：考え方（思考） **K**nowledge：知識　　**M**otivation：主体的に学習に取り組む態度、社会的事象に関わろうとする態度

指導計画

	主な学習活動　　　　内容（予想される子供の反応例）	指導の手立て

つかむ

主な問い 昔の地域の様子や人々の生活の様子は、どのようなものだったのだろう［2時間］

●昭和前期・中期・現在と時代の異なるすずらん通り商店街の写真と家庭の様子を比べて、気付いたことを交流する。

・道路や町並みなど、町の様子が大きく変わっているね。
・家の中では、現在に近付くほど電気を使った生活の道具が増えていっているよ。

指導の手立て
- 資料　写真：すずらん通り商店街の昭和前期・中期・現在
- 資料　絵図：地域の民家の様子を描いた、昭和前期・中期・現在
- ●時期による違いに目を向けるだけでなく、地域の様子と民家の様子の関わりにも着目できるようにする。

学習問題：区の様子や人々の生活の様子はどのように移り変わってきたのだろう。

「深い学び」の学習プロセス

追究する

主な問い 大正までの様子と、現在の様子とでは何が変化しているのだろう［3時間］

●明治時代から大正時代までの町や人々の暮らしの様子について調べて予想を立て、学習計画をつくる。

・電車の路線や道路がどんどん増えて、畑が家に変わったのかな。

- 資料　年表：区の歴史（明治～大正）
- 資料　図：世田谷の土地利用、鉄道路線、主要道路、小学校校区
- 資料　地図：明治・大正・現在
- ●明治・大正の町や人々の生活の様子、既習事項である現在の区の様子から「交通」「公共施設」「土地利用」「人口」「道具」の視点を導き出し、昭和前期、昭和中期以降の変化について、資料をもとに予想できるようにする。

主な問い それぞれの時期、区はどのような様子だったのだろう［4時間］

●昭和前期・昭和中期以降の区の様子について調べ、年表にまとめる。

・交通網が広がるのに合わせて、人口も増えているね。

- 資料　年表：区の歴史（昭和前期、昭和中期～）
- 資料　図：土地利用、鉄道路線、主要道路、小学校校区
- ●昭和時代を昭和前期、昭和中期以降に分けて調べることで、時期による特徴を捉えられるようにする。

主な問い それぞれの時期、区の人々の生活はどのような様子だったのだろう［4時間］

●人々の生活の様子について、生活の道具などの具体物で調べたり、聞き取り調査をしたりして調べ、年表にまとめる。

・人口が増えた昭和30年代から小学校も増えて、通学も楽になったんだ。

- 資料　実物：郷土資料室の生活の道具
- 資料　聞き取り調査：家族や地域の方
- ●生活の道具について調べるときは、「生活がどのように変化したか」に着目して調べられるようにする。

主な問い 区はどのように変わってきたのだろう［2時間］

●年表から区や人々の生活の移り変わりを考える。

農村だった世田谷区は、鉄道網の広がりと共に人口が増え、小学校や道路も整備され、さらに都市化が進み、人々の生活も豊かに変化した。

- 資料　年表：区の歴史（明治から現在）
- ●世田谷区の歴史年表を概観し、それをも手がかりに考えられるようにする。

まとめる

主な問い これからの世田谷区はどのようになっていくのだろう［2時間］

●区が抱える少子高齢化などの課題に対する9つの施策を調べ、共感した一つを選んでこれからの区について考える。

・「地域を支える仕事を増やす」という取組を進めればよいと思う。そうすれば、お年寄りやお母さんたちも、家の近くで仕事ができ、暮らしやすい世田谷区になるんじゃないかな。

- 資料　文章：「世田谷区基本構想」中高生版
- ※簡単にしたもの

| 単元目標 | ◎区の様子の移り変わりについて**C**、交通や公共施設、土地利用や人口、生活の道具などの時期による違いに**着目して** **V**、聞き取り調査をしたり地図などの資料を活用したりして**調べて**、年表などに**まとめ** **I**、区や人々の生活の様子を捉え、時期ごとに**比較・関連付けて考え説明することを通して** **T**、区や人々の生活の様子は時間の経過に伴い移り変わってきたこと**を理解できるようにする** **K**。
◎区や人々の生活の変化について学習問題を意欲的に追究し、区の発展について区民の一人として**努力や協力しようとしている** **M**。 |

単元の配慮事項

- 本単元では、区の様子の移り変わりについて追究・解決する中で、「年表にまとめる」際には時期の区分について、昭和、平成などの元号を用いた言い表し方があることを取り上げるようにすること。
- 「公共施設」については、市が公共施設の整備を進めてきたことを取り上げ、租税の役割に触れるようにすること。
- 「人口」を取り上げる際には、少子高齢化、国際化などに触れ、これからの市の発展について考えることができるよう配慮すること。

「見方・考え方」を働かせる「深い学び」のポイント

1. 時期による違いに着目して追究できるようにする

つかむ 追究の視点を生かして根拠をもって予想する

　学習問題について予想を立てる前に、調べる時期以前の地域の様子や人々の生活の様子についての資料を読み取ることで、根拠をもって予想できるようにする。この資料は交通や公共施設、土地利用や人口、生活の道具など、追究の視点に基づいて作成するようにする。

まとめる 時期の特徴を比べて学習問題について考える

　年表が完成すると、学習問題について考えるための知識が揃う。追究の視点ごとに移り変わりについて考えるのではなく、時期の区分ごとに捉えた区や人々の生活の様子の移り変わりを比べながら考えるようにする。

2. 区の様子と人々の生活の様子の移り変わりについて関連付けて考えることができるようにする

追究する 区の様子の移り変わりを先に追究する

　まず、区の様子の移り変わりについて調べ、次に、生活の道具等を通して人々の生活を調べることで、大まかな時代の流れや時期ごとの区の様子と関連付けながら、人々の生活の移り変わりについて考えるようにする。

3. 市の発展について考えることができるようにする

まとめる 世田谷区基本構想～中高生版～をもとに、区民の一人としてこれからの世田谷区について考える

　区が抱える課題とともに、基本構想が示す9つの施策を知ることで、本単元で学んだ区や人々の生活の様子の移り変わりについての見方・考え方を働かせながらこれからの世田谷区の発展について考えられるようにする。

「教材化」のヒント

1. 区の移り変わりの特徴に合わせた時期の区分

　子供が主体となって追究する時期の区分は、昭和前期と昭和中期以降に分けて教材化している。これは、「関東大震災後に交通網が発達し、人口の増加とともに区が成立した昭和前期」「戦後に人口が増加し、住宅都市として発展した昭和中期以降」のように、それぞれの時期に特徴があり、区の様子の移り変わりを追究しやすいからである。実践に際しては、各区や市の様子の移り変わりの特徴に合わせて、適切に時期を区分して追究できるようにしたい。

2. 見方・考え方を働かせる基になる、大正時代までの歴史年表と人々の生活の様子

　本事例では、子供が学習問題について予想を立てる段階で、教師から大正時代までの町の様子や人々の生活の様子が分かる年表と資料を提示している。1学期に現在の区の様子を学んだ子供は、現在の様子との違いに衝撃を受け、課題意識をさらに高めるとともに、1学期に身に付けた市の様子の見方・考え方を生かしながら学習に見通しをもちはじめる。年表は単元を通して完成させていく。

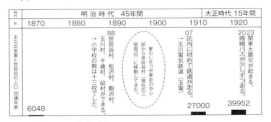

〈世田谷区の歴史年表〉

　追究の視点（交通や公共施設、人口）に、主な出来事も適宜加えて作成した。人口についてもグラフを活用して時期ごとの傾向をつかみやすくしている。

第4学年

学習指導要領「内容」のポイント

学習指導要領の内容と単元の構成例

	学習指導要領の内容	単元名（例）	時数
内容(1)	都道府県の様子	東京都の様子	全8時間
内容(2)	人々の健康や生活環境を支える事業	私たちの生活を支える水／電気／ガス	全10時間
		ごみの処理と再利用	全10時間
内容(3)	自然災害からくらしを守る活動	自然災害から人々のくらしを守る活動（地震／風水害）	全10時間
内容(4)	県内の伝統や文化、先人の働き	ずっと大切にしたい平塚の七夕祭り／文化財	全10時間
		天然痘に立ち向かった伊東玄朴／葛西用水	全10時間
内容(5)	県内の特色ある地域のくらし	伝統的な技術を生かした江戸切子づくりが盛んな江東区	全10時間
		自然環境を生かし、守り続ける箱根町／香取市	全10時間
		国際交流に取り組む大田区／新宿区 ―共生のまちづくりを目指して―	全10時間
		私たちが住んでいる県	全2時間

内容ごとのポイント

内容(1)

「都道府県の様子」のポイント

内容(1)は、我が国における自分たちの県の位置、県全体の地形や主な産業の分布、交通網や主な都市の位置などに着目して、自分たちの県の地理的環境の概要を理解する内容である。また、ここでは併せて、47都道府県の名称と位置を理解するようにする。

実際の指導に当たっては、例えば、県の白地図に県全体の地形や主な産業、交通網や主な都市の位置を書き表す活動を通して、それらの情報を総合し、自分たちの県の概要や特色を考える活動や、47都道府県の位置を地図帳で確かめ、その名称を白地図に書き表す活動などが考えられる。

単元の事例では、「47都道府県の位置と名称」と「県の様子」をつなげた事例を紹介している。

内容(2)

「人々の健康や生活環境を支える事業」のポイント

内容(2)は、①飲料水、電気、ガスを供給する事業について、供給の仕組みや経路、県内外の人々の協力に着目して、安全で安定的に供給できるように進められていることや、地域の人々の健康な生活の維持と向上に役立っていることを理解する内容、②廃棄物を処理する事業について、処理の仕組みや再利用、県内外の人々の協力に着目して、衛生的な処理や資源の有効利用ができるように進められていることや、生活環境の維持と向上に役立っていることを理解する内容である。

ここでは、供給する事業として、飲料水、電気、ガスの中から一つ、廃棄物の処理事業として、ごみ、下水の中から一つを選択して取り上げる。

また、節水や節電への取組や、ごみの量を減らしたり水を汚したりしないための取組について、自分たちにできることを考えたり選択・判断したりして、資源の有効利用や人々の生活環境の保全に関心を高めるように配慮する。

実際の指導に当たっては、例えば、学校など身近な生活や社会における飲料水の使われ方や使用量、学校、商店などから出される廃棄物の種類や量などを調べる活動が考えられる。

単元の事例では、「飲料水」「電気」「ガス」の事例3つと、「ごみ」の事例を紹介している。

内容(3)
「自然災害から人々を守る活動」のポイント

内容(3)は、過去に発生した地域の自然災害、関係機関の協力などに着目して、地域の関係機関や人々は、自然災害に対して様々な協力をして対処していることや、今後想定される災害に対して様々な備えをしていることを理解する内容である。

ここでは、地域における自然災害について、過去に県内で発生した地震災害、津波、風水害、火山災害、雪害などの中から選択して取り上げるとともに、災害時に自分自身の安全を守るための行動の仕方を考えたり、自分たちにできる自然災害への備えを選択・判断したりできるように配慮する。

実際の指導に当たっては、例えば、県内で過去にどのような自然災害が発生し、どのような被害があったか、被害を減らすために関係機関の人々はどのように協力しているかなどの問いを設けて調べ、それらの活動と人々の生活とを関連付けて考え、表現する活動などが考えられる。

単元の事例では、「風水害」「地震災害」の事例２つを紹介している。

内容(4)
「県内の伝統や文化、先人の働き」のポイント

内容(4)は、①歴史的背景や現在に至る経過、保存や継承のための取組などに着目して、県内の文化財や年中行事は地域の人々が受け継いできたことや、それらには人々の様々な願いが込められていることを理解する内容と、②当時の世の中の課題や人々の願いに着目して、地域の発展に尽くした先人の様々な苦心や努力により当時の生活の向上に貢献したことを理解する内容である。

ここでは、県内を代表する建造物や遺跡、民俗芸能などの文化財、地域の祭りなどの年中行事を取り上げ、県内の主な文化財や年中行事の名称や位置などが大まかに分かるようにする。また、地域の伝統や文化を保護、継承するために、自分たちが協力できることを考えたり選択・判断したりして、地域への誇りや持続可能な社会を担おうとする態度を養うように配慮する。

地域の発展に尽くした先人の働きに関する内容では、開発、教育、医療、文化、産業などの面で地域の発展や技術の開発に尽くした先人の具体的事例の中から一つを選択して取り上げるようにする。

実際の指導に当たっては、例えば、文化財や年中行事については、それらを保存したり継承したりしている人々から直接話を聞く活動などが考えられる。また、先人の働きについては、先人が用いた道具や技術に見られる工夫、実際の取組の様子、当時の社会に与えた影響などを調べる活動などが考えられる。

単元の事例は、「年中行事」として「祭り」を取り上げた事例一つと、「先人の働き」として「医療」「用水の開発」を取り上げた事例二つを紹介している。

内容(5)
「県内の特色ある地域のくらし」のポイント

内容(5)は、特色ある地域の位置や自然環境、人々の活動や産業の歴史的背景、人々の協力関係に着目して、県内の特色ある地域では、人々が協力して特色あるまちづくりや観光などの産業の発展に努めていることを理解する内容である。

ここでは、伝統的な技術を生かした地場産業が盛んな地域、国際交流に取り組んでいる地域、地域の資源を保護・活用している地域の中から３つ程度を県内の特色ある地域として取り上げるようにする。その際、地域の資源を保護・活用している地域として、自然環境、伝統的な文化を保護・活用している地域が考えられ、そのいずれかを選択して取り上げるようにする。

実際の指導に当たっては、全体における特色ある地域の位置や自分たちの市との位置関係などを捉えるようにし、特色ある地域の人々の活動や産業とそれらの地域の発展とを関連付けたり、自分たちの住む地域と比較したりして、その地域の特色を考える活動が考えられる。

単元の事例では、「地場産業が盛んな地域」「地域の資源を保護・活用している地域」「国際交流に取り組んでいる地域」の事例３つと、「国際交流」の事例２つを紹介している。

第4学年

内容(1) 全8時間

東京都の様子

単元目標の要素	**C**ontents：学習内容	**V**ision：見方（視点）	**I**nvestigation：調べ方（技能）	**T**hought：考え方（思考）
	Knowledge：知識	**M**otivation：主体的に学習に取り組む態度、社会的事象に関わろうとする態度		

指導計画

	主な学習活動	内容（予想される子供の反応例）	指導の手立て

 つかむ

主な問い 東京都は、日本の中のどこにあるのだろう [3時間]

- 日本地図や航空写真をもとに、東京都の大きさや形、位置等について調べる。
- 他の道府県の大きさや形、位置や特産品等について調べる。
- 都内各地の写真を見て、話し合う。

反応例：
- 東京都は関東地方にある。
- 日本では東の方に位置していて、他の県に比べると小さい。
- 栃木県の特産品は、いちごだ。
- 北海道は東京の何倍も大きい。
- 東京の南には神奈川県がある。
- 山もあれば海もある。島もある。
- 住宅が多い所は平らだ。
- 都心は、高いビルが多く、電車も都心に向かって通っている。

指導の手立て：
- **資料** 地図：日本全国
- **資料** 写真：航空写真
- 日本における東京都の位置を調べ、表現する活動を行い、東西南北への広がりや他の道府県への関心を高める。
- **資料** 写真：都内各地（檜原村、八王子市、杉並区、中央区、小笠原村）
- **資料** 地図：東京都
- 地形、産業、交通網などに着目できる写真を提示することで、東京都の地理的環境への興味・関心を高める。

学習問題：私たちが住む東京都はどのようなところなのだろう。

- 学習問題に対する予想を基に学習計画を立てる。

 追究する

「深い学び」の学習プロセス

主な問い 東京都の様子は、どのようになっているのだろう [3時間]

- 東京都の地形を調べ、「東京都紹介マップ」にまとめる。
- 東京都の主な都市や観光地を調べ、「東京都紹介マップ」にまとめる。
- 東京都の産業の分布や交通網を調べ、「東京都紹介マップ」にまとめる。

反応例：
- 東側の土地が低く、西にいくほど高くなる。
- 一番標高が高いのは雲取山だ。
- 多摩川、荒川、江戸川などが東京湾へと流れている。
- 都庁は新宿区にある。
- 浅草や高尾山には、世界中から観光客が来ている。
- 東京には、大きな都市や有名な観光地がたくさんある。
- 鉄道と高速道路が多く通っていて、日本中とつながっている。
- 羽田空港や東京港は、世界ともつながる日本の玄関口だ。
- 住宅や店、工場や会社が多く、畑は少ない。
- 山地や森林は西に多い。

指導の手立て：
- **資料** 地図：東京都の地形図・断面図
- **資料** 児童作品：東京都紹介マップ
- 標高や河川、山などの位置や広がりの様子をおさえる。
- **資料** 写真：新宿区、浅草、高尾山
- 都庁や副都心の位置などをおさえる。
- 人口の多い都市、交通の要衝となっている都市、観光地がたくさんあることに気付くようにする。
- **資料** 地図：鉄道や高速道路の路線図
- **資料** 写真：東京港や羽田空港
- **資料** 地図：産業の分布図（土地利用図）
- **資料** 地図帳

まとめる

主な問い 東京都は、どのようなところと言えるのだろう [2時間]

- 学習問題に対する自分の考えを「東京都紹介マップ」にまとめる。

反応例：
- 東京都の地形は、東側の土地が低く、西にいくほど高くなる。
- 多摩川や荒川、江戸川などが流れ、南の海上には島がある。
- 東に商業地が多く、中央は住宅地、西は森林が広がっている。
- 鉄道網や高速道路が広がり、他の県や世界とつながっている。
- 人口が多く、大きな都市や有名な観光地がたくさんある。

- 「東京都紹介マップ」を紹介し合い、東京都の様子についての考えを交流する。

指導の手立て：
- **資料** 児童作品：東京都紹介マップ
- 「東京都紹介マップ」を使って東京都の地理的環境の概要や特色を表現できるようにする。

［小学校社会科］学習指導案文例集

076

| 単元 | ◎東京都の様子について**C**、我が国における東京都の位置、都全体の地形や主な産業の分布、交通網や主な都市の位置などに**着目して** **V**、地図帳や各種の資料で調べ、白地図などに**まとめ** **I**、東京都の様子を捉え、位置や地形、社会的条件などの地理的環境の特色**を関連付けて考え** **T**、東京都の地理的環境の概要や47都道府県の名称と位置**を理解できるようにする** **K**。
◎東京都の様子や47都道府県の名称と位置について、学習問題の解決に向けて意欲的**に追究しようとしている** **M**。 |
|---|---|

単元の配慮事項

- 「都道府県の様子」は、学年の導入で扱うこととし、自分たちの都道府県の地理的環境の概要を調べる際には、我が国における自分たちの県の位置、県全体の地形や主な産業の分布、交通網や主な都市の位置を取り上げること。
- 47都道府県の名称と位置については、本単元だけではなく、年間を通して扱い、理解できるようにすること。

「見方・考え方」を働かせる「深い学び」のポイント

1. 地理的な位置や地形、社会的条件に着目して追究できるようにする

▶**つかむ** 47都道府県の位置と名称を調べる

日本地図を概観し、東京都の位置を表現する際には、3年生のときに、東京都における自分たちの区市町村の位置を学習した経験を振り返り、方位等を使って表現できるようにする。そして、東京都の位置を基準にして他の道府県の位置を表現したり、都道府県の特産品や形などをクイズにして出し合ったりすることで、47都道府県の位置と名称への興味・関心を高めるようにする。

▶**つかむ** 東京都の多様な姿を追究できるようにする

地形、産業、交通網などに着目できる写真を提示し、自分たちの暮らす地域との共通点や相違点を話し合うことで、「東京都には、いろいろな姿がある」「他の県と比べてどのような特色があるのだろう」という疑問をもち、主体的に追究できるようにする。

▶**追究する** 東京都の地形、主な都市や観光地、産業の分布や交通網の様子を調べる

「東京都は、どのようなところなのだろう」という問いをもち、地形、主な都市や観光地、産業の分布や交通網などに着目して調べ、「東京都紹介マップ」にまとめていくことで、東京都の地理的環境の特色を読み取ることができるようにする。

2. 位置や地形、社会的条件などの地理的環境の特色を関連付けて考えることができるようにする

▶**まとめる** 「東京都紹介マップ」を使って話し合う

「東京都は、どのようなところだと言えるのだろう」という問いをもち、毎時間の調べる活動で分かった東京都の地形、主な都市や観光地、産業の分布や交通網の様子をまとめた「東京都紹介マップ」を使って、自分が考える東京都の特色について説明し合うことで、東京都の地理的環境の概要をより深く理解できるようにする。

「教材化」のヒント

1. 子供の興味・関心を高める47都道府県クイズ

本単元の導入では、日本地図などを使って東京都の地理的な位置を調べるとともに、47都道府県の名称と位置についても興味・関心をもち、意欲をもって学習を進めることができるようにしていく。

そのために、これまでの生活経験や知識に基づいて、例えば旅行で出かけたことのある道府県の観光地や特産品などをクイズにして出し合うことで、知らなかったことを知る喜びを味わいながら学習できるようにする。

また、地図帳を机の中に常に入れておいたり、大型の日本地図を教室に常掲したりしておくことで、社会の学習以外の時間においても、都道府県の名前が出てきた際に、位置の確認できるようにすることも大切である。

2. 見方・考え方を働かせる写真資料

本単元では、自分たちの都道府県の地理的環境の概要を理解することが求められている。そこで、自分たちの都道府県の地形や自然環境、主な都市や観光地、産業の分布や交通網の様子などの社会的条件を読み取ることができる資料を提示していく。

例えば、交通の様子に気付かせるために、駅や高速道路の様子が分かる写真や路線図を示すことが考えられる。そして、「東京都の交通網にはどのような特色があると言えるか」などと発問することで、資料から読み取った情報を基に、東京都の交通の特色を考えることができるようにしていく。

また、東京都には羽田空港や東京港があり、日本の玄関口として世界とつながっていることや、東京都の主な都市や観光地には世界中から人がやって来ていることなどについても触れることで、世界の国々との関わりへの興味・関心を高める学習の充実へとつながっていくと考えられる。

第4学年　私たちの生活を支える水

内容(2)　全10時間　A案

単元目標の要素	**C**ontents：学習内容　**V**ision：見方（視点）　**I**nvestigation：調べ方（技能）　**T**hought：考え方（思考） **K**nowledge：知識　**M**otivation：主体的に学習に取り組む態度、社会的事象に関わろうとする態度

指導計画

	主な学習活動	内容（予想される子供の反応例）	指導の手立て
つかむ	**主な問い**　私たちは、いつ、どのような場面で水を使っているのだろう [2時間] ●水を使っている時間帯や、1日に学校や東京都で使われている水の量を調べる。 ●調べて分かったことから、水道について疑問に思ったことを話し合う。	・水は、1日中使われている。 ・1日に、学校では200㎥、東京都では408万㎥の水を使っている。 ・こんなにたくさんの水は、どこから来るのだろう。 ・いつでも蛇口をひねると、水を使えるのはどうしてだろう。	●私たちは、いつでも大量の水を使うことができることをおさえる。 **資料** グラフ：水道を使っている時間帯 **資料** グラフ：1日の水の使用量（学校、東京都） ●いつでも、大量の水を使うことができる仕組みや、働く人々の工夫や努力を追究する計画を立てる。

学習問題： 私たちが、いつでも、たくさんの水を使うことができるように、だれがどこで、どのようなことをしているのだろう。

追究する 「深い学び」の学習プロセス	●学習問題に対する予想を基に学習計画を立てる。 **主な問い**　水道の水は、どこから、どのようにしてやってくるのだろう [6時間] ●蛇口までの経路を「水の旅マップ」にまとめる。 ●各施設や設備の役割、働いている人たちの工夫や努力を調べる。 ●ダムが他の県にある理由を話し合う。 ●昔はどのように飲料水を確保していたのか調べる。 ●学習問題に対する自分の考えをまとめる。	・浄水場では、沈殿、濾過、消毒などを行って、水をきれいにしている。 ・人々が病気にならないように、責任をもって仕事をしている。 ・たくさんの水を安定して確保するために、他の県にも協力してもらっている。 ・計画的にダムや浄水場を整備してきたので、安全な水を使って健康に生活できている。	**資料** 児童作品：水の旅マップ ●水を使った後の経路についても調べ、「水の循環」の様子をおさえる。 **資料** 図：浄水場の役割 **資料** 文章：水道局の人の話 **資料** 地図：ダムの分布図と建設された年 **資料** 年表：東京都の水道のあゆみ **資料** 写真：木樋、上水井戸

水道局の人は、私たちに安全で安定的に飲料水を届けるために、ダムや浄水場等の施設を計画的に整備したり、他の県の人々と協力したりしながら事業を進めており、それは地域の人々の健康な生活の維持と向上に役立っている。

まとめる	**主な問い**　東京都の水道の水をこれからも確保していくために、私たちはどのようなことができるのだろう [2時間] ●渇水時のダムの写真や年表から考えたことをノートにまとめる。 ●水道の水をこれからも確保していくためには、どのようなことができるかを考え、話し合う。	・水不足になるのは昔だけだと思っていた。水を使う私たちが注意をしなくてはいけない。 ・水には限りがあるので、トイレやシャワーで無駄使いしないようにする。 ・昔から多くの人たちが努力をしてきたので、節水の大切さを伝えていく。	**資料** 写真：満水時と渇水時のダムの様子 **資料** 年表：東京都の渇水年表 **資料** 文章：水道局の通知文（給水制限） ●渇水は現在でも避けることのできない自然災害であることをおさえる。 ●水は限りある資源であることをおさえた上で話し合うことができるようにする。

| 単元目標 | ◎飲料水を供給する事業について**C**、供給の仕組みや経路、県内外の人々の協力などに**着目して V**、見学・調査したり地図などの資料**で調べたりしてまとめ I**、飲料水の供給のための事業の様子を捉え、位置や他地域とのつながり、時期による違い**を関連付けて考え T**、飲料水を供給する事業は、安全で安定的に供給できるよう進められていることや、地域の人々の健康な生活の維持と向上に役立っていること**を理解できるようにする K**。
◎飲料水の供給のための事業について、学習問題を意欲的に追究し、都民としてできること**に協力しようとしている M**。 |

単元の配慮事項

■飲料水の供給事業は、現在に至るまでに仕組みが計画的に改善され、公衆衛生が向上してきたことに触れること。
■人々の健康や生活環境を支える事業のうち供給する事業については、飲料水、電気、ガスの中から選択して1つを取り上げること。
■節水など自分たちにできることを考えたり、選択・判断したりできるよう配慮すること。

「見方・考え方」を働かせる「深い学び」のポイント

1. 位置や他地域とのつながり、時期による違いに着目して追究できるようにする

つかむ いつでも大量の水を使えることに気付く

　水道の水を使っている時間帯、学校や東京都の1日の水道水の使用量などを調べることで、「どうして、いつでも大量の水を使うことができるのだろうか」という疑問をもち、供給の仕組みや経路に着目して調べる学習問題をつかむことができるようにする。

追究する 供給の経路や他県との協力体制を調べる

　「水道の水はどのようにしてやってくるのだろう」という問いをもち、水の経路、水道施設の役割、働く人の工夫や努力、ダムの分布などに着目して調べ、「水の旅マップ」にまとめることで、供給の仕組みや他県との協力の様子を読み取ることができるようにする。

追究する 東京都の水道のあゆみを調べる

　「昔はどのようにして飲料水を確保していたのだろう」という問いをもち、東京都の水道の敷設のあゆみに着目して調べ、事業が計画的に整備されたことで、公衆衛生が向上したことを読み取ることができるようにする。

2. 供給の仕組みや県内外の人々の協力、水道敷設のあゆみ等を関連付けて考えることができるようにする

まとめる 水道局の果たす役割について話し合う

　「水道局はどのような役割を果たしてきたのか」という問いをもち、調べて分かった事実を関連付けることで、安全で安定的に供給できるように事業が行われていることや、地域の人々の健康な生活の維持と向上に役立っていることが理解できるようにする。

3. 自分の関わり方を選択・判断できるようにする

まとめる 水は「限りある資源」という視点から考える

　「現在でも東京都は渇水になりやすい」という事実を把握し、「東京都の水をこれからも確保していくために、私たちには何ができるだろう」という問いをもつことで、自分たちの関わり方を選択・判断できるようにする。

「教材化」のヒント

1. 子供の興味・関心を高める調査活動

　導入で「私たちは、いつでも大量の水を使うことができる」という事実を把握させるために、水道を使っている時間帯、学校や東京都の使用量などの調査を行う。そして、事実に対する「どうしてなのかな」「どうなっているのかな」という子供たちの疑問を大切にしながら「学習問題」を設定することで、主体的に問題を追究する意欲がもてるようにする。

2. 「水の旅マップ」の作成と「水道事業年表」の提示

　水の経路（循環）、水道施設の役割、ダムの分布などを調べ、位置や他地域とのつながりの視点から分かったことを「水の旅マップ」にまとめる。東京都の水道事業を年表にし、水道局の事業が計画的に整備されてきたことと関連付けながら水道局の役割を話し合うことで、地域の人々の健康な生活の維持と向上に役立ってきたことに気付くことができるようにする。

3. 子供の思考を促す渇水時のダムの写真と渇水年表

　本単元は、自分たちの関わり方を選択・判断する学習活動を設定することが求められているため、終末で渇水時のダムの写真と東京都の渇水年表などを提示し、「東京都は渇水になりやすい」という事実を把握させ、自分たちにできることを選択・判断するようにしていく。

　その際、「施設が整備されても水不足になる可能性はあるから」や「きれいな水を確保するために昔から多くの人たちが努力をしてきたから」のように、学習した内容を根拠にすることは、子供一人一人の「見方・考え方」を働かせながら話し合いをすることにつながっていく。

第4学年

内容(2) 全10時間

私たちの生活を支える電気

B案

単元目標の要素	**C**ontents：学習内容	**V**ision：見方（視点）	**I**nvestigation：調べ方（技能）	**T**hought：考え方（思考）
	Knowledge：知識	**M**otivation：主体的に学習に取り組む態度、社会的事象に関わろうとする態度		

	主な学習活動	内容（予想される子供の反応例）	指導の手立て
つかむ	**私たちはどれくらいの電気を使っているのだろう**[3時間] ●電気をどのような場面で使っているか発表し合う。 ●電気が供給されていない頃と今の生活の様子を比べ、電気の供給について疑問に思ったことを話し合う。	・東京都では年間約830億kw/Gの電気を使っている。 ・電気によって人々のくらしは大きく変わってきた。 ・だれがどこで電気をつくっているのだろう。 ・たくさんの電気はどうやってつくり、届けられているのかな。	●家や学校で電気を利用している場所について調査活動を行う。 資料 グラフ：電力消費量 資料 写真・絵：昔と今の家庭の様子 資料 実物：家電製品 ●現在との違いや変化から、公衆衛生が向上してきたことをおさえる。 ●光・熱・音・動力として、様々な場面で使われていることを示す。

学習問題：私たちが使っている電気は、どこでどのようにしてつくられ、どのようにして送られてくるのだろう。

追究する	●学習問題に対する予想を基に学習計画を立てる。 **電気はどのようにしてつくられているのだろう**[2時間] ●発電所の仕組みや働きを調べる。	・石油や石炭、水力、原子力、自然の力を利用して、様々な方法で発電が行われている。	資料 図：発電の仕組み ●化石燃料や自然エネルギーなど、様々な発電方法があることを資料から捉えられるようにする。
「深い学び」の学習プロセス	**電気はどのようにして届けられているのだろう**[2時間] ●コンセントまでの経路を調べる。 ●中央給電司令所の役割や働いている人たちの工夫や努力を調べる。 ●学習問題に対する自分の考えをまとめる。	・発電所でつくられ、変電所を通って、コンセントまで届いている。 ・電気は消費量が供給量を上回ってしまうと停電する。 ・日々の点検が大切だ。	資料 図：電気を送る仕組み 資料 グラフ：需要量と供給量（グラフ） 資料 文章：中央給電司令所で働く人の話 ●電気を安定して届けるために、中央給電司令所によって供給量を調整していることをおさえる。

電気は、電力会社の人々の取組によってつくられ、必要な量を安定して届けられるように様々な努力が続けられており、それは地域の人々の健康な生活の維持と向上に役立っている。

まとめる	**これからも電気を使い続けていくために、私たちはどのようなことができるだろう**[3時間] ●様々な発電方法のメリットとデメリットを話し合う。 ●これからも必要な量の電力を確保していくためには、どのような取組をすることができるかを考え、話し合う。 ・電気はわたしたちの生活に欠かせないので、これからも安定して使っていくために、電気を大切に使いたい。	・どの発電方法にも課題がある。 ・無駄な電気を使わないようにしたい。	資料 映像：震災時の計画停電 ●どの発電方法にもメリットとデメリットがあることをおさえる。 資料 写真：自然エネルギーを活かす技 資料 文章・図：電力会社HP ●これからも安定して利用していくために、どのようなことができるか、選択・判断できるようにする。

単元目標

◎電気を供給する事業**について C**、供給の仕組みや経路、県内外の人々の協力などに**着目して V**、見学・調査したり地図などの資料**で調べたりしてまとめ I**、電気の供給のための事業の様子を捉え、位置や他地域とのつながり、時期による違い**を関連付けて考え T**、電気を供給する事業は、安全で安定的に供給できるよう進められていることや、地域の人々の健康な生活の維持と向上に役立っていること**を理解できるようにする K**。

◎電気の供給のための事業について、学習問題を意欲的に追究し、都民としてできること**に協力しようとしている M**。

単元の配慮事項

■電力の供給のための事業は、現在に至るまでに仕組みが計画的に改善され、公衆衛生が向上してきたことに触れること。

■人々の健康や生活環境を支える事業のうち供給については、飲料水、電気、ガスの中から１つを選択して取り上げること。

■節電など自分たちにできることを考えたり、選択・判断したりできるよう配慮すること。

「見方・考え方」を働かせる「深い学び」のポイント

1. 位置や他地域とのつながりや時期による違いに着目して追究できるようにする

つかむ 電気の使えなかった頃と現在の生活を比較する

電気の使えなかった頃と現在の生活を比較し、電気は私たちの生活に欠かせないものであることをおさえることで、「私たちが使っている電気はどこからくるのだろう」「電気はどこでつくられているのだろうか」といった疑問をもち、供給の仕組みや経路に着目して調べるための学習問題を見いだすことができるようにする。

追究する 発電方法や供給の経路を調べる

「電気はどのようにしてつくられているのだろう」「どのようにして届けられているのだろう」という問いをもち、様々な発電方法や供給の経路に着目して調べ、安定的に電気を供給するための仕組みや働く人たちの工夫・努力、他地域との協力の様子を読み取ることができるようにする。

2. 発電方法や供給の経路、生活の変化に応じて安定的に供給することの大切さを関連付けて考えることができるようにする

まとめる 様々な発電方法のメリットとデメリットについて話し合う

「これからも電気を使っていくにはどうしたらよいのだろう」という問いをもち、まずは震災時の計画停電の様子から、電気が供給されないと、私たちの生活に深刻な影響が出ることを読み取ることで、安定して電力を供給することの大切さに気付くことができるようにする。そして、安定して電力を供給できるようにするために様々な発電方法があることと、それぞれの発電方法のメリットとデメリットを話し合うことで、これからの電気の安定的な供給についてどのようにしていくことがよいか、考えることができるようにする。

3. 自分がどのように関わっていったらよいか選択・判断できるようにする

まとめる これからも電気を安定的に利用していくためにという視点から考える

「消費量が供給量を上回ってしまうと停電してしまう」「電気がないと現在の生活水準を維持できない」という事実を基に、『これからも電気を安定的に利用していくために』という視点から考えることでという問いをもつことで、自分たちのこれからの関わり方を選択・判断できるようにする。

「教材化」のヒント

1. 子供の興味・関心を高める調査活動

本単元では、導入の場面において、毎日の生活の中で電気を利用している場面を調査する活動を設定する。

また、１年間の電気の使用量を示すことで、生活の中で膨大な量の電力を消費していることに着目し、大量の電気を「どうやってつくっているのだろう」「どのようにして私たちのもと（コンセント）まで届けられているのだろう」という疑問をもとに、学習問題を設定し、主体的に問題を追究しようとする意欲へとつなげていく。

2. 見方・考え方を働かせるための資料の提示

東日本大震災発生後の計画停電の資料や環境問題の資料を提示し、東日本大震災を契機に発電量が下がったことや、それに伴って生活にも大きな影響があったことを読み取ることで、これから電気を安定的に利用していくことの必要性に気付くことができるようにする。

そして、限りある電力を有効に活用するために、社会の一員として、子供一人一人がどのような取組に協力できるかを話し合うようにする。

第4学年 私たちの生活を支えるガス

内容(2) 全10時間 C案

単元目標の要素	**C**ontents：学習内容	**V**ision：見方（視点）	**I**nvestigation：調べ方（技能）	**T**hought：考え方（思考）
	Knowledge：知識	**M**otivation：主体的に学習に取り組む態度、社会的事象に関わろうとする態度		

指導計画

「深い学び」の学習プロセス

主な学習活動　内容（予想される子供の反応例）／指導の手立て

つかむ

主な問い ガスは、どこで、どれくらい使われているのだろう［2時間］

- 校内にあるガス栓や家庭でガスを使っている場面を調べる。
- 自分たちの住む市や県におけるガスの供給量の変化を調べる。
- 調べて分かったことから、ガスの供給について疑問に思ったことを話し合う。

・ストーブ、ガスコンロ、給湯などに使われている。
・ガスの供給量は増えている。
・ガスは生活に欠かすことができない。
・たくさんのガスは、どこから送られてくるのだろう。
・ガスはどうやって作られているのだろう。

- ガスと私たちの生活のつながりを実感できるようにする。
- **資料** グラフ：千葉県内におけるガスの供給量の変化
- ガスが私たちの生活を支える重要な資源であることをおさえる。
- 校内のガスの配管を探ることで、ガスがどのように供給されているのかについて疑問をもてるようにする。

学習問題：私たちの生活に欠かせないガスは、どこでどのようにしてつくられ、どのようにして送られてくるのだろう

- 学習問題に対する予想を基に学習計画を立てる。

追究する

主な問い ガスは、どのようにつくられ、送られてくるのだろう［6時間］

- 都市ガスやプロパンガスの供給経路を「ガスの旅マップ」にまとめる。
- ガスの供給に関わる施設の役割、働いている人たちの工夫や努力を調べる。
- ガスの輸入やガス輸送導管網を調べ、外国や県内外のつながりを話し合う。
- 災害に備える仕組みや関係機関との協力を調べる。
- 学習問題に対する自分の考えをまとめる。

・都市ガスは、ガス製造工場やガスタンクからガス管を通って送られてくる。
・ガスの製造やガス管の点検などは、交代しながら24時間体制で仕事をしている。
・計画的に仕組みが整えられて使えるようになったため、健康に生活ができている。
・ガスが届くまでに、外国や県外の人とも協力している。
・災害時はガスが自動で止まる。
・災害時の協力体制がある。

- **資料** 児童作品：ガスの旅マップ
- **資料** 文章：ガス会社の人の話
- **資料** 図：液化天然ガスが都市ガスになるまで
- **資料** 年表：ガス利用の歴史年表
- ガス供給の仕組みが計画的に改善され、公衆衛生が向上したことをおさえる。
- **資料** 図：ガス輸送導管網
- **資料** グラフ：液化天然ガスの輸入先
- 液化天然ガスを外国から輸入していることや導管網の整備の様子から、県内外や外国の人々との協力に着目できるようにする。

> ガスは、ガスの製造工場でつくられ、ガス管を通って届けられている。また、ガスを安全で安定的に届けるために、ガス会社では計画的に整備したり、他の県や外国と協力したりしている。その結果、私たちは健康な生活をおくることができている。

まとめる

主な問い これからもガスを使い続けるためには、私たちはどのようにガスを使っていけばよいだろう［2時間］

- ガスの埋蔵量や使用できる年数を調べ、考えたことを話し合う。
- ガスを使用していくために、どのような取組をすることができるか考える。

・ガスの埋蔵量に限界がある。
・ガスを節約して使うなど、大切にしていきたい。
・ガスを含め、資源・エネルギー問題に関心をもちたい。

- **資料** 表：天然ガスの埋蔵量
- **資料** 文章：天然ガスを使用できる年数
- ガスが限りある資源であることをおさえ、自分たちに協力できることを考えたり、選択・判断したりできるようにする。

単元目標

○ガスを供給する事業について **C**、供給の仕組みや経路、県内外の人々や外国との協力などに**着目して** **V**、見学・調査したり地図などの資料**で調べたりしてまとめ** **I**、ガスを供給する事業が果たす様子を捉え、位置や他地域とのつながり、時期による違い**を関連付けて考え** **T**、ガスを供給する事業は、安全で安定的に供給できるように進められていることや、地域の人々の健康な生活の維持と向上に役立っていること**を理解できるようにする** **K**。

○ガスを供給する事業について、学習問題を意欲的に追究し、持続可能な資源確保の取組**に協力しようとしている** **M**。

単元の配慮事項

■ガスの供給のための事業は、現在に至るまでに仕組みが計画的に改善され、公衆衛生が向上してきたことに触れること。
■人々の健康や生活環境を支える事業のうち供給については、飲料水、電気、ガスの中から1つを選択して取り上げること。
■ガスの節約など自分たちにできることを考えたり、選択・判断したりできるよう配慮すること。

「見方・考え方」を働かせる「深い学び」のポイント

1. 位置や他地域とのつながり、事業の仕組みや人々の協力などに着目して追究できるようにする

つかむ ガスが大量に使われていることに気付く

校内のガス栓の位置やガスが使われている場所、県内のガスの供給量の変化などを調べることで、私たちは、いつでも大量のガスを使っていることに気付くようにするとともに、ガスが生活を支える重要な資源であることをおさえることで、「ガスはどこでつくられ、どのように送られてくるのだろう」という疑問をもち、ガスを供給する事業の仕組みや経路に着目できるようにする。

追究する 供給経路や他県や外国との協力体制を調べる

「ガスはどのようにつくられ、送られてくるのだろう」という問いをもち、ガスを供給する経路、ガス会社の施設の役割、働く人の工夫や努力などに着目して調べ、安定的に供給できる状況が整備されていることを読み取ることができるようにする。

また、「どのように協力してガスが送られてくるのだろう」という問いをもち、液化天然ガスの輸入やガス輸送導管網に着目して調べ、外国との関わりや県内外の協力の様子を読み取ることができるようにする。

2. 供給の経路と他県や外国との協力体制を関連付けて考えることができるようにする

追究する ガス供給事業が果たす役割について考える

「ガス会社は、どのような役割を果たしてきたのか」という問いをもち、供給の経路や施設の役割、災害時に自動的にガスが止まる仕組みや関係機関の協力体制などを関連付けることで、安全で安定的に供給できるように努力していることや、ガスが私たちの生活を支え、人々の健康な生活の維持と向上に役立っていることを理解できるようにする。

3. 自分の関わり方を選択・判断できるようにする

まとめる これからどのようにガスを使えばよいか考える

天然ガスの埋蔵量や使用できる年数に着目して調べ、「ガスは有限な資源である」という事実を捉えることができるようにする。その上で、「これからガスをどのように使えばよいのだろう」という問いをもち、今後のガスの使い方について、選択・判断できるようにする。

「教材化」のヒント

1. 子供の興味・関心を高める調査活動

学校や家庭においてガスが配管されていることや、自分たちの住む県内のガス供給量の変化を調べることで、私たちはガスを大量に使って生活していることや、ガスが私たちの生活を支える重要な資源であることを捉えられるようにする。

2. 見方・考え方を働かせるために「ガス利用の歴史年表」や「液化天然ガスの輸入先のグラフ」の提示

ガスの供給事業の変遷を調べる際には、「ガス利用の歴史年表」を提示することで、ガス供給の仕組みが計画的に改善され、その結果、ガスが供給される範囲が広がり、利用する人たちが増えたことで、料理、給湯、冷暖房など生活の中でガスの利用が進み、公衆衛生が向上してきたことを読み取ることができるようにする。

また、天然ガスの海外からの供給経路を調べる際には、「液化天然ガスの輸入先」を提示し、外国や他県とのつながりを読み取ることができるようにする。

3. 子供の思考を促す天然ガスの埋蔵量と天然ガスを使用できる年数の提示

終末で天然ガスの埋蔵量と天然ガスを使用できる年数のグラフなどを提示し、「ガスは限りある資源である」という事実を把握した上で、自分たちにできることを選択・判断できるようにしていく。その際には、エネルギーを持続可能な形で使い続けることの必要性を実感し、自分たちが協力できることを選択・判断できるようにする。

第4学年

内容(2) 全10時間

ごみの処理と再利用

単元目標の要素	**C**ontents：学習内容　**V**ision：見方（視点）　**I**nvestigation：調べ方（技能）　**T**hought：考え方（思考）
	Knowledge：知識　**M**otivation：主体的に学習に取り組む態度、社会的事象に関わろうとする態度

指導計画

主な学習活動 ／ 内容（予想される子供の反応例） ／ 指導の手立て

「深い学び」の学習プロセス

【つかむ】

主な問い：私たちは、ごみをどれくらい出しているのだろう [3時間]

- 学校や家庭で出されるごみの種類や量を調べる。
- ごみが大量に出されている事実に着目し、収集や処理の方法について疑問に思ったことを話し合う。

・家や学校から大量のごみが出されている。
・東京都になるとすごい量だ。
・ごみが収集されないとまちが汚れてしまう。
・たくさんのごみはどこに運ばれるのだろう。

資料 グラフ：学校、家庭におけるごみの量や種類
資料 グラフ：区市町村や東京都のごみの量
● きまりが守られず、ごみが散乱したり、収集されなかったりする様子を提示し、ごみの処理と良好な生活環境の維持に関連があることをおさえる。

学習問題：私たちが住むまちをきれいに保つために、ごみはどのように処理されているのだろう。

● 学習問題に対する予想を基に学習計画を立てる。

【追究する】

主な問い：ごみの収集や処理は、どのように行われているのだろう [5時間]

- ごみ出しのきまりやごみを収集する経路を調べる。
- 清掃工場の仕組みや清掃工場で働く人々の工夫や努力を調べる。
- 不燃ごみや粗大ごみの処理の仕方や埋め立て処分場の仕組みを調べる。
- ごみを処理する事業が果たす役割を考え話し合う。
- 学習問題に対する自分の考えをまとめる。

・ごみの分別の仕方や収集する曜日が決められている。
・近隣の区からもごみが運ばれてくる。
・清掃工場では、周囲の環境に配慮しながら、24時間体制でごみを処理している。
・埋め立て処分場は、あと50年でいっぱいになる。
・ごみとして出された物の中には、資源として再利用できるものがある。
・ごみを処理する人々の協力、処理技術の改善などの努力があり、良好な生活が保たれている。

資料 写真：ごみ収集カレンダー
資料 写真：ごみ収集車の仕組み
資料 映像：清掃工場の様子
資料 文章：清掃工場で働く人の話
資料 写真：不燃ごみ処理センターの様子
資料 写真：リサイクルセンターの様子
資料 写真：埋立処分場の様子

● それぞれの処理機関において、ごみ処理の仕組みが改善され、公衆衛生が向上してきたことをおさえる。
資料 作品：関係図

> ごみを処理する事業は、仕組みを計画的に改善しながら、関係する人々と協力して進められており、地域の人々が気持ちよく生活をすることに役立っている。

【まとめる】

主な問い：ごみの量を減らすために、私たちはどのようなことができるだろう [2時間]

- なぜ、ごみを減らすための工夫や努力を呼びかけているのか話し合う。
- 東京都のごみの量を減らすためには、どのような取組をすることができるかを考える。

・東京都の埋立処分場を少しでも長く使えるように協力しているのだと思う。

・ごみの分別などごみ出しのきまりを守りたい。
・家の人や地域の人にもごみ減量を呼びかけたい。

資料 文章：3Rの取組
資料 グラフ：食品ロス
資料 文章：みんなのメダルプロジェクト
● 社会の一員として、自分たちが協力できるごみの減量方法を選択・判断することができるようにする。

単元目標
○ごみを処理する事業について **C**、ごみの処理の仕組みや経路、県内外の人々の協力などに**着目して** **V**、見学・調査したり地図などの資料で**調べたりして**作品などに**まとめ** **I**、ごみの処理のための事業の様子を捉え、その事業が果たす役割**を関連付けて考え** **T**、ごみを処理する事業は、衛生的な処理や資源の有効利用ができるよう進められていることや、生活環境の維持と向上に役立っていること**を理解できるようにする** **K**。

○ごみを処理する事業について、学習問題を意欲的に追究し、ごみ減量の工夫など、自分たちにできることに**協力しようとしている** **M**。

単元の配慮事項

■ 廃棄物を処理する事業は、現在に至るまでに仕組みが計画的に改善され、公衆衛生が向上してきたことに触れること。
■ 人々の健康や生活環境を支える事業のうち処理については、ごみ、下水のいずれかを選択して取り上げること。
■ 社会生活を営む上で大切な法やきまりについて扱うとともに、ごみの減量など自分たちにできることを考えたり、選択・判断したりできるよう配慮すること。

「見方・考え方」を働かせる「深い学び」のポイント

1. 位置や他地域とのつながりに着目して追究できるようにする

つかむ 大量のごみを出していることに気付く

学校や家庭で出されているごみの量や種類、東京都の1日のごみの量などを調べることで、「大量のごみが収集されないとまちが汚れてしまう。ごみはどこに運ばれるのか」という疑問をもち、処理の仕組みや経路に着目して学習問題をつかむことができるようにする。

追究する 処理の仕組みや再利用、県内外の人々の協力の様子を調べる

「ごみの収集や処理はどのように行われているのだろう」という問いをもち、ごみの収集経路、清掃工場や埋め立て処分場の役割、働く人の工夫や努力、他地域と協力したごみ処理や再利用の様子などに着目して調べ、処理の仕組みが計画的に改善されていることや公衆衛生が向上してきたことを読み取ることができるようにする。

2. 処理の仕組みや再利用、県内外の人々の協力の様子等を関連付けて考えることができるようにする

追究する 事業の果たす役割を考え、話し合う

「清掃工場や埋立処分場は、どのような役割を果たしてきたのか」という問いをもち、その事業が生活とどのように関わっているのか人々の協力に着目して考えることで、衛生的な処理や資源の有効利用ができるように事業が進められていることや、生活環境の維持と向上に役立っていることを理解できるようにする。

3. 自分の関わり方を選択・判断できるようにする

まとめる どのようにごみの処理に関わるか考える

「ごみの量を減らすために、何ができるのか」という視点をもち、自分の関わり方を選択・判断できるようにする。

【例】自分たちの関わり方を選択・判断した子供の反応
・ごみの分別やごみ出しのきまりを守りたい。
・自分たちが生活する地域で気持ちよく生活するために、資源はリサイクルするようにして、ごみの減量に取り組みたい。
・ごみの減量や再利用を家族や地域の人に伝えたい。

「教材化」のヒント

1. 子供の興味・関心を高める体験的な活動

学校のごみ調べでは、用務主事や副校長への取材を通して、ごみの処理への関心を高める。また、ごみの収集や処理に従事する人を授業に招いたり清掃工場や埋立処分場を見学したりすることで、ごみ処理の様子や人々の工夫や努力について追究する意欲を喚起する。

2. 見方・考え方を働かせる「関係図」の作成

ごみの収集経路、清掃工場や埋立処分場の役割、働く人の工夫や努力、他地域と協力したごみ処理や再利用の様子などを調べ、位置や他地域とのつながりの視点から分かったことを「関係図」にまとめていく。併せて、ごみ処理の技術の向上に触れることで、公衆衛生が向上してきたことを理解できるようにする。そして、関係図を基にごみを処理する事業や対策が果たす役割について話し合うことで、生活環境の維持と向上に役立っていることに気付くことができるようにする。

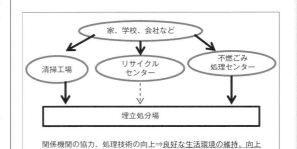

第4学年

内容(3) 全10時間

自然災害から人々を守る活動〜地震〜 [A案]

単元目標の要素
- **C**ontents：学習内容
- **V**ision：見方（視点）
- **I**nvestigation：調べ方（技能）
- **T**hought：考え方（思考）
- **K**nowledge：知識
- **M**otivation：主体的に学習に取り組む態度、社会的事象に関わろうとする態度

指導計画

「深い学び」の学習プロセス

つかむ

主な学習活動	内容（予想される子供の反応例）	指導の手立て
主な問い 東京都ではどのような自然災害が起きているのだろう [2時間] ●都内で発生した様々な自然災害の種類と被害の様子を概観する。 ●都には大地震によって被災した歴史があることから、地震への備えに着目して疑問を出し合う。	・都では地震、洪水、土砂崩れなどの災害が起きていた。 ・地震で都内にこんなに被害が出ていたとは思わなかった。 ・都や各区市町村では、大地震が発生したときのためにどのような準備をしているのだろう。	資料 写真：都内で過去に起きた災害 資料 地図・年表：東京都で起きた主な災害 ●東京都でも地震、洪水、土砂崩れなどの自然災害の被害が繰り返し発生していることをおさえる。 資料 冊子：防災教育補助教材「3・11を忘れない」（東京都教育委員会）

学習問題：大地震の被害から人々を守るために、東京都や八王子市ではどのような取組がされているのだろう。

追究する

●学習問題に対する予想を基に、学習計画を立てる。 **主な問い** 東京都は、どのような震災にあってきたのだろう [2時間] ●都が被災した大地震や被害の状況を調べる。 ●関東大震災からの復興計画について調べる。	・関東大震災の反省から、復興道路・公園が整備された。 ・現在は、どのような対策をしているのだろう。	資料 絵・写真：元禄地震、安政江戸地震、関東大震災、 資料 冊子：防災教育補助教材「3・11を忘れない」（東京都教育委員会） ●大地震に対する備えをしてきた歴史があることをおさえる。
主な問い 東京都や八王子市では、どのような対策をしているのだろう [4時間] ●八王子市の防災マップ、防災倉庫や防災メールについて調べる。 ●八王子市役所防災課の方や地域の方の話を聞く。 ●調べて分かった事実を関係図にまとめる。 ●学習問題に対する自分の考えをまとめる。	・市は、地域と協力して、様々な防災の取組をしている。 ・大地震が起きたら、都とも協力して避難体制を確保する。 ・大きな震災では、自衛隊を要請することができる。	資料 地図：市の防災マップ 資料 写真：地域の防災倉庫 資料 文章：防災課や地域の方の話 資料 写真：地域防災訓練 資料 グラフ：防災メールの登録人数 ●常に必要な備えをしていることや、被害が広範囲にわたる震災では都や国とも連携していることをおさえる。

東京都は、大地震による被害を受けてきた歴史がある。そのため、東京都や八王子市は、日頃から都民や市民に対して防災情報を発信したり、災害発生時に市や都と国が連携して対処したりするなど、想定される災害に対し、様々な備えをしている。

まとめる

主な問い 自然災害に備え、私たちや家族には何ができるのだろう [2時間] ●東京防災のP.122と阪神淡路大震災の円グラフから考えたことを話し合う。 ●自分たちにできることを「防災宣言」として発表する。	・約8割は、地域の人たちにより救助されている。 ・家族会議で避難場所や経路を確認することが大切だ。 ・大地震に備え、地域のハザードマップを確認する。 ・災害避難セットを用意して、いざというときには持って避難できるようにする。	資料 グラフ：阪神・淡路大震災における救助の主体と救助者数 資料 冊子：東京防災（東京都） ●公助には限界があることをおさえる。 ●大地震に備え、自分にできることを考え、選択・判断できるようにする。

[小学校社会科] 学習指導案文例集

<table>
<tr><td>単元
目標</td><td>◎自然災害から人々を守る活動**について C**、過去に発生した東京都の自然災害、関係機関の協力な
どに**着目して V**、聞き取り調査をしたり地図や年表などの資料**で調べたりしてまとめ I**、災害か
ら人々を守る活動を捉え、その働き**と関連付けて考え T**、東京都の関係機関や人々は、自然災害
に対し様々な協力をして対処してきたことや、今後想定される自然災害に対し、様々な備えをして
いること**を理解できるようにする K**。
◎自然災害から人々を守る活動について学習問題を意欲的に追究し、都民としてできること**を実践し
ようとしている M**。</td></tr>
</table>

単元の配慮事項

■ 自然災害については、地震災害、津波災害、風水害、火山災害、雪害などの中から、過去に県内で発生したものを
選択して取り上げること。

■ 関係機関については、県庁や市役所の働きなどを中心に取り上げ、防災情報の発信、避難体制の確保などの働き、
自衛隊など国の機関との関わりを取り上げること。

■ 地域で起こり得る災害を想定し、日頃から必要な備えをするなど、自分たちにできることなどを考えたり、選択・
判断したりできるよう配慮すること。

「見方・考え方」を働かせる「深い学び」のポイント

1. 時間の経過や地理的環境に着目して追究できるようにする

つかむ 年表や地図から、東京都でも自然災害が発生していることに気付く

年表や地図などを基にして、東京都で発生した自然災害と被害の様子を概観することで、都でも大きな自然災害が発生していることや、大地震に被災していることなどに気付くことができるようにする。そして、「大地震発生時には、どこへ避難すればよいのだろう」「大地震に備え、都や区市町村では、どのような対策をしているのだろう」という疑問をもてるようにする。

追究する 東京都で発生した震災の歴史や様子を調べる

「東京都は、どのような震災にあってきたのだろう」という問いをもち、大地震の被害と発生時期に着目して調べ、震災に見舞われるたびに、国や東京都などによって、減災対策が行われてきたことを読み取ることができるようにする。

2. 関係機関の活動や働きを関連付けて考えられるようにする

追究する 八王子市の対策や働きを調べる

「東京都や八王子市では、どのような対策をしているのだろう」という問いをもち、市の防災マップや学校の防災倉庫、市の防災メールや防災課の人たちの働きに着目して調べることで、日頃から自然災害の対策が行われていることや、大地震などの大きな災害が発生したときの対策は、市だけではなく、都や自衛隊などの関係機関と協力し、計画的に行われるようになっていることを読み取ることができるようにする。

3. 地域の一員としての関わりを選択・判断できるようにする

まとめる 「防災宣言」を作成し、発表する

「災害発生時には、公助による救助には限界がある」という事実を把握し、「自分の命は自分で守る」という視点から「大地震に備え、私たちには何ができるのだろう」という問いをもち、自分たちの関わり方を「防災宣言」という形式で選択・判断できるようにする。

「教材化」のヒント

1. 震災の被害状況や写真・図

東京都における震災の発生状況を調べるためには、年表を活用するとともに、年表から読み取った主な震災（本実践では、元禄地震、江戸地震、関東大震災を選択）の発生時期や被害状況を並べて掲示することが有効である。そうすることで、子供が東京都では多くの犠牲者を出した震災に繰り返し見舞われていることや、関東大震災が発生して以来、関東地方では大地震が発生していないことに気付くことができるようにしていく。

2. 子供の思考を促す円グラフと東京防災

阪神淡路大震災において救助された人の約8割は、公助ではなく共助によるものだということが分かる円グラフを提示する。また、東京防災の122ページからは、災害に備えて家族会議を開くことの大切さ、つまり自助の大切さを読み取ることができる。これらの事実を関連付け、災害発生時には公助による救助には限界があるという視点から、自分たちにできることを選択・判断することができるようにしていく。

第4学年

内容(3) 全10時間

自然災害から地域を守る活動 ～風水害～ [B案]

単元目標の要素	**C**ontents：学習内容 **V**ision：見方（視点） **I**nvestigation：調べ方（技能） **T**hought：考え方（思考）
	Knowledge：知識 **M**otivation：主体的に学習に取り組む態度、社会的事象に関わろうとする態度

指導計画

主な学習活動（内容（予想される子供の反応例））／指導の手立て

「深い学び」の学習プロセス

つかむ

 主な問い 東京都では、どのような自然災害が起きているのだろう [2時間]

- 都内で発生した様々な自然災害の種類と被害の様子を概観する。
- 風水害への備えに着目し、疑問を出し合う。

子供の反応例：
- 東京都でも地震、洪水、土砂崩れなどの災害が起きていた。
- こんなに被害が出ているとは思わなかった。
- 洪水が起きたら、どこへ避難すればよいのだろう。

指導の手立て：
- 東京都でも地震、洪水、土砂崩れなどの自然災害の被害が発生していることをおさえる。
- 資料 写真：都内で過去に起きた災害
- 資料 年表：これまでに東京都で起きた主な災害

学習問題：風水害の被害から人々を守るために、東京都や杉並区ではどのような取組がされているのだろう。

- 学習問題に対する予想を基に、学習計画を立てる。

追究する

 主な問い 都内で起きた風水害は、どのように変化してきたのだろう [2時間]

- 東京都を通過した台風の数や大きな風水害の被害があった時期や場所、被害の状況を調べる。

子供の反応例：
- 昔に比べて、洪水の件数が減っているのはなぜだろう。
- 東京都には川や海があり、低地も多いため、風水害が起きやすい。

指導の手立て：
- 資料 グラフ：東京都を通過した台風数
- 資料 写真：カスリーン台風の被害
- 台風の接近数は、大きく変わっていないが、洪水の発生件数が減っていることをおさえる。
- 資料 地図：杉並区ハザードマップ

 主な問い 東京都や杉並区では、どのような対策をしているのだろう [4時間]

- 区役所のホームページから、風水害を防ぐ取組について調べる。
- 杉並区役所の防災課の方の話を聞く。
- 学習問題に対する自分の考えをまとめる。

子供の反応例：
- 水害が起きると、区役所だけではなく都の職員とも協力して、避難体制を確保するんだ。

指導の手立て：
- 資料 文章：杉並区ホームページ
- 資料 写真と文章：区役所防災課の方の話
- 区役所だけでは被害が広範囲にわたる風水害に対応し切れないことをおさえる。

東京都では、台風や大雨による風水害が多く発生しており、災害発生時には、杉並区、東京都、国が連携して対処するようになっている。

まとめる

 主な問い いつ発生するかわからない自然災害に備え、私たちには何ができるのだろう [2時間]

- 杉並区が東京都や国の機関とも連携した備えをしていることの意味について話し合う。
- 自然災害から身を守るために、自分たちにできることを考え関係図にまとめる。

子供の反応例：
- 連携しているのは、災害の被害を少しでも減らしたいからだと思う。

指導の手立て：

【関係図のイメージ】

- 資料 写真：洪水時に救助活動を行う自衛隊
- 今後起きる可能性がある自然災害に対して、地域に住む一員として自分には何ができるのかを選択・判断することができるようにする。

単元	◎自然災害から人々を守る活動について C 、過去に発生した東京都の自然災害、関係機関の協力などに着目して V 、聞き取り調査をしたり地図や年表などの資料で調べたりしてまとめ I 、災害から人々を守る活動を捉え、その働きと関連付けて考え T 、東京都の関係機関や人々は、自然災害に対し様々な協力をして対処してきたことや、今後想定される自然災害に対し、様々な備えをしていることを理解できるようにする K 。
目標	◎自然災害から人々を守る活動について学習問題を意欲的に追究し、地域の一員としてできることに協力しようとしている M 。

単元の配慮事項

■ 自然災害については、地震災害、津波災害、風水害、火山災害、雪害などの中から、過去に県内で発生したものを選択して取り上げること。
■ 関係機関については、県庁や市役所の働きなどを中心に取り上げ、防災情報の発信、避難体制の確保などの働き、自衛隊など国の機関との関わりを取り上げること。
■ 地域で起こり得る災害を想定し、日頃から必要な備えをするなど、自分たちにできることなどを考えたり、選択・判断したりできるよう配慮すること。

「見方・考え方」を働かせる「深い学び」のポイント

1. 時間の経過や地理的環境に着目して追究できるようにする

つかむ 東京都では自然災害が発生していることに気付く

都内で発生した様々な自然災害の種類と被害の様子を概観することで、東京都では大きな自然災害が発生していることや、風水害による被害が多いことなどに気付くことができるようにする。そして、「都内で洪水が起きたときには、どうしていたのだろう」「これから洪水が起きたらどこへ避難すればよいのだろう」という疑問をもてるようにする。

追究する 東京都で風水害が起きた位置を調べる

「風水害は、どのような地域で発生しているのだろう」という問いをもち、発生場所の高さ、海や川からの距離、土地利用の様子などに着目して調べ、風水害がその地域の地理的環境と大きく関わっていることを読み取ることができるようにする。

2. 関係機関の活動や働きを関連付けて考えられるようにする

追究する 杉並区の対策や働きを調べる

「東京都や杉並区では、どのような対策をしているのだろう」という問いをもち、区役所の防災システムや防災課の活動に着目して調べることで、自然災害への対応は、東京都や自衛隊などの関係機関と協力して、計画的に行われていることを読み取ることができるようにする。

3. 地域の一員としての関わりを選択・判断できるようにする

まとめる 今後も風水害の発生が想定されているという視点から考える

杉並区は、東京都や国の機関と連携して風水害に備えていることの意味について話し合うことで、「自然災害への対策や連携が強化されても、風水害が発生する可能性はある」という視点から、「自分にできることは何だろう」という問いをもち、関係機関に任せるだけではなく、地域社会の一員として、自分たちの関わり方を選択・判断できるようにする。

自然災害に備えて非常用品を準備したり、日ごろから地域の人たちと仲よくしたりしようと思います。そのために、地域の行事や避難訓練にも積極的に参加したいです。

「教材化」のヒント

1. 見方・考え方を働かせるハザードマップ

地域の自然環境が風水害とどのように関係しているかを調べるためには、各区市町村が作成しているハザードマップを活用することが有効である。その際、ハザードマップから災害の情報を取り出し、川の近くでは洪水が多いというように、自然災害と地理的環境との関連を考えることができるようにする。

2. 子供の思考を促す関係図の作成

「災害に備えて、自分にできることは何だろう」という問いを解決するには、区や都、国の機関が連携している様子を関係図に整理することが有効である。関係図の中には、「自分」の役割も組み込むことで、地域社会の一員である自分はどのように関わっていくのかを選択・判断することができるようにしていく。

第4学年

内容(4) 全10時間

ずっと大切にしたい平塚の七夕祭り A案

| 単元目標の要素 | **C**ontents：学習内容　**V**ision：見方（視点）　**I**nvestigation：調べ方（技能）　**T**hought：考え方（思考）
Knowledge：知識　**M**otivation：主体的に学習に取り組む態度、社会的事象に関わろうとする態度 |

指導計画

つかむ

主な学習活動 ／ 内容（予想される子供の反応例）

主な問い 神奈川県内には、どのような文化財や年中行事があるのだろう ［2時間］

- 副読本などを使い、県内の文化財や年中行事について調べ、白地図にまとめる。
- 平塚の七夕祭りの写真や来場者数を見て気付いたことを話し合う。

・県内には古い文化財や年中行事として祭りがたくさんある。
・県内で一番人が来るお祭りは、どのようなお祭りなのかな。
・平塚の七夕祭りは、いつからやっているのだろう。

指導の手立て

- 県内には文化財や祭りがたくさん残っていることをおさえる。

　資料　地図：県内の文化財マップ
　資料　グラフ：県内の主な祭りの来場者数

- 祭りの来場者数から、県内で一番来場者数が多い祭りに関心をもたせる。

　資料　写真：七夕祭りの様子

学習問題：多くの人が参加する平塚の七夕祭りは、いつからはじまり、だれがどのようにして続けてきたのだろう。

追究する

「深い学び」の学習プロセス

主な問い 平塚の七夕祭りは、どのような祭りなのだろう ［3時間］

- 平塚の七夕祭りは、どのような祭りで、いつからはじまったのか調べる。
- 調べて分かったことを年表にまとめる。

・戦争で焼けた平塚を元気にしたくて、はじまった。
・昭和26年から始まり、60回以上行われている。

主な問い 平塚の人たちは、60年以上もの間、どのようにして七夕祭りを続けてきたのだろう ［3時間］

- 実行委員の人の話を聞いて、祭りを続ける苦労や努力について調べる。
- 七夕祭りの宣伝活動や祭りに関するイベントの様子を調べる。
- 学習問題に対する自分の考えをまとめる。

・駅ビル開発等によって中止になりそうになったことがあった。
・店や会社の飾りだけではなく、市民飾りや子供飾りも作るようになった。
・昔と変わったところもあるけどやっぱり毎年続けていくことは大切なんだ。

平塚の七夕祭りは、地域の人たちが協力して準備に関わったり、多くの人が楽しめる内容を考えたりして続けられている。七夕祭りは、最初は平塚の復興を目指してはじめられ、今はこれからの発展に対する人々の願いが込められている。

　資料　年表：七夕祭りのあゆみ
　資料　文章：七夕祭りのパンフレット
　資料　映像：七夕祭りの様子
　資料　グラフ：来場者数

- 神奈川県を代表する祭りであるとともに、日本を代表する七夕祭りでもあることをおさえる。

　資料　写真：子供飾り
　資料　文章：実行委員の方の話

- 地域の人が協力して準備をしていることや、子供が飾り作りをしていることから、祭りには様々な人の願いが込められていることをおさえる。
- 60年を超える歴史の中で祭りを続けることが難しくなった年があったことから、祭りを続けようとした当時の人々の思いについて考えるようにする。

まとめる

主な問い 県内の文化財や年中行事に関わる伝統・文化の保存や継承のためにできることは何だろう ［2時間］

- 平塚の七夕祭りを毎年続けてきたことの意味について話し合う。
- 地域の伝統や文化の保存や継承のためにできることを考え、発表する。

・祭りが続いてきたのは、受け継いできた人々の思いや平塚の発展にかける思いが強いからだ。
・自分も昔から続いている地域の祭りに参加し、受け継いでいきたい。

- 自分自身がどのように関わっていくかを考えられるようにする。

単元目標

◎平塚市で行われている七夕祭り**について** **C**、歴史的背景や現在に至る経過、保存や継承のための取組など**に着目して** **V**、見学・調査したり地図などの資料**で調べたりして**、年表など**にまとめ** **I**、祭りの様子を捉え、取組の変遷や人々の生活の様子の特色**を比較・関連付けて考え** **T**、七夕祭りは、地域の人々が受け継いできたことや、地域の発展など人々の様々な願いが込められていること**を理解できるようにする** **K**。

◎平塚市で行われている七夕祭りについて学習問題を意欲的に追究し、地域の伝統や文化の保存や継承に関わって自分たちにできること**に協力しようとしている** **M**。

単元の配慮事項

■ 県内の主な文化財や年中行事が大まかに分かるようにするとともに、それらの中から具体的事例を取り上げること。
■ 地域の伝統や文化の保存や継承に関わって、自分たちにできることなどを考えたり、選択・判断したりできるよう配慮すること。

「見方・考え方」を働かせる「深い学び」のポイント

1. 時期や時間の経過に着目して追究できるようにする

つかむ 県内には文化財や年中行事がたくさん残っていることに気付くようにする

県内の文化財や年中行事の概要を調べ、それぞれの地域には昔から残されているものがあることに気付くようにする。また、県内で行われている祭りの中で、一番来場者数が多い祭りを調べることで、「こんなに人気のある祭りは、いつからはじまったのか」という疑問をもち、主体的に追究できるようにする。

追究する 歴史的背景や現在に至る経過、保存や継承のための取組を調べる

「平塚の七夕祭りは、どのような祭りなのだろう」「平塚の人たちは、60年以上もの間、どのようにして七夕祭りを続けてきたのだろう」という問いをもち、祭りのはじまった経緯、祭りの歴史、祭りを受け継いできた人々の願いや努力などに着目して調べ、年表などにまとめることで、歴史的背景や現在に至る経過、保存や継承のための取組を読み取ることができるようにする。

2. 歴史的背景や現在に至る経過、保存や継承のための取組を関連付けて考えることができるようにする

追究する 平塚の七夕祭りを続けることの意味や、祭りに込められた人々の願いを話し合う

「祭りを続けるためには、どのような苦労や努力があったのだろう」という問いをもち、祭りに関わる様々な人たちの願いに着目して考えることで、そこには豊かな生活や市の発展を願う平塚の人たちの思いが込められていることを理解できるようにする。

3. 自分の関わり方を選択・判断できるようにする

まとめる これからも継続していくために、どのような協力ができるかという視点から考える

約60年前に平塚市の復興という願いがあってはじまった祭りには、受け継いできた人々の誇りや、地域の発展に対する願いが込められており、祭りは今も昔も人々の願いや努力によって支えられていることに変わりはない。そういった祭りを受け継いできた人々の地域に対する思いを理解した上で、自分はどのように関わっていくかを選択・判断できるようにする。

「教材化」のヒント

1. 子供の興味・関心を高める映像や写真資料

本単元では、県内にある文化財や年中行事を教材とするため、子供たちが年中行事への興味・関心をもつことができるようにしていく。そこで、祭りの様子などが分かる映像やパンフレットなどを見せることが有効である。

子供たちが、多くの観光客が祭りに訪れていることや、祭りの雰囲気を知ることは、その祭りに対する興味・関心を高めるとともに、「どのような祭りなのだろう」「どのようにして祭りが続けられてきたのだろう」といった問いを見いだすことにつながっていく。

2. 見方・考え方を働かせる年表の作成

祭りの歴史を年表にまとめていくことで、長い年月の中で様々な人々が関わってきたことや、祭りの内容が変化していることに気付くことができるようにする。そして、祭りの来場者や内容は変化しても、祭りには地域の発展など人々の様々な願いが込められていることや、祭りを続けることが地域にとって大切であるということを子供たちが理解できるようにする。

3. 子供の思考を促す話合い活動

60年以上の歴史の中で、祭りを続けることが難しくなったときがあったという事実を取り上げ、それでも祭りを続けてきたことの意味について話し合いを行う。その際には、祭りをはじめた頃の様子と今の様子や、地域の人たちの思いを比較し、これからの自分の関わり方を選択・判断することができるようにする。

第4学年

内容(4) 全10時間

人々に受け継がれてきた「日本橋」 B案

単元目標の要素	Contents：学習内容　Vision：見方（視点）　Investigation：調べ方（技能）　Thought：考え方（思考） Knowledge：知識　Motivation：主体的に学習に取り組む態度、社会的事象に関わろうとする態度

指導計画

	主な学習活動	内容（予想される子供の反応例）	指導の手立て
つかむ	**主な問い** 東京都には、どのような文化財や祭りがあるのだろう［2時間］ ●都内にある文化財や主な祭りの概要を調べ、白地図にまとめる。 ●日本橋の写真や絵を見て気付いたことを話し合い、発表する。	・東京都には多くの年中行事や文化財がある。 ・日本橋という名前を知っている。 ・日本橋はいつごろつくられたのかな。	●都内の主な文化財や祭りの位置や名称について理解できるようにする。 資料 地図：文化財マップ ●子供にとって身近に感じることができる文化財を教材化し、由来や経緯、人々の取組などを調べるようにする。
追究する	**学習問題：日本橋は、いつ頃つくられ、どのようにして残されてきたのだろう。** ●学習問題に対する予想を基に学習計画を立てる。 **主な問い**「日本橋」は、いつ頃つくられたのだろう［3時間］ ●日本橋の歴史を調べる。 ●保存会の人たちの取組を調べ、学習カードにまとめる。 **主な問い** 日本橋を守るためにどのようなことをしてきたのだろう［3時間］ ●保存・継承の取組を調べ、年表にまとめる。 ●年表や学習カードを基に、保存・継承に関わる人たちの願いについて話し合う。 ●学習問題に対する自分の考えをまとめる。 日本橋は、江戸時代から日本の道路の原点と定められ、今の橋は1911年につくられた。日本橋は、保存会や地域、会社など様々な立場の人たちが保存・継承するために協力してきたので、今も100年前と同じ姿を保つことができている。	・江戸時代には日本橋があった。 ・今の日本橋は、1911年に完成した。 ・戦争で空襲があったときも、壊れずに残っている。 ・地域や企業も協力している。 ・なかなか直す作業ができないからその分しっかり直している。 ・橋の上でイベントをしたり、地域で清掃をしたりして、大切に守っている。 ・守り続けるのは大変だ。	資料 写真・絵：日本橋の過去・現在 資料 文章：保存会の方の話 ●日本橋を保存・継承する取組をしてきた人たちがいることをおさえる。 資料 写真：イベント・清掃活動などの様子 資料 文章：保存のための技術・工法 ●文化財を保存・継承するために、様々な立場の人たちが協力していることをおさえる。 ●年表の先（未来）の部分を示すことで、地域の発展に向けた人々の思いや願いに目を向けることができるようにする。
まとめる	**主な問い** 地域の伝統や文化の保存や継承に関わって、私たちはどのようなことができるのだろう［2時間］ ●文化財を保存・継承していくことの意味を考える。 ●東京都の伝統や文化の保存や継承をしていくために、私たちができることを考え、発表する。	・文化財にはどれも地域の人々の思いや願いが込められていると思う。 ・日本橋を残すことができたのは、受け継いできた人々の思いや地域の発展にかける願いが強いからだと思う。	●地域の伝統や文化の保存・継承の取組に対してどのような協力ができるかという視点から、選択・判断できるようにする。

「深い学び」の学習プロセス

| 単元目標 | ◎都内の文化財や年中行事について C 、歴史的背景や現在に至る経過、保存や継承のための取組などに着目して V 、見学・調査したり地図などの資料で調べたりして、年表などにまとめ I 、都内にある文化財や年中行事の様子を捉え、人々の願いや努力と関連付けて考え T 、都内の文化財や年中行事は、地域の人々が受け継いできたことや、それらには地域の発展など人々の様々な願いが込められていることを理解できるようにする K 。
◎都内の文化財や年中行事について学習問題を意欲的に追究し、地域の伝統や文化の保存や継承に関わって自分たちにできることに協力しようとしている M 。 |

単元の配慮事項

- 県内の主な文化財や年中行事が大まかに分かるようにするとともに、それらの中から具体的事例を取り上げること。
- 地域の伝統や文化の保存や継承に関わって、自分たちにできることなどを考えたり、選択・判断したりできるよう配慮すること。

「見方・考え方」を働かせる「深い学び」のポイント

1. 位置や空間的な広がり、時間の経過に着目して追究できるようにする

つかむ 都内には文化財や年中行事がたくさん残っていることに気付くようにする

文化財マップにより、都内には多くの文化財や年中行事が残っていることに気付くようにする。また、自分たちの地域にとって身近な文化財として、「日本橋」を調べることで、「こんなに立派な橋はいつ頃につくられたのか」という疑問をもち、主体的に追究できるようにする。

追究する 日本橋のあゆみを調べる

「日本橋はいつ頃つくられたのだろう」という問いをもち、これまでの日本橋のあゆみに着目して調べ、今の日本橋はつくられてから100年以上も同じ姿を維持していることから、日本橋の保存や継承のための取組や人々の思いを読み取ることができるようにする。

その際、木造だった江戸時代の橋の様子の絵と、完成当初の写真、現在の写真を並べて示すことで、変化した部分と変化していな

い部分を理解できるようにする。

2. 歴史的背景や保存や継承のための取組を関連付けて考えることができるようにする

追究する 保存・継承に取り組む人たちの願いを考える

「日本橋を守るために、どのようなことをしてきたのだろう」という問いをもち、日本橋を保存・継承する活動に取り組んできた人たちの願いに着目して考えることで、地域の発展を願う気持ちがあることを理解できるようにする。

3. 自分の関わり方を選択・判断できるようにする

まとめる 地域の伝統や文化の保存・継承の取組にどのような協力ができるかという視点から考える

「日本橋は、様々な立場の人たちが保存・継承の活動に取り組んできたため、100年以上も前と同じ姿を保っている」という事実から、人々の地域の発展に対する思いを捉え、「地域の伝統や文化の保存や継承に関わって、私たちはどのような協力ができるのか」という視点から、自分たちの関わり方について選択・判断できるようにする。

「教材化」のヒント

1. 子供の興味・関心を高める「身近な文化財」

本単元では、都内の代表的な文化財の具体例として「日本橋」を教材化した。

日本橋は江戸時代からすでに五街道の起点という交通上の重要な役割を担っていたが、今の日本橋は1911年に完成したもので、100年以上姿を変えず保存・継承されている。保存会の活動も活発。毎年7月の第4日曜日の「日本橋を洗う会」のように、地域に住む多くの人々が保存・継承に携わっている。

このような要素をもった文化財であれば、子供にとって身近に感じることができると考える。文化財を教材化する

【日本橋を洗う会の様子】

場合は、その文化財の保存・継承に地域の人たちが協力しているものを選ぶとよい。

2. 見方・考え方を働かせる「年表づくり」

文化財の保存・継承のあゆみを追究していくと、過去には危機的な状況に陥ったり、大きな転換期となった出来事があったりする場合が多い。日本橋の場合では、「戦争で受けた傷跡をどうするか」という問題や、景観の問題、河川の水質問題などが実際に発生している。

それらの出来事について、年表にまとめることで、過去から現在に至る出来事を理解した上で、年表の先の部分に焦点を当て、「これからは」という視点をもって、自分たちに協力できることを考えられるようにしたい。

第4学年 天然痘に立ち向かった伊東玄朴　A案

内容(4)　全10時間

単元目標の要素	**C**ontents：学習内容　**V**ision：見方（視点）　**I**nvestigation：調べ方（技能）　**T**hought：考え方（思考） **K**nowledge：知識　　**M**otivation：主体的に学習に取り組む態度、社会的事象に関わろうとする態度

指導計画

	主な学習活動	内容（予想される子供の反応例）	指導の手立て
つかむ	**主な問い** 当時の人々にとって、天然痘はどのような病気だったのだろう［2時間］ ●天然痘が流行した時期や被害の状況、当時の人たちの思いを調べる。 ●天然痘に立ち向かった伊東玄朴の思いに着目し、疑問に思ったことを話し合う。	・何度も流行して、たくさんの人々が亡くなっている。 ・天然痘を治すことはできないのだろうか。 ・伊東玄朴は、天然痘から人々を救うために、どのようなことをしたのだろう。	資料　写真：浅草寺大草履、御守り 資料　年表：天然痘の流行 ●天然痘が昔から何度も流行して、人々を苦しめてきたことをおさえる。 資料　漫画：陽だまりの樹（手塚治虫） 資料　写真：伊東玄朴 資料　文章：種痘への取組 ●出島から種痘が伝わり、広めようと努力した人々の存在をおさえる。
追究する	**学習問題**：伊東玄朴たち医者は、天然痘から人々を救うためにどのようなことをしたのだろう。		
	●学習問題に対する予想を基に学習計画を立てる。 **主な問い** 医者たちは、人々を救うために、どのような苦労があったのだろう［2時間］ ●地図資料から、笠原白翁や緒方洪庵の取組を調べ、年表にまとめる。 ●種痘が、なかなか広がらなかったことを調べる。	・笠原白翁などが、種痘という方法を行い、大変な苦労をして、大阪や福井にも広めた。 ・新しい方法のため、なかなか広がらなかった。	資料　写真：笠原白翁、緒方洪庵 資料　地図：種痘への取組 資料　文章：広める努力と苦労 ●大変な苦労して広めようとした医師たちの思いや苦労をおさえる。 ●新しい方法のため、なかなか広まらなかったことをおさえる。
	主な問い 伊東玄朴たちは、江戸でどのような活動をしたのだろう［4時間］ ●種痘所設立のための努力について調べる。 ●伊東玄朴と種痘所の働きについて調べ、年表にまとめる。 ●明治の天然痘の大流行と政府の対応について年表にまとめる。	・玄朴は江戸でも種痘所設立のために大変な苦労をした。 ・伊東玄朴たちが広めた種痘は明治になって、やっと義務化になった。	資料　写真：種痘所跡・解説文 資料　漫画：陽だまりの樹（手塚治虫） 資料　写真：チラシ・種痘呼びかけ ●種痘所設立のために伊東玄朴など医者が苦労したこと、種痘所が医学発展の中心になっていったことをつかませる。 資料　年表：天然痘流行年表—明治以降
まとめる	**主な問い** 伊東玄朴たちの働きによって、社会や人々の生活はどのように変わったのだろう［2時間］ ●年表をもとに、伊東玄朴たちの働きについて話し合う。 ●学習問題に対する自分の考えをまとめる。	・年表から、長い間人々が天然痘で苦しんできたことが分かる。 ・種痘が、天然痘の根絶宣言が出た昭和まで行われていたなんてすごいことだ。	資料　グラフ：天然痘患者数の変化 資料　年表：天然痘流行年表—明治以降 ●作成してきた年表を基に、伊東玄朴たちの働きと社会や人々の生活の変化、発展と関連付けて考える。 ●種痘が昭和まで行われていたことを伝え、伊東玄朴たちの働きが今につながっていることを考える。

長い間人々を苦しめてきた天然痘に立ち向かった伊東玄朴たち医者の働きが、たくさんの人々の命を救うことにつながった。また、設立した種痘所がその後の医学発展の中心となって今につながっている。

「深い学び」の学習プロセス

単元目標

◎天然痘に立ち向かった伊東玄朴の働き**について C**、当時の世の中の課題や人々の願いなど**に着目して V**、見学・調査したり地図などの資料**で調べたりして**、年表など**にまとめ I**、地域の発展に尽くした先人の具体的事例を捉え、先人の働きと地域の発展や人々の生活の向上**を関連付けて考え T**、年表などにまとめたことを基に話し合うことを通して、地域の発展に尽くした先人は様々な苦心や努力により当時の生活の向上に貢献したこと**を理解できるようにする K**。

◎天然痘に立ち向かった伊東玄朴の働きについて、学習問題を意欲的に追究し、地域のよりよい発展**を考えようとしている M**。

単元の配慮事項

■地域の発展に尽くした先人については、開発、教育、医療、文化、産業などの地域の発展に尽くした先人の中から一つを選択して取り上げること。

■医療における先人の働きについては、新しい医療技術等を開発したり病院を設立したりして医学の進歩に貢献した人を取り上げ、地域の発展に尽くした先人は、様々な苦心や努力により当時の生活の向上に貢献したことを考えることができるように配慮すること。

「見方・考え方」を働かせる「深い学び」のポイント

1. 天然痘と人々の長い戦いの歴史に着目して追究できるようにする

つかむ 昔からの課題であった「天然痘」を捉える

年表や資料から「当時の人々にとって、天然痘はどのような病気だったのだろう」という問いをもち、天然痘克服の長年の人々の願いとそれに立ち向かった人々の働きに焦点化して調べることができるようにする。

追究する 年表、漫画等の資料で先人の苦心を調べる

「天然痘から人々を救うためにどのような苦労があったのだろう」という問いをもち、種痘広がりの地図、取組年表、漫画資料等の様々な資料を活用して先人の苦心を具体的に読み取ることができるようにする。

追究する 種痘所の変遷を通して医学の進歩を捉える

「種痘所は、その後どうなったのだろう」という問いをもち、写真や年表などの資料を活用して調べ、種痘所が日本の医学の進歩にとって中心的な役割を担っていったことを捉えることができるようにする。

2. 先人の働きと生活の向上を関連付けて考えることができるようにする

追究する 天然痘の流行と医師たちの働きを関連付ける

「医師たちは、どのように天然痘に立ち向かったのだろう」という問いをもち、医師たちが種痘という取組を全国展開したことに着目して調べ、医師のネットワークによって、天然痘から人々を救ったことに気付くことができるようにする。

まとめる 先人の働きと医療の進歩を関連付ける

「その後、種痘は広まったのだろうか」という問いをもち、年表を活用して、その後の天然痘の流行や種痘によって天然痘が根絶したことを関連付けることで、長く脅威であった天然痘撲滅に関与した先人の働きを捉えることができるようにする。また、昭和まで種痘が行われていた事実から、今にまで続いた働きの偉大さに気付くことができるようにする。

「教材化」のヒント

1. 子供の興味・関心を高める漫画資料

本単元では、先人の苦心や努力を具体的に捉えていくことが大切であるため、子供が興味・関心をもって当時の様子や先人の苦心や努力を読み取ることができるよう、漫画資料を活用している。「陽だまりの樹」（手塚治虫 作）は映像化もされているため、映像を活用することも、子供の興味・関心を高めるのに効果的である。

2. 見方・考え方を働かせる年表

本実践では、例えば、「天然痘流行年表」からは、天然痘が昔から人々の脅威として存在し続け、世の中の大きな課題だったことを読み取っていく。また、江戸期の「天然痘との戦いの年表」からは、人々の苦心や努力の姿をつかみ、「明治以降の年表」では、先人の働きが時を経て実を結び、天然痘の根絶につながっていったことを捉えていく。年表を活用して話し合うことで、昔から今につながる人々の願いと取組の歴史、先人の働きの偉大さを捉えられるようにすることが大切である。

【天然痘流行年表～明治以降～】	
1885～1887年	大流行 死者32000人
1885年	種痘規則制定
	1歳未満、5歳から7歳の間に
	合計3回の実地義務づけ
1892～1894年	大流行 死者24000人
1896～1897年	大流行 死者16000人
1946年	大流行 患者発生数18000人
	死者3000人
1956年以降	天然痘患者発生ゼロ
1977年	法律による義務接種廃止

第4学年 伊奈忠治と葛西用水の開発

内容(4) 全10時間　B案

単元目標の要素	**C**ontents：学習内容	**V**ision：見方（視点）	**I**nvestigation：調べ方（技能）	**T**hought：考え方（思考）
	Knowledge：知識	**M**otivation：主体的に学習に取り組む態度、社会的事象に関わろうとする態度		

指導計画

つかむ

主な学習活動　内容（予想される子供の反応例）	指導の手立て
主な問い 葛西用水（逆川）は、どこを流れているのだろう［2時間］ ●昔と今の葛西用水の流れている位置や周りの川の様子を比べ、疑問に思ったことを話し合う。 ・川と川が交差している。 ・どうして川の流れがこんなに変わったのだろう。 ・伊奈忠治という人が開発した。こんなに長い用水をどうやってつくったのだろう。 ●誰が葛西用水の開発を行ったのか調べる。	資料　写真・地図：葛西用水 資料　写真：伏せ越し ●伏せ越しの仕組み、葛西用水の流れ、周りの川の様子に着目し、地形が変わっている土地があることをおさえる。 資料　写真：伊奈氏

学習問題：伊奈忠治は、どのようにして葛西用水をつくったのだろう。

追究する　「深い学び」の学習プロセス

●学習問題に対する予想を基に学習計画を立てる。

主な問い いつ、葛西用水をつくったのだろう［3時間］ ●当時の人々の生活の様子や願いについて調べる。 ・水をいつでも使いたいな。 ・米がたくさんとれるといいな。 ●葛西用水（伏せ越し）の工事の様子や、葛西用水の仕組みについて調べる。 ・川の流れが変わった。 ・水面の高さを変えて川の流れが止まらないようにした。	資料　児童作品：学習計画表 資料　年表：伊奈氏と葛西用水の歴史 資料　写真・図：工事の様子や道具 資料　文章：当時の人々の話 ●水の安定供給や米をつくることが難しかったことをおさえる。 ●川の流れの変化に気付くことができるようにする。
主な問い 葛西用水が完成して、地域の人々のくらしはどのように変わったのだろう［3時間］ ●葛西用水が完成するまでの期間や用水が完成した後の人々の生活の変化の様子を調べる。 ・用水ができて、沼地が減り、新しい水田ができた。 ・米が多くとれるようになり、水不足が解消された。 ●地域の人々のくらしはどのように変わったのか話し合う。 ・葛西用水が完成し、田畑に水を使えるようになった。 ・米や麦がとれるようになり、生活が豊かになった。	資料　年表：葛西用水ができるまで ●完成まで100年以上かかったこと、洪水の被害が減ったこと、田畑が増えていったことなどをおさえる。 ●新田を開発することで、米だけでなく、裏作の麦も収穫できるようになったことをおさえる。 資料　地図：用水ができる前と後の地図 資料　グラフ：とれる米の量の変化

まとめる

主な問い 伊奈氏や葛西用水は、この地域にとってどのような存在になっているのだろう［2時間］ ●学習問題に対する自分の考えをまとめる。 伊奈氏は、地域の人々の願いを実現するために、葛西用水の工事をはじめた。100年以上の時間がかかって完成した。葛西用水の完成により、この地域では米の収穫が増え、人々の生活は用水完成前に比べて豊かになった。 ●伊奈氏に手紙を書く。 ・伊奈氏が開発をしたことは、この地域が発展する大きな要因となった。葛西用水は、今も田や畑の水として使われている。	●先人の働きによって地域の生活が向上し、地域の発展に大きな影響があったことを表現できるようにする。

［小学校社会科］学習指導案文例集

| 単元目標 | ◎地域の発展に尽くした先人について**C**、当時の世の中の課題や人々の願いなどに**着目して****V**、見学・調査したり、地図や地域の発展に尽くした先人の具体的資料などで**調べたりして**、年表や先人への手紙などに**まとめ****I**、地域の発展に尽くした先人の具体的事例を捉え、先人の働き**を関連付けて考え****T**、地域の発展に尽くした先人は、様々な苦心や努力により当時の生活の向上に貢献したこと**を理解できるようにする****K**。
◎地域の発展に尽くした先人の働きについて学習問題を意欲的に追究し、様々な苦心や努力により当時の生活の向上に貢献したこと**を考えようとしている****M**。 |

単元の配慮事項

■ 地域の発展に尽くした先人については、開発、教育、医療、文化、産業などの地域の発展に尽くした先人の中から一つを選択して取り上げること。
■ 開発における先人の働きについては、先人が用いた道具や技術に見られる工夫、実際の取組の様子、当時の社会に与えた影響などを調べる活動を取り入れるようにすること。

「見方・考え方」を働かせる「深い学び」のポイント

1. 位置や地形、当時の課題や人々の願いに着目して追究できるようにする

つかむ 川の流れが変わっていることに気付く

写真や地図から、川が交差している伏せ越しの様子、川の位置などを調べることで、川の流れが変わっていることに気付けるようにする。そして、伊奈忠治が川の流れを変えるほどの開発をしたことに着目し、「どのように」「なぜ」という疑問をもち、「伊奈忠治はどのようにして葛西用水をつくったのだろう」という学習問題を立てることができるようにする。

追究する 葛西用水がなかった頃の様子を調べる

「いつ、葛西用水をつくったのだろう」という問いをもち、葛西用水ができる前は、沼地が多かった、水の争いが起こっていた、水不足だったことなどを調べ、当時の時代背景や人々の願いを読み取ることができるようにする。

また、伏せ越しの仕組みや作り方を調べることで、地形など自然条件の課題を克服しようとした、先人の様々な苦心や努力を読み取ることができるようにする。

2. 先人の働きと生活の変化の様子を関連付けて考えることができるようにする

追究する 葛西用水が完成したことによる生活の変化の様子を調べる

「葛西用水が完成して、地域の人々のくらしはどのように変わったのだろう」という問いをもち、用水が完成したことによって、洪水による被害が減ったこと、新田が増えたこと、新田が開発されたと同時に裏作で麦が栽培されるようになったことなどを調べることで、人々は安定した収穫が得られるようになり、生活が豊かになったことを読み取ることができるようにする。

まとめる 伊奈氏が行った開発は、地域の発展にどのような影響があったのか考える

「伊奈氏や葛西用水は、この地域にとってどのような存在になっているのだろう」という問いをもち、先人の働きについて調べて分かったことを関連付けて考えることで、様々な苦心や努力により当時の生活の向上が図られたことや、現在の生活にも影響を与えるほど、地域の発展に大きく貢献していることを理解できるようにする。

「教材化」のヒント

1. 子供の興味・関心を高める航空写真や地図の提示

本単元では、葛西用水には川が交差している場所があることを取り上げ、その地形や川の流れの不思議さに気付くことで、「どうしてだろう」「どうなっているのだろう」という疑問をもてるようにする。そのために、川が川をくぐっていることが分かる航空写真や地図を提示することで、子供たちの葛西用水への関心を高めていく。そして、

【伏せ越し】

このような開発を行ったのが伊奈忠治という人物であることをおさえ、葛西用水の開発を行った伊奈忠治に対する子供たちの疑問を大切にしながら「学習問題」を設定することで、主体的に問題を追究しようとする意欲をもてるようにする。

2. 見方・考え方を働かせる年表や資料の活用

川の流れや変化、伊奈氏の業績、用水完成前後の土地利用についての資料から読み取ったことを基に、葛西用水の開発が地域の生活にどのような影響を与えたかについて話し合いをすることで、当時の生活の向上に貢献したことに気付くことができるようにする。

第4学年 伝統的な技術を生かした江戸切子づくりが盛んな江東区

内容(5) 全10時間

単元目標の要素	
Contents：学習内容	**V**ision：見方（視点）	**I**nvestigation：調べ方（技能）	**T**hought：考え方（思考）
Knowledge：知識	**M**otivation：主体的に学習に取り組む態度、社会的事象に関わろうとする態度

指導計画

主な学習活動 ／ 内容（予想される子供の反応例） ／ 指導の手立て

【つかむ】

 主な問い 東京都には、古くから受け継がれている工芸品がどれくらいあるのだろう［2時間］

- 東京都の伝統工芸品やそれらを作ることが盛んな地域を調べる。
  - 江戸切子や東京染小紋などの伝統工芸品は40品目ある。
  - 物産展が開かれるほど人気がある。
- 江戸切子が盛んに作られている江東区に着目し、疑問に思ったことを話し合う。
  - 江戸切子は美しい。どうやって作っているのだろう。
  - なぜ江東区で盛んに作られているのだろう。

資料 写真：伝統工芸品の物産展の様子
資料 グラフ：物産展の来客数
資料 写真：江戸切子の模様
- 東京を代表する伝統工芸品であることなどから、江戸切子に関心をもてるようにする。

学習問題：江東区では、いつから、どのようにして江戸切子が作られ、受け継がれてきたのだろう。

- 学習問題に対する予想を基に学習計画を立てる。

【追究する】「深い学び」の学習プロセス

 主な問い 江戸切子は、いつから江東区で作られているのだろう［2時間］

- 今と昔の江東区の地図を比べ、気付いたことを話し合うことを通して江戸切子づくりの歴史を調べる。
  - 江戸時代に作られはじめた。
  - 材料が運河を利用して運ばれていたことから江東区で盛んになった。

資料 写真：江戸時代の江戸切子の広告
資料 年表：江戸切子のあゆみ
資料 地図：現在と江戸時代の江東区
- 江東区は、江戸や東京の生活を支える商工業地域として発展する中で多くの職人が生まれたことをおさえる。

主な問い 江戸切子は、どのようにして作られているのだろう［2時間］

- 江戸切子の作り方を調べ、熟練の技術や道具、職人の願いについてまとめる。
  - 江戸切子は、多彩な文様が特徴で、それらはグラインダーを使い手作業で刻み込まれている。

資料 写真：製作工程やその道具
資料 文章：職人の思い
- ものづくりを受け継いできた職人の思いについておさえる。

主な問い 江戸切子は、どのようにして続けられてきたのだろう［4時間］

- 工房の数や職人の数の変化を調べる。
  - 工房の数は減っている。
  - 江戸切子の職人は100名。

資料 グラフ：工房数の変化
資料 文章：高齢化などの課題
資料 文章：区の行事（江東産業まつり）
- 江東区では、江戸切子などの伝統的なものづくりが盛んなことをおさえる。

資料 文章：江東区文化財保護条例

【まとめる】

- 江東区産業まつりの様子を調べ、江東区のものづくりの特色について話し合う。
  - 江東区産業まつりには、江戸切子や様々な職人が参加している。
  - 江東区にはたくさんの伝統工芸が残っており、それが江東区の特色となっている。
- 学習問題に対する自分の考えをまとめる。

- 江戸切子を代表とする伝統的なものづくりが盛んに行われていることは、江東区の特色であることを理解できるようにする。

> 江戸切子は江戸時代からはじまり、今もその技術が受け継がれている。職人はより魅力あるデザインを考え、多くの人に興味をもってもらおうとしている。江東区には、こうした伝統工芸品がたくさんあり、伝統的なものづくりが盛んなことは、区の特色となっている。

| 単元目標 | ◎伝統的な技術を生かした江戸切子づくりが盛んな江東区について**C**、人々の活動や産業の歴史的背景、人々の協力関係など**に着目して V**、地図帳や各種の資料**で調べて**年表など**にまとめ I**、地場産業が盛んな江東区の様子を捉え、特色ある地域の位置や自然環境、人々の活動や産業の歴史的背景、人々の協力関係**を関連付けて考え表現することを通して T**、江東区では、人々が協力し、特色あるまちづくりや観光などの産業の発展に努めていること**を理解できるようにする K**。
○伝統的な技術を生かした地場産業が盛んな江東区について、学習問題を意欲的に追究し、県内の特色ある地域のまちづくりや観光などの産業の発展について**考えようとしている M**。|

単元の配慮事項

- 県内の特色ある地域の様子として、地域の資源を保護・活用している地域を学習する際には、自然環境、伝統的な文化のいずれかを選択して取り上げること。
- 単元のまとめでは、伝統的な技術を生かした地場産業が盛んな地域や、地域の資源を保護・活用している地域等、他の単元の学習と合わせて、県内の特色ある地域の様子について大まかに分かるようにすること。

「見方・考え方」を働かせる「深い学び」のポイント

1. 産業の歴史的背景、人々の願いに着目して追究できるようにする

つかむ 東京都の伝統工芸品を調べ、江戸切子に関心をもてるようにする

江戸切子の実物や写真を見せたり、東京を代表する伝統工芸品であることを伝えたりすることで関心をもてるようにし、「江戸切子はどうやって作っているのだろう」「なぜ江東区で盛んに作られているのかな」という疑問をもち、東京都には、東京の風土と歴史によって磨かれ、時代を超えて受け継がれた伝統的な技術・技法により作られている伝統工芸品があることを追究できるようにする。

追究する 江戸切子作りのあゆみを調べる

「江戸切子は、いつから江東区で作られているのだろう」という問いをもち、江戸時代の江戸切子の広告、江戸時代の江東区の地図等を調べ、江戸切子が江東区で作られるようになった歴史的背景を読み取ることができるようにする。

2. 人々の活動や産業の歴史的背景、人々の協力関係を関連付けて考えることができるようにする

まとめる 江東区のものづくりの特色について話し合う

「江戸切子は、どのようにして続けられてきたのだろう」という問いをもち、江東区と生産者が連携して江東産業まつり等を行っていることや、江東区文化財保護条例を制定していることに着目して江東区のものづくりの特色を話し合うことで、江東区では伝統的な技術を生かしたものづくりを保護しており、その結果、江戸切子などの伝統的なものづくりが盛んになっていることを理解できるようにする。

「教材化」のヒント

1. 子供の興味・関心を高める具体物やインタビュー資料の提示

江戸切子の芸術的な美しさを感じ、興味・関心を高めるためには、写真や実物を提示することが効果的である。その感動が大きければ大きいほど、子供たちは江戸切子について詳しく調べたいという主体的に追究することにつながっていく。

さらに、グラインダーを使って、手作業でカッティングをしていくなどの職人の熟練の技に触れることを通して、職人の工夫や努力、人々の活動にも関心をもつようになると考える。

【江戸切子】

【製作工程】
出典 「江戸切子 小林」にて執筆者撮影

2. 見方・考え方を働かせるための地図の提示

現在の地図と工場が作られはじめた頃の地図など提示することで、江戸切子作りがはじまった歴史的な背景に着目できるようにする。

○当時は、江戸切子の原材料等が、荒川や江東区の周りに張り巡らされていた水路を使って運ばれていた。
○関連する工房がその周りに作られていった。

これらの情報を基にして、この地域(江東区)では多くの職人が生まれ、江戸(東京)の生活を支える商工業地域として発展していったということ考えることができるよう、子供の発言を整理していく。

【現在の地図】　【当時の地図】
出典 (一財)日本地図センター作成『東京時層地図for iPad』

第4学年

内容(5) 全10時間

自然環境を生かし、守り続ける箱根町 [A案]

単元目標の要素
- **C**ontents：学習内容
- **V**ision：見方（視点）
- **I**nvestigation：調べ方（技能）
- **T**hought：考え方（思考）
- **K**nowledge：知識
- **M**otivation：主体的に学習に取り組む態度、社会的事象に関わろうとする態度

指導計画

「深い学び」の学習プロセス：つかむ → 追究する → まとめる

主な学習活動	内容（予想される子供の反応例）	指導の手立て

主な問い：県西部にある箱根町はどのようなところだろう [2時間]

- 航空写真や地図をもとに、県全体を概観し、自然環境や土地利用の違いについて調べる。
- 調べて分かったことから、箱根町の様子について疑問に思ったことを話し合う。

- 県西部は、私たちが暮らす東部と比べて緑が多い。
- 箱根町のある地域は、国立公園になっている。
- 自然豊かな箱根町では、どのような取組をしているのだろう。
- 「環境先進観光地」とは、どのような地域だろう。何を目指しているのだろう。

資料 地図・航空写真：神奈川県全体
- 自分たちの暮らす横浜市と比べながら、県内の特色ある地域の位置や自然環境の様子をおさえる。

資料 グラフ：国立公園の利用者数
- 富士箱根伊豆国立公園は、国立公園の中で日本一の利用者数があることをおさえ、地域の特色やまちづくりの様子への関心を高める。

学習問題：「環境先進観光地」である箱根町では、どのようなまちづくりをしようとしているのだろう。

- 学習問題に対する予想を基に学習計画を立てる。

主な問い：箱根町は、どのように変わってきたのだろう [3時間]

- 箱根町の土地利用の変化の様子や人々の暮らしとの関係性を調べる。
- 昭和30年代を中心とした大規模な開発の意味について話し合う。

- 昔から有名な観光地だった。
- 戦後、箱根町にたくさんのゴルフ場や宿泊施設がつくられ、まちの様子が大きく変化した。
- 豊かな自然が減ることを箱根町の人はどう思っていたのだろう。

資料 文章：箱根町HP、箱根町長の話
- 「環境先進観光地」としてどのようなまちづくりに取り組んできたのかを追究する計画を立てる。

資料 年表・写真：箱根町の変遷
- 年表を作成して提示し、暮らしや自然環境の変化に気付けるようにする。

資料 写真：箱根町の開発期の画像

資料 写真・地図：電気自動車普及促進事業と設置場所

普及する電気自動車（出典：箱根町HPより）

主な問い：箱根町は、どのように自然環境を回復させたのだろう [5時間]

- 「環境先進観光地」の取組の様子を調べ、移動手段のエコ化、自然資源の保全、自然資源活用型観光の推進などの視点から関係図にまとめる。
- 関係図を基に、箱根町のまちづくりの特色について話し合う。
- 学習問題に対する自分の考えをまとめる。

- 環境に優しい電気自動車の普及に取り組んでいる。
- 仙石原すすき草原や箱根旧街道杉並木などの自然を資源として保全している。
- 箱根ジオパークなどの取組は初めて知った。
- 新しい物をつくって人を集めるのではなく、豊かな自然を守りながらまちづくりを進めている。
- 神奈川県にある箱根町は、「環境先進観光地」を目指し、豊かな自然環境を守るとともに、その大切さを後世に伝えていくことを大きな魅力と考え、国際観光地としてさらに発展しようとしている。

資料 写真：仙石原すすき草原、箱根旧街道杉並木

資料 文章：保存に取り組む人々の話

資料 文章・図：箱根町ジオパーク推進事業資料

- 自然環境の保護・活用の在り方が変化してきていることをおさえる。
- 単元の最後に、県内の特色ある地域をまとめた白地図に位置付けるようにする。

| 単元目標 | ◎地域の自然環境を保護・活用している箱根町について C 、地理的な位置や自然環境、人々の活動や産業の歴史的背景、人々の協力関係などに着目して V 、地図帳や各種の資料で調べ、白地図などにまとめ I 、自然環境の資源の保護・活用を行う箱根町の様子を捉え、取組の変遷や人々の生活の様子の特色を比較・関連付けて考え表現することを通して T 、箱根町では、人々が協力して特色あるまちづくりや観光などの産業の発展に努めていることを理解できるようにする K 。
◎地域の自然環境を保護・活用している箱根町について、学習問題を意欲的に追究し、県内の特色ある地域のまちづくりや観光などの産業の発展について考えようとしている M 。 |

単元の配慮事項

■ 県内の特色ある地域の様子として、地域の資源を保護・活用している地域を学習する際には、自然環境、伝統的な文化のいずれかを選択して取り上げること。

■ 単元のまとめでは、伝統的な技術を生かした地場産業が盛んな地域や国際交流に取り組んでいる地域等、他の単元の学習と併せて、県内の特色ある地域の様子について大まかに分かるようにすること。

「見方・考え方」を働かせる「深い学び」のポイント

1. 位置や空間的な広がり、時間や年代の変化に着目して追究できるようにする

つかむ 県全体を概観し、自分たちが暮らす地域との違いに気付くようにする

第3学年の「身近な地域や市区町村の様子」の学習経験を生かし、県内における位置、地形や土地利用等の視点から自分たちの暮らす地域との違いに気付くことで、「どのようなまちづくりをしようとしているのだろう」という問いをもてるようにする。

追究する 箱根町のまちづくりのあゆみを調べる

「箱根町はどのようなまちづくりをしてきたのだろう」という問いをもち、開発前、開発期、現在の箱根町の地図や土地利用図、写真等を比較し、開発の様子や人々の暮らしの変化に着目して調べ、箱根町のまちづくりの課題や環境保全に関する取組の意味や役割を読み取ることができるようにする。

2. 様々な立場の人々の関わりに着目して追究できるようにする

追究する 自然環境の保護・活用に取り組む人々の様子を調べる

「箱根町は、どのようにして自然環境を回復させたのだろう」という問いをもち、自然環境の保護・活用の取組に関わる人々の様子に着目して調べ、互いに調整し合いながら組織的・計画的にまちづくりが進められていることを読み取ることができるようにする。

3. 取組の変遷や人々の生活の様子の特色を、比較・関連付けて考えることができるようにする

まとめる 箱根町のまちづくりの特色について考える

「箱根町のまちづくりにはどのような特色があるのだろう」という問いをもち、開発前後の湖の透明度の変化や森林の様子、開発後のホテルやゴルフ場に多くの観光客が訪れている様子、「環境先進観光地」の取組の様子などを比較・関連付けし、時代的な背景の変化や、箱根町や住民の取組に対する葛藤などを読み取ることができるようにしていく。そして、箱根町の自然環境の保護・活用の在り方が変化してきていることを捉え、今後の箱根町のまちづくりの在り方について考える契機にする。

「教材化」のヒント

1. 子供の興味・関心を高めるグラフや時代ごとの変遷が分かる地図や航空写真の提示

箱根町周辺の国立公園の利用者数が日本一多いことが分かるグラフを提示することで、子供たちの調査活動への意欲を高めていく。

また、この単元では、現地へ見学に行くことが難しい場合も想定されることから、地形や自然環境などの特色がよく分かる地図や航空写真の準備が重要になってくる。特に、定点を設けて作成された年代ごとの地図や土地利用図、写真等は、まちの変化の様子を理解するのに有効である。

2. 見方・考え方を働かせる「開発の様子を示す年表」や「開発後の画像」の提示

箱根町のまちづくりにおいては、時代背景や国の要請による土地開発が行われたため、環境保全が優先されなかった時期があった。このことは、箱根町のまちづくりの特色の理解につながる大きなポイントである。そこで、開発の様子を示す年表や開発後の画像等を提示して当時の様子を把握する。そして、箱根町の環境保全の在り方について、様々な立場の人々の関わりに着目して考える自分の見方・考え方を働かせて意見を述べたり、逆に友達の意見を聞いて考え直したりするなど、子供の思考を促す話合い活動につなげていく。

歴史的な町並みを守り、生かしているまち　香取市佐原

第4学年　内容(5)　全10時間　B案

単元目標の要素
- **C**ontents：学習内容
- **V**ision：見方（視点）
- **I**nvestigation：調べ方（技能）
- **T**hought：考え方（思考）
- **K**nowledge：知識
- **M**otivation：主体的に学習に取り組む態度、社会的事象に関わろうとする態度

指導計画

「深い学び」の学習プロセス

主な学習活動／内容（予想される子供の反応例）／指導の手立て

つかむ

主な問い：県北部にある香取市は、どのようなところだろう ［2時間］

- 写真や地図を基に、千葉県内を概観し、歴史的な町並みが残っている地域を調べる。
  - ・県内に歴史のある建物や史跡は多くあるけれど、香取市には古い町並みが残っている。
- 香取市の町並みの様子に着目し、我孫子市の町並みと比べて気付いたことを発表する。
  - ・我孫子市は高い建物があるが、香取市にはない。
  - ・昔は荒れていたけれど、今はきれいになっている。
  - ・だれがきれいにしたのかな。

指導の手立て
- 資料　地図：千葉県全図
- 資料　写真：香取市の町並みの様子（重要伝統的建造物群保存地区）
- 資料　写真：我孫子市の市街地の様子
- 自分たちのくらす我孫子市と比べながら、伝統的な文化を保護している地域の位置や伝統的な文化の様子をおさえる。
- 資料　写真：昭和50年代の香取市の町並み

学習問題：香取市では、どのようにして町並みを守り、まちづくりに生かしてきたのだろう。

追究する

- 学習問題に対する予想を基に学習計画を立てる。

主な問い：香取市では、どのようにして町並みを守ってきたのだろう ［5時間］

- 香取市の取組や景観条例について調べる。
- 佐原市民活動支援センター（香取市役所内）の活動を調べる。
- 明治時代からある商店の方の話を聞く。
- 佐原町並み交流館の取組について調べる。
- NPO法人の活動を調べる。

  - ・香取市には、古い町並みを守るためのルールがあることが分かった。
  - ・なぜ市役所が、町の人をサポートするのだろう。
  - ・香取市役所や市民が協力して守り続けてきた。
  - ・貴重な町並みだから、きれいに整備して守ってきた。
  - ・古い町並みを守ることで、香取市を元気にしていきたいという気持ちがあったのではないか。

指導の手立て
- 時間の経過とともに町並みの様子が変化していることをおさえる。
- 資料　文章：香取市景観条例（香取市HP）
- 資料　文章：佐原市民活動支援センターの方の話
- 行政が市民と協力していることをおさえる。
- 資料　文章：明治時代から続いている商店の方の話
- 資料　文章：佐原町並み交流館の取組（出典：佐原町並み交流館HP）
- 資料　写真：小野川清掃や観光ガイド
- 資料　文章：NPO法人の方
- 資料　年表：NPO活動年表

まとめる

主な問い：香取市では、どのようなまちづくりをしてきたのだろう ［3時間］

- 香取市や市民が町並みを保存するために取り組んできたことを、年表にまとめる。
  - ・年表にまとめると、香取市と市民とが一緒になって、町並みを生かしたまちづくりに取り組んできたことが分かる。
- 香取市のまちづくりの特色について話し合い、学習問題に対する自分の考えをまとめる。

  - ・香取市では、市役所が中心となり、市民や関係団体が協力して町並みの保存に取り組んできた。そして、保存してきた町並みを多くの観光客に見に来てもらい、町を元気にしていこうという思いでまちづくりをしている。

指導の手立て
- 複数の立場から、町並みの保護の取組を追究できるようにする。
- 資料　児童作品：市民と市役所の活動年表
- 市民と市役所の取組に分けて年表をまとめさせる。
- それぞれの立場がある中で、香取市を元気にしたいという願いは一緒であり、まちづくりに協力して取り組んできたことに気付かせる。

単元目標

◎伝統的な文化を保護・活用している香取市**について C**、地理的な位置や自然環境、人々の活動や産業の歴史的背景、人々の協力関係などに**着目して V**、聞き取り調査をしたり地図などの資料を活用したりして**調べ**、年表などに**まとめ I**、伝統的な文化を生かした香取市の様子を捉え、人々の願いや活動**を比較・関連付けて考え表現することを通して T**、香取市では、人々が協力し、特色あるまちづくりや観光などの産業の発展に努めていること**を理解できるようにする K**。

○伝統的な文化を保護・活用している香取市について学習問題を意欲的に追究し、県内の特色あるまちづくりや観光などの産業の発展の様子について**考えようとしている M**。

単元の配慮事項

■ 県内の特色ある地域の様子として、地域の資源を保護・活用している地域を学習する際には、自然環境、伝統的な文化のいずれかを選択して取り上げること。

■ 単元のまとめでは、伝統的な技術を生かした地場産業が盛んな地域や国際交流に取り組んでいる地域等、他の単元の学習と合わせて、県内の特色ある地域の様子について大まかに分かるようにすること。

「見方・考え方」を働かせる「深い学び」のポイント

1. 人々の協力関係に着目して追究できるようにする

つかむ 県全体を概観し、香取市の特色に気付くようにする

千葉県全体を概観し、香取市に残されている町並みは、平成8年重要伝統的建造物群保存地区に指定されていて、県内ではこの地域しか指定されていないことに気付くことができるようにする。

そして、香取市で町並みが整備されていない頃と現在の町並みを比較することで、「どうやって整備したのか」「どのような人々が関わっているのか」という疑問をもち、人々の協力関係や年代による変化に着目して調べることができるようにする。

追究する 香取市役所、香取市民などの取組を調べる

「どのようにして町並みを守ってきたのだろう」と問いをもち、佐原市民活動支援センター（香取市役所）、佐原町並み交流館、NPO小野川と佐原の町並みを考える会（市民団体）など、複数の立場の人たちの取組に着目して調べることで、市役所を中心とする協力関係を読み取ることができるようにする。

2. 町並みの保存・活用に関わる人たちの思いを関連付けて考えることができるようにする

追究する 行政と市民の取組を年表にまとめる

「香取市では、どのようなまちづくりをしてきたのだろう」という問いをもち、それぞれの立場で行ってきた取組を年表にまとめることで、市民や関係団体が行ってきた町並みを保存する取組に、市役所が協力していることを読み取ることができるようにする。

その際には、町並みの保存に関わる人たちの話を聞くことで、その取組に託された人々の思いにも気付くことができるようにする。

まとめる 香取市のまちづくりの特色について話し合う

町並みの保存・活用に取り組んできた人たちの思いを基に、香取市のまちづくりにはどのような特色があるかを話し合うことで、それぞれの立場がある中で、「香取市を元気にしたい」「香取市にある文化を残していきたい」「町並みの保存をまちづくりに生かしていきたい」という、香取市の発展を願う思いが込められていることを理解できるようにする。

「教材化」のヒント

1. 子供の興味・関心を高めるインタビュー記録

本単元では、伝統的な文化を保護・活用する活動に取り組んでいる具体的な人の姿を通して、様々な立場の人たちが、協力関係にあることを理解できるようにする。

そこで、保存活動に取り組んでいる人たちの顔写真などを見せることで、子供の興味・関心を高めていく。

また、授業に参加してもらったり、町並みを見学したりすることは、追究する中で見いだした「なぜこのような活動をしているのだろう」という問いに対して、直接話を聞くことができる貴重な機会であるため、できる限り設定することが望ましい。

しかしながら、難しいことも考えられるため、教員が取材した際のインタビュー映像や、電話やファクシミリ、電子メールなどによる回答を記録し、資料として提示することが有効である。

2. 見方・考え方を働かせる活動年表

伝統的な文化を保護・活用する取組を行っている人たちの活動を年表にまとめることで、活動が進むにつれて香取市の願いと市民の願いが一致してきたことを読み取るとともに、人々の協力関係が香取市のまちづくりに大きな影響を与えていることに気付くことができるようにする。

第4学年 国際交流に取り組む大田区
～共生のまちづくりを目指して～

内容(5) 全10時間　A案

| 単元目標の要素 | **C**ontents：学習内容　**V**ision：見方（視点）　**I**nvestigation：調べ方（技能）　**T**hought：考え方（思考）
Knowledge：知識　**M**otivation：主体的に学習に取り組む態度、社会的事象に関わろうとする態度 |

指導計画

「深い学び」の学習プロセス

つかむ

主な学習活動	内容（予想される子供の反応例）	指導の手立て
主な問い 東京都では、どのくらいの外国人が生活しているのだろう [2時間] ●東京都にやって来る外国人や住んでいる外国人の数について調べる。 ●羽田空港の利用者が増えていることや、大田区に住む外国人が多いことから、大田区の様子に着目して疑問に思ったことを話し合う。	・東京都には、約48万人の外国人が住んでいる。 ・大田区に住む外国人は多い。 ・それぞれの国には、大切な国旗や文化がある。 ・どうして大田区に住む外国人が多いのか。大田区には、羽田空港があるからなのだろうか。 ・大田区では、外国人のために何かしているのかな。	資料　地図：東京都 資料　グラフ：東京都の外国人居住者数 資料　グラフ：訪日外国人旅行者数 資料　グラフ：国内空港利用者数 ●東京都にやって来る外国人の国の位置から、東京都と世界のつながりを捉えることができるようにする。 ●東京国際空港があり、外国人居住者が多いことなどから、大田区の取組への関心を高める。

学習問題：大田区ではどのような国際交流に取り組んでいるのだろう。

追究する

●学習問題に対する予想を基に学習計画を立てる。 **主な問い** 大田区では、どのような国際交流が行われているのだろう [6時間] ●行政が中心となって進める国際交流として区役所の取組を調べる。 ●行政と協力して国際交流の活動をしている団体の取組を調べる。 ●地域に住む外国人と交流している地域住民の取組を調べる。 ●大田区の国際交流について調べたことを関係図にまとめる。	・25年以上もセーラム市と姉妹都市交流をしている。 ・区役所は、大田区に住む外国人が増えてきたので、支援する活動を市民団体にお願いしている。 ・地域の人がボランティアで日本語を教えている。 ・大田区では、外国人区民と日本人区民が、地域をつくる住民として共に生きていく「多文化共生社会」を推進するための取組をしている。 ・区、区民、関係団体などが協力して国際交流を進めている。	資料　文章：大田区の概要 資料　映像：国際交流活動の様子 資料　写真：姉妹都市交流の様子 資料　文章：国際交流イベントのパンフレット 資料　文章：外国語で書かれた観光パンフレット 資料　文章：区職員の方の話 資料　文章：大田区報 資料　写真：市民団体の活動の様子 ●取組を調べる際には、いつからはじまったのかについてもおさえる。 ●様々な立場の人たちが協力していることをおさえる。

まとめる

主な問い 大田区に住む外国人は、大田区のことをどう思っているのだろう [2時間] ●外国人が、大田区の魅力を発信していることの意味について話し合う。 ●学習問題に対する自分の考えをまとめ、大田区の国際交流の特色について話し合う。	・大田区に住む外国人も区のよさを知ってもらいたいと思っている。 ・大田区では、区役所や市民団体、地域に住む人が協力して国際交流に取り組んでいる。地域に住む外国人も一緒に取り組むことで、みんなが住みやすいまちを目指している。	資料　映像・文章：外国人が大田区のことを伝える活動をしている様子 ●大田区に住む外国人も、住民の一人として、大田区のまちづくりに取り組む思いを理解できるようにする。

[小学校社会科] 学習指導案文例集

104

単元目標

◎国際交流に取り組んでいる大田区**について C**、地理的な位置や自然環境、人々の活動や産業の歴史的背景、人々の協力関係などに**着目して V**、地図帳や各種の資料**で調べて**白地図などに**まとめ I**、国際交流に取り組んでいる大田区の様子を捉え、取組の様子や変遷、人々の協力の様子**を関連付けて考え表現することを通して T**、大田区では人々が協力し、特色あるまちづくりや観光などの産業の発展に努めていること**を理解できるようにする K**。

◎国際交流に取り組んでいる大田区について、学習問題を意欲的に追究し、都内の特色ある地域のまちづくりや観光などの産業の発展の様子について**考えようとしている M**。

単元の配慮事項

■ 国際交流に取り組んでいる地域を取り上げる際には、我が国や外国には国旗があることを理解し、それを尊重する態度を養うよう配慮すること。

■ 単元のまとめでは、伝統的な技術を生かした地場産業が盛んな地域や、地域の資源を保護・活用している地域等、他の単元の学習と併せて、県内の特色ある地域の様子について大まかに分かるようにすること。

「見方・考え方」を働かせる「深い学び」のポイント

1. 地理的な位置や人々の活動、歴史的背景に着目して追究できるようにする

つかむ 大田区の特色に気付くようにする

東京都にやって来る外国人の数や国名を調べ、その国の位置を確認することで、東京都と世界とのつながりに気付き、大田区には東京国際空港があり、外国人が訪れやすい環境であることに着目し、外国人が多く訪れる理由について、何か取組をしているのではないかと予想し、「大田区では、だれがどのような国際交流をしているのか」を捉えることができるようにする。

追究する 区役所、大田区民、市民団体の取組を調べる

「大田区では、どのような国際交流が行われているのだろう」という問いをもち、大田区、市民団体、住民などの取組に着目して調べ、互いに協力しながら、地域に住む外国人や大田区にやって来た外国人との交流を行っていることを読み取ることができるようにする。

追究する 大田区の国際交流のあゆみを調べる

「大田区では、いつから国際交流が行われているのだろう」という問いをもち、大田区の国際交流のあゆみに着目して調べることができるようにする。

まとめる 大田区に住む外国人の取組を調べる

「大田区に住む外国人は、大田区のことをどのように思っているのだろう」という問いをもち、大田区に住む外国人の取組に着目して調べ、外国人が大田区のよさを世界に発信していることの意味を考えることで、区民と一緒になって、大田区の発展のためにまちづくりに参加する外国人の思いを理解することができるようにする。

2. 国際交流のあゆみや取組に関わる人たちの思いを関連付けて、考えることができるようにする

まとめる 大田区の国際交流の特色について話し合う

大田区の国際交流のあゆみや、国際交流に関わる人たちの思いを関連付けながら、多くの外国人が訪れる大田区では、様々な人々が協力し合って、地域の発展のために国際交流をしてきたことを理解できるようにする。

「教材化」のヒント

1. 子供の興味・関心を高める映像資料の提示

外国人人口や東京国際空港の利用者数などの統計資料を用いて、大田区は外国人と接する機会が比較的多い地域であることに気付くことができるようにする。そして、大田区が行っている国際交流活動の映像を見せることで子供たちの関心を高め、「だれが、どのような国際交流に取り組んでいるのだろう」という学習問題を設定し、主体的に問題を追究しようとする意欲へとつなげるようにする。

2. 見方・考え方を働かせるための「関係図」の作成

大田区役所、大田区民、市民団体の取組を調べ、人々の工夫や努力、それぞれの立場の人たちの協力の様子などを「関係図」にまとめていく。そして、この関係図を基に、大田区の国際交流の特色について話し合うこと

で、大田区の国際交流が地域の発展に貢献してきたことに気付くことができるようにする。

3. 子供の思考をゆさぶる映像等の資料の提示

大田区では、多文化共生を目指して、各地域での国際交流が盛んになっている。しかしながら、子供たちにとっては、国際交流を進めるのが日本人、国際交流を受けるのが外国人というイメージをもっていることも多いと考えられる。そこで、大田区の住民である外国人の中には、大田区のよさを外国へ発信するという国際交流を行っている人たちがいることを提示し、その意味について話し合うようにした。それによって、大田区では様々な人々が協力して国際交流を進めており、その人たちの中には外国人も含まれるということに気付くことができるようにする。

第4学年 国際交流に取り組む新宿区
～共生のまちづくりのさらなる発展を目指して～

内容(5)　全10時間　**B案**

単元目標の要素	**C**ontents：学習内容　**V**ision：見方（視点）　**I**nvestigation：調べ方（技能）　**T**hought：考え方（思考）
	Knowledge：知識　**M**otivation：主体的に学習に取り組む態度、社会的事象に関わろうとする態度

指導計画

「深い学び」の学習プロセス

つかむ

主な学習活動 / 内容（予想される子供の反応例）

 東京都では、どのくらいの外国人が生活しているのだろう [2時間]

- ●東京都で生活する外国人の人口や国名、外国人の人口が多い地域を調べる。
  - ・都内で約48万人が住んでいる。
  - ・新宿区は、約4万1千人で、都内で1番外国人の人口が多い。
  - ・中国や韓国の人が多い。
- ●調べて分かったことから、新宿区の様子に着目し、疑問に思ったことを話し合う。
  - ・どうして新宿区が多いのだろう。
  - ・新宿区に住む人たちは、多くの外国人とともに、どのように生活しているのだろう。

指導の手立て

- 資料　グラフ：外国人人口（東京都・平成29年）
- 資料　地図帳
- ●どこの国の人たちが住んでいるかを調べて白地図にまとめ、国の位置や分布から、東京都と世界のつながりを捉えることができるようにする。
- ●新宿区は、都内で一番外国人の人口が多いことをおさえ、新宿区の交流や取組への関心を高めるようにする。

学習問題：外国人が多く住む新宿区では、どのような交流や取組が行われているのだろう。

追究する

- ●学習問題に対する予想を基に学習計画を立てる。

 新宿区では、どのような交流や取組が行われてきたのだろう [6時間]

- ●多文化防災フェスタやフェスタに参加する人たちの様子について調べる。
  - ・防災訓練だけではなく、様々な国の文化を体験できる。
  - ・それぞれの国には、大切な国旗や文化がある。
- ●新宿区役所の取組や、新宿区の国際交流の変遷を調べる。
  - ・新宿多文化共生プラザには、日本語教室や外国人相談窓口がある。
  - ・海外の3つの市と友好都市となっている。
  - ・1980年代頃から、韓国や中国の人たちの数が増えた。
- ●公益財団法人の活動や区役所との連携の様子を調べる。
  - ・区、区民、外国人、関係団体などが協力している。

- 資料　写真：多文化防災フェスタの写真（区HP）
- 資料　文章：多文化防災フェスタに参加している人の話
- 資料　文章：新宿区発行の観光案内パンフレット
- 資料　文章：新宿区役所や新宿多文化共生プラザで働く人の話
- ●新宿区の国際交流の変遷を調べることで、新宿区に外国人が多く生活している歴史的背景をおさえる。
- 資料　文章：公益財団法人で働く人の話
- ●様々な立場の人たちが協力していることをおさえる。

まとめる

主な問い　新宿区の国際交流は、これからどうなっていくのだろう [2時間]

- ●区、区民、財団法人、外国人などの立場から、新宿区の国際交流の特色について話し合う。
  - ・区役所が中心となり、区民や関係団体と協力していた。
  - ・多文化共生という考え方の下、私たちにも外国人にも暮らしやすい新宿区になってほしい。
- ●学習問題に対する自分の考えをまとめる。
  - ・外国人の人口が多い新宿区では、外国人と様々な形での交流や取組が行われている。また、その交流や取組は、区役所が中心となって、区民や関係団体と協力しながら行われている。

- ●様々な立場の人たちの協力の様子を整理することで、新宿区における国際交流の特色を捉えることができるようにする。

単元目標

◎国際交流に取り組んでいる新宿区について **C**、地理的な位置や自然環境、人々の活動や産業の歴史的背景、人々の協力関係などに**着目して V**、地図帳や各種の資料で**調べて**白地図などに**まとめ I**、国際交流に取り組んでいる地域の様子を捉え、取組の様子や変遷、人々の協力の様子**を関連付けて考え表現することを通して T**、国際交流に取り組む新宿区では、人々が協力し、特色あるまちづくりや観光などの産業の発展に努めていること**を理解できるようにする K**。

◎国際交流に取り組んでいる新宿区について、学習問題を意欲的に追究し、都内の特色ある地域としてのまちづくりや観光などの産業の発展の様子について**考えようとしている M**。

単元の配慮事項

■国際交流に取り組んでいる地域を取り上げる際には、我が国や外国には国旗があることを理解し、それを尊重する態度を養うよう配慮すること。

■単元のまとめでは、伝統的な技術を生かした地場産業が盛んな地域や、地域の資源を保護・活用している地域等、他の単元の学習と併せて、県内の特色ある地域の様子について大まかに分かるようにすること。

「見方・考え方」を働かせる「深い学び」のポイント

1. 位置や空間的な広がり、時間の経過に着目して追究する

つかむ 都全体を概観し、区の特色に気付くようにする

東京都に住む外国人の人口や国名を調べ、地図帳で国の位置を確認したり、白地図にまとめたりすることで、東京都には世界中の様々な国から、多くの外国人がやってきて生活していることに気付くようにする。そして、外国人の人口が多い区市町村を調べ、新宿区は都内で一番外国人の人口が多いことに気付き、「どうして新宿区は外国人が多いのだろう」と、新宿区の交流や取組についての関心を高めるようにする。

追究する 新宿区における国際交流の変遷を調べる

新宿区の国際交流のあゆみについて調べることで、外国人が多く生活するようになった理由、増加する外国人に対して行われてきた取組などをおさえ、国際交流の変遷を読み取ることができるようにする。

2. 様々な立場の人々の協力に着目して追究する

追究する 新宿区役所、新宿区民、公益財団法人の取組を調べる

「どのような人たちが国際交流に関わっているのだろう」という問いをもち、国際交流を推進する側、国際交流に参加する側など複数の立場の人たちの関わりに着目して調べることで、区役所を中心とする協力関係の様子を読み取ることができるようにする。

3. 国際交流の変遷、取組に関わる人たちの思いを関連付けて考えることができるようにする

まとめる 新宿区の国際交流の特色を考え、話し合う

「新宿区の国際交流はこれからどうなっていくのだろう」という問いをもち、国際交流の変遷や取組に関わる人たちの思いを関連付けながら新宿区における国際交流の特色について考え、話し合うことで、多くの外国人が生活する新宿区では、様々な人々が協力し合って国際交流に取り組んでいることを理解できるようにする。

「教材化」のヒント

1. 興味・関心を高める統計資料や世界地図の活用

本単元では、都内で国際交流に取り組んでいる地域を教材とするため、子供たちが国際交流への興味・関心をもつことができるようになることが重要である。

そこで、導入において、東京都に住む外国人の人口のグラフ等を提示し、どこの国からやって来ているかを世界地図（白地図）に書き込む活動を設定する。そうすることで、「東京都には世界中の様々な国から、多くの人たちがやって来て生活している」という事実を把握できると考えた。そうした上で外国人の人口が多い区市町村を調べ、新宿区が一番多いという事実を読み取るようにし、新宿区の取組を主体的に追究しようとする意欲をもつようにする。

2. 見方・考え方を働かせる「多文化防災フェスタ」や「新宿区役所・財団法人の取組」の提示

本単元では、「多文化防災フェスタ」や「新宿区役所や財団法人などの取組」の様子を写真やホームページから読み取ることができるようにするとともに、実際に取組を行っている人たちをゲストティーチャーとして招くようにしている。そうすることで、国際交流を進める上での苦労や、協力して進めるために大切なことなどについて、直接、話を聞くことができるようにしている。さらに、「どのような思いで取組を行っているか」という視点から話をしていただくことは、単元の終末において新宿区の国際交流の特色を話し合う際に、国際交流を通したまちづくりを進めたいという思いは共通しているという理解につなげていくことができる。

第5学年

学習指導要領「内容」のポイント

学習指導要領の内容と単元の構成例

	学習指導要領の内容	単元名(例)	時数
内容(1)	我が国の国土の様子と国民生活	世界の中の日本	全5時間
		日本の地形と気候	全4時間
		特色ある地域（高い土地／あたたかい土地）	全12時間
内容(2)	我が国の農業や水産業における食料生産	日本の食料生産の特色	全6時間
		我が国の農業における食料生産	全8時間
		我が国の水産業における食料生産	全8時間
内容(3)	我が国の工業生産	身のまわりの工業製品と私たちのくらしの変化	全6時間
		自動車をつくる工業	全8時間
		工業生産を支える貿易と運輸	全6時間
内容(4)	我が国の産業と情報との関わり	情報をつくり伝える仕事（新聞）	全8時間
		私たちの生活を変える情報通信技術（販売／運輸／観光／医療／福祉）	全9時間
内容(5)	我が国の国土の自然環境と国民生活との関連	自然災害からくらしを守る	全7時間
		森林の働きと国民生活との関わり	全6時間
		公害からくらしを守る	全7時間

内容ごとのポイント

内容(1)
「我が国の国土の様子と国民生活」のポイント

　内容(1)は、①世界の大陸と主な海洋、主な国の位置、海洋に囲まれ多数の島からなる国土の構成などに着目して、我が国の様子や世界の中における我が国の国土の概要を理解する内容、②地形や気候などに着目して、国土の自然などの様子や自然条件から見て特色ある地域の人々の生活を捉え、人々は自然環境に適応して生活していることを理解する内容である。

　ここでは、北海道、本州、四国、九州、沖縄島、北方領土など6800を超える島々から成る我が国の国土の様子と領土の範囲を捉え、竹島や北方領土、尖閣諸島が我が国固有の領土であることに触れるようする。また、地形条件と気候条件に特色のある地域の中からそれぞれ一つを選択する。

　実際の指導に当たっては、地図帳や地球儀などを活用して、位置や方位を確かめ言い表したり領土の範囲を確かめたり、調べたことを白地図などにまとめたりする活動が考えられる。

　単元の事例では、「世界の中の日本」「高地に住む人々のくらし」「暖かい土地のくらし」の事例3つを紹介している。

内容(2)
「我が国の農業や水産業における食料生産」のポイント

　内容(2)は、①生産物の種類や分布、生産量の変化、輸入など外国との関わりなどに着目して我が国の食料生産は、国民の食料を確保する重要な役割を果たしていることを理解する内容、②生産の工程、人々の協力関係、技術の向上、輸送、価格や費用などに着目して、食料生産に関わる人々は、良質な食料を消費地に届けるなど食料生産を支えていることを理解する内容である。

　ここでは、生産性や品質を高める工夫を消費

者や生産者の立場に立って多角的に考え、これ
からの農業や水産業における食料生産の発展に
向けて自分の考えをまとめるようにする。

国民の主食を確保する上で重要な役割を果た
している稲作については必ず取り上げ、野菜、
果物、畜産物、水産物などについては、それら
の中から一つを選択する。

単元の事例では、「日本の食料生産の特色」
「米作り」「水産業」の事例3つを紹介している。

内容(3)
「我が国の工業生産」のポイント

内容(3)は、①工業の種類、工業の盛んな地域
の分布、工業製品の改良などに着目して、工業
製品は国民生活の向上に重要な役割を果たして
いることを理解する内容、②製造の工程、工場
相互の協力関係、優れた技術などに着目して、
工業生産に関わる人々は、優れた製品を生産す
るよう工夫や努力をし、工業生産を支えている
ことを理解する内容、③交通網の広がり、外国
との関わりなどに着目して、貿易や運輸は、工
業生産を支える重要な役割を果たしていること
を理解する内容である。

ここでは、消費者や生産者の立場などから多
角的に考えて、これからの工業の発展につい
て、自分の考えをまとめることができるように
する。工業生産に関わる人々の工夫や努力の具
体的事例については、金属工業、機械工業、化
学工業、食料品工業などの中から一つを選択す
る。

単元の事例では、「身のまわりの工業製品と
私たちのくらしの変化」「自動車を作る工業」
「工業生産を支える貿易と運輸」の事例3つを
紹介している。

内容(4)
「我が国の産業と情報との関わり」のポイント

内容(4)は、①情報を集め発信するまでの工夫
や努力などに着目して、放送、新聞などの産業
は、国民生活に大きな影響を及ぼしていること
を理解する内容、②情報の種類、情報の活用の
仕方などに着目して、産業における情報活用の

現状を捉え、大量の情報や情報通信技術の活用
は、様々な産業を発展させ、国民生活を向上さ
せていることを理解する内容である。

ここでは、「放送、新聞などの産業」はそれ
らの中から選択して取り上げ、情報の送り手と
して責任をもつことや受け手として正しく判断
することを多角的に考えること、「様々な産業」
については、販売、運輸、観光、医療、福祉な
ど情報を活用して発展している産業の中から選
択して取り上げ、産業と国民の立場から多角的
に考え、産業の発展や国民生活の向上につい
て、自分の考えをまとめることができるように
する。

単元の事例では、「放送、新聞などの産業」
では「新聞」の事例を、また、「様々な産業」
では、販売、運輸、観光、医療、福祉の事例5
つをそれぞれ紹介している。

内容(5)
「我が国の国土の自然環境と国民生活との関連」のポイント

内容(5)は、①災害の種類や発生の位置や時
期、防災対策などに着目して、自然災害から国
土を保全し国民生活を守るために国や県などが
様々な対策や事業を進めていることを理解する
内容、②森林資源の分布や働きなどに着目し
て、森林は国土の保全など重要な役割を果たし
ていることを理解する内容、③公害の発生時期
や経過、人々の協力や努力などに着目して、公
害から国土の環境や国民の健康な生活を守るこ
との大切さを理解する内容である。

ここでは、自然災害として地震災害、津波災
害、風水害、火山災害、雪害などを取り上げ、
公害の事例は大気汚染、水質の汚濁などからを
一つ選択する。森林資源の働きや公害の防止に
おいては、自分たちにできることを選択・判断
し、国土の環境保全への関心を高めるよう配慮
する。

単元の事例では、「自然災害からくらしを守
る（地震・土砂災害・水害）」「森林の働き」
「環境を守る人々（北九州市の公害）」の事例3
つを紹介している。

第5学年

内容(1) 全5時間

世界の中の日本

単元目標の要素	**C**ontents：学習内容	**V**ision：見方（視点）	**I**nvestigation：調べ方（技能）	**T**hought：考え方（思考）
	Knowledge：知識	**M**otivation：主体的に学習に取り組む態度、社会的事象に関わろうとする態度		

指導計画

	主な学習活動　　内容(予想される子供の反応例)	指導の手立て

つかむ

 主な問い 地球の中の日本はどんな様子なのだろう [1時間]

- 地図帳と地球儀を活用して、世界の大陸や主な海洋を調べ、白地図にまとめる。
  - ・日本に近いユーラシア大陸が一番大きい。
  - ・大西洋も広い。
  - ・実際の位置関係は、地球儀のほうが分かりやすい。
- 緯度や経度などによる位置の表し方を調べ、世界から見た日本の位置などをまとめる。

●地図帳や地球儀を積極的に活用して調べるようにし、大陸や主な国の名称や位置などを確かめながら学習を進めることができるようにする。

学習問題：世界における我が国の国土は、どのような特色があるのだろう。

追究する

「深い学び」の学習プロセス

 主な問い 日本の周りや世界にはどんな国があるのだろう [1時間]

- 地図帳や地球儀を活用して、知っている国を見付ける。
  - ・ブラジルがあった。
  - ・アメリカは大きい国だなぁ。
  - ・この国の国旗は見たことがある。
  - ・大韓民国が一番近い。
- 日本の周りや世界の主な国の名称、国旗、位置を地図帳で調べてワークシートにまとめる。

●写真や国旗を切り取って該当国に張り付けたりして、白地図に国の位置を表したりして理解を深めることができるようにする。

主な問い 我が国の国土は、どんな様子なのだろう [2時間]

- 国土の位置や構成を地図帳で調べる。
- 我が国の領土の範囲を調べる。竹島、北方領土、尖閣諸島の位置を地図帳で調べる。
  - ・4つの大きな島のほかにもたくさんの島がある。
  - ・日本は海に囲まれている。
  - ・日本の東の端の南鳥島があった。

●ICTや拡大地図を活用して、地図上の位置を共有できるようにする。
●写真を活用して、境界の島を具体的にイメージしやすいようにする。

まとめる

主な問い 世界における我が国の国土には、とのような特色があるのだろう [1時間]

- 大陸、海洋、主な国の位置など、学習したことを基に世界の様子をまとめる。
  - ・ユーラシア大陸の東に日本はある。
  - ・近くには、大韓民国、中華人民共和国などがある。
  - ・外国との間に海がある。
- 世界における我が国の国土の様子を、位置、構成、領土の範囲等の視点でまとめる。
- 世界における我が国の国土の特色を考え、表現する。

●位置や構成など特色となる観点を例示して、調べたことを特色としてまとめることができるようにする。

●地図を活用して、他国と比較しながら我が国の国土の特色を考えることができるようにする。

| 単元目標 | ◎我が国の国土の様子について C 、世界の大陸と主な海洋、主な国の位置、海洋に囲まれ多数の島からなる国土の構成などに着目して V 、地図帳や地球儀、各種資料で調べて、白地図などにまとめ I 、我が国の国土の特色を理解できるようにする K 。
◎我が国の国土の様子について、学習問題の解決に向けて意欲的に追究するとともに、国土の様子について関心をもてるようにする M 。 |

単元の配慮事項

■「領土の範囲」については、竹島や北方領土、尖閣諸島は我が国の固有の領土であり、尖閣諸島については領土問題はないことを踏まえて指導する。
■地図帳や地球儀を用いて、方位、緯度や経度などによる位置の表し方を取り扱う。
■「主な国」については、名称についても扱い、近隣諸国も含めて取り上げる。その際、我が国や諸外国には国旗があることを理解し、それを尊重する態度を養うよう配慮する。

「見方・考え方」を働かせる「深い学び」のポイント

1.「位置や空間的な広がり」に着目して追究する

本単元は、国土の様子を空間的に捉える内容なので、「位置や空間的な広がり」に着目して社会的事象を見いだす「問い」を設定する。

つかむ 地球儀を活用して位置や距離等に着目する

世界における日本という空間的な広がりに目を向けていくため、「地球の中の日本」という表現を問いに用いる。子供は地図だけではなく地球儀の活用もイメージし、「地球の中の日本はどんな様子なのだろう」といった問いをもとに、実際に地球儀を操作し、方位・緯度や経度などを用いて位置や距離等への認識を深めていく。

追究する 近隣や主な国の、我が国からの位置や距離に着目する

本単元で扱う世界は、近隣諸国と主な国であることから、追究の初めの段階では「日本の周りや世界にはどんな国があるのだろう」と問いをもち、日本の近隣や世界の主な国の名称や位置、日本からの距離等を捉える。近隣諸国や世界の主な国の位置や距離を捉えた後は、「世界における我が国の国土は、どんな様子なのだろう」などといった問いをもち、世界という空間的な広がりの中から見た我が国の国土の様子を捉えていく。

まとめる 国土の特色を、世界という位置や空間的な広がりの中で総合的に考える

まとめる段階では、「世界における我が国の国土には、どのような特色があるのだろう」という問いをもち、国土の特色を位置や空間的な広がりから捉える。「我が国の国土の特色」とは、世界という空間における我が国の国土の位置や構成、領土の範囲、面積、近隣国や世界の主な国との位置関係等から見た特色であり、子供たちは、世界の様々な国から日本の国土の特色を捉え、位置や空間的な広がりの中で我が国の国土の特色を総合的に考えていく。

2. 地図や地球儀を活用する技能を習得し、「位置や空間的な広がり」という見方・考え方を働かせて追究する

位置や空間的な広がりという社会的事象の見方・考え方を働かせていくために、本単元では、地図帳、地球儀の活用を指導し、活用方法を確実に身に付けることが大切である。地図や地球儀の確かな活用が、「位置や空間的な広がり」という見方・考え方の活用の基盤になる。

「教材化」のヒント

1. 操作活動を保証する十分な地球儀

地球儀を多く用意し、地球儀を活用して個人で作業したり、グループで協働して課題を解決したりする。

2. 子供の興味・関心を高める映像資料の活用

写真や動画を活用して、地球、大陸、海洋、世界の国々等のイメージをもたせる。
・地球は、カラーで我が国が写ったものを用いることで、我が国の国土の位置や大きさなどを実感できる。
・世界の国々は、その国の代表的な場所や食べ物、スポーツなどを取り上げる。

3. 作業的活動を効果的に進めるための白地図やワークシート等の活用

本単元は、世界における我が国や世界の主な国の位置や距離等、地図資料を活用した作業的活動が中心となる。白地図やワークシートを準備し、作業的活動を効果的に進めることができるようにする。

4. 領土をめぐる問題を正しく認識するための資料

日本固有の領土を外国が不法に占領している問題について、正しい認識をもつことができるように、地図資料に併せて補助資料などを有効に活用する。

第5学年

内容(1) 全4時間

日本の地形と気候

単元目標の要素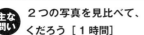

	主な学習活動	内容(予想される子供の反応例)	指導の手立て
つかむ	**主な問い** 2つの写真を見比べて、どのようなことに気付くだろう [1時間] ●写真を見比べて気付いたことを発表する。 ●写真の場所と月を知り、それぞれ同じ月なのに様子が異なる理由について考えたことを発表する。 ●学習問題をつくり、予想を基に学習計画を立てる。	・違う季節の様子だろう。 ・北海道と沖縄だろう。	資料 3月の北海道（積雪）と沖縄（海開き）の写真

学習問題：日本の地形や気候にはどのような特色があるのだろう。

	主な学習活動	内容(予想される子供の反応例)	指導の手立て
追究する 「深い学び」の学習プロセス	**主な問い** 日本の地形にはどのような特色があるのだろう [1時間] ●代表的な山脈、山地、盆地、平野、川、海岸線について調べて白地図にまとめる。 ●地形ごとに色分けする。 ●日本の地形の特色についてまとめる。	・日本の中央に高い山が多いな。 ・平野は割と少ない。 ・山の方は寒いのかな。	資料 5月の長野（山の上と麓の写真） ●「季節」と「場所」の2つの視点を与えて考えさせ、日本は位置によって気候が異なることや気候の特色をつかむことができるようにする。 資料 地図帳と白地図 資料 代表的な山脈、山地、盆地、平野、川、海岸線の写真 ●日本の地形の特色について、「山脈」「山地」「平野」「川」等のキーワードを用いてまとめるようにする。
	主な問い 日本の気候にはどのような特色があるのだろう [1時間] ●様々な地域の雨温図を見比べて、気付いたこと話し合う。 ●「季節風」について調べる。 ●「梅雨」「台風」について調べる。 ●日本の気候の特色についてまとめる。	・北海道は一年中気温が低い。 ・日本海側と太平洋側ではグラフの形が反対だ。	資料 雨温図と地図 資料 季節風の絵図と解説 資料 梅雨と台風についての解説 ●日本の気候の特色について、「太平洋側」「日本海側」「季節風」「梅雨」「台風」等のキーワードを用いてまとめるようにする。
まとめる	**主な問い** 日本の地形や気候にはどのような特色があるのだろう [1時間] ●日本の地形や気候の特色を振り返り、学習問題に対する考えをまとめる。 日本の国土には山が多く、中央に山脈が連なっている。平野は川が流れ込む山地沿いに広がっている。国土は南北に長く、北のほうは寒く、南のほうは暖かい気候で、冬に日本海側で雪が多く降る。梅雨や台風も特徴的で、6月や9月は雨が多い。 ●日本の地形や気候を外国の人に紹介するためのキャッチフレーズを考えて発表する。	・様々な気候を楽しめる国、日本。 ・山がたくさん、海に囲まれた自然豊かな日本。	資料 代表的な山脈、山地、盆地、平野、川、海岸線の写真 資料 雨温図と地図 資料 季節風の絵図と解説 資料 梅雨と台風についての解説 ●既習事項を振り返るようにする。 ●キャッチフレーズでまとめさせることで、日本の地形や気候の概要を簡潔に表現できるようにする。

| 単元目標 | ◎日本の地形と気候について C 、様々な土地の自然条件に着目して V 、比較・関連付けて考え T 、地図や雨温図、写真などの資料を活用して調べて、白地図などにまとめ I 、我が国の地形や気候の概要を理解できるようにする K 。
◎日本の地形と気候の概要について、学習問題の解決に向けて意欲的に追究するとともに、我が国の地形と気候について関心をもてるようにする M 。|

単元の配慮事項

■日本の地形や気候の特色について追究・解決する中で、地図帳等の資料を十分に活用すること。

「見方・考え方」を働かせる「深い学び」のポイント

1. 時期や時間の経過、位置や空間的な広がりに着目して追究できるようにする

つかむ 場所の違いを意識する

2月の北海道と沖縄の写真を比較して考えることで、日本では、同じ月でも場所によって気候が異なることに気付けるようにする。空間的な広がりに着目し、特徴的な地域を比較することで「日本は場所によってどうして気候が異なるのだろう」などといった問いをもち、問題解決への意識を高めていく。

追究する 視点を生かして地形や気候の特色を調べる

問いを追究していく際には「季節」「場所」という視点をもって、調べたり、考えたりしていく。視点を明確にして「日本の地形や気候にはどのような特色があるのだろう」という問いをもち、地図、写真、グラフ等の資料を読み取っていく。そして、読み取った事柄を比較したり関連付けて考えたりすることで、日本の地形や気候の特色について具体的に理解し、まとめていく。

2. 地域や地形と気候について関連付けて考えることができるようにする

つかむ 地域と気候を関連付ける

北海道と沖縄の様子を比較することで、「場所の違いと気候は関係があるだろう」などと予想を立てて、グラフ等の資料を用いて調べることで、様々な地域による気候の違いを理解していく。

追究する 地形と気候を関連付ける

「土地の高さが気候に関係しているのだろう」などと予想を立てて、写真資料や雨温図等を関連付けて調べることで、地形と気候の関わりについて理解していく。

3. 日本の地形や気候の特色について考えることができるようにする

まとめる 日本の地形や気候の特色を考える

学習問題に対する考えをまとめた後に、日本の地形や気候の特色を外国の人に伝えるためのキャッチコピーを考えて表現する。

「教材化」のヒント

1. 比べることで気付きや問いが生まれる写真

本単元の導入では、同じ月なのに様子が異なる写真を教材化し、気付きや問いを生まれやすくしている。

| 3月の北海道
積雪の様子が分かる写真 | ⇔ | 3月の沖縄
海開きの様子が分かる写真 |
| 5月の長野
山の頂上付近に雪が残る様子が分かる写真 | ⇔ | 5月の長野
山の麓に緑が生い茂る初夏の様子が分かる写真 |

北海道と沖縄の写真では、地域によって気候が異なることに、山の上と麓の写真では、土地の高低差によって気候が異なることにそれぞれ気付いていく。

また、事例地以外についても様々な地域や地形によって気候は異なるのではないかという問いにつながっていく。

2. 見方・考え方を働かせる絵図やグラフ

様々な地域の気温と降水量のグラフを見ると、地域ごとに特徴があることに気付く。さらに、東西南北の位置や地形の特徴に目を向けることで、地域や地形と気候の関係性について具体的に理解していく。

【月別平均気温と平均降水量のグラフ（出典：気象庁ホームページ）】

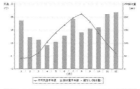

日本海側の気候
（新潟県）

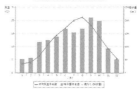

太平洋側の気候
（東京都）

第5学年

内容(1) 全6時間

高地に住む人々のくらし

単元目標の要素	**C**ontents：学習内容	**V**ision：見方（視点）	**I**nvestigation：調べ方（技能）	**T**hought：考え方（思考）
	Knowledge：知識	**M**otivation：主体的に学習に取り組む態度、社会的事象に関わろうとする態度		

指導計画

主な学習活動　内容（予想される子供の反応例）　　指導の手立て

つかむ

 野辺山原と自分たちの地域はどのような違いがあるのだろう [1時間]
- 写真や資料を比較して気付いたことや疑問に思うことを話し合う。
- 学習問題をつくり、予想を基に学習計画を立てる。

- ・周りを山に囲まれ、広い畑がある。何を作っているのかな。
- ・畑や牧場がある。私たちの住んでいるところとずいぶん違うな。
- ・野辺山原に住む人たちはどんな暮らしをしているのかな。

- 野辺山原と自分たちの住んでいる地域を比較させることで、土地の様子や人々の暮らしの違いに目を向けることができるようにする。
- 資料 地図帳
- 資料 野辺山原の写真、土地利用図
- 資料 自分たちの住んでいる地域の写真

学習問題：高地に住む人々はどのような暮らしをしているのだろう。

「深い学び」の学習プロセス

追究する

 なぜ野菜作りがさかんな土地になったのだろう [1時間]
- 野辺山原でどのような野菜が作られているか調べる。
- 野菜作りに合う土地に変えた努力を調べる。

- ・とても広い畑でレタスを作っている。
- ・キャベツも作っている。
- ・いつから野菜作りがさかんになったのかな。
- ・森林を切り開き、土地を耕し、野菜作りに合う土地にした。

- 資料 野辺山原の気温と降水量のグラフ
- 地形、気温と降水量のグラフを丁寧に読み取らせ、野辺山原の自然条件の概要をつかむことができるようにする。
- 昔は火山の噴火による火山灰の影響で農業には適さない土地であったことを補説する。
- 資料 収穫の様子の写真
- 資料 土地の開拓がはじまった頃と現在の野辺山原の写真
- 資料 野辺山原の農業の歴史
- 資料 農家の人の話
- 資料 レタスづくりの写真

 野菜作りには、どのような工夫があるのだろう [2時間]
- 高地の野菜作りについて調べる。
- レタス作りの工夫について調べる。

- ・他の地域の出荷量の少ないときに多く生産できるよ。
- ・早朝に収穫し、低温輸送で運んでいるね。

- 1つの野菜でも時期をずらして種まきするのはなぜかと投げかけ、工夫に結び付けることができるようにする。
- 気温のグラフなどを使い、標高が高く、夏でも涼しい気候が酪農に適していることに触れる。

 野辺山原では、ほかにどんな産業がさかんなのだろう [1時間]
- 野菜作りのほかに盛んな産業について調べる。

- ・夏は涼しいから観光で行く人も多いな。
- ・牛を飼って、牛乳や乳製品を作って出荷している。

- まとめの段階で、農家の○○さんの話を振り返らせ、野辺山原に暮らす人々の土地を改良した努力があったからこそ、今の産業に結び付いていることに気付くことができるようにする。

まとめる

高地に住む人々はどのような暮らしをしているのだろう [1時間]
- 高地に住む人々のくらしや産業の工夫についてまとめる。

- ・高地に住む人々は、夏のすずしい気候を生かして、野菜作りや酪農を盛んに行うなど、自然条件を生かした生活をしている。

［小学校社会科］学習指導案文例集

114

単元目標	◎我が国の国土の様子について**C**、地形に**着目して** **V**、地図帳などを活用して**調べて**、ノートなどに**まとめ** **I**、国土の自然などの様子や自然条件から見て特色ある地域の人々の生活を捉え、国土の自然環境の特色やそれらと国民生活**と関連付けて考え** **T**、表現することを通して、我が国の国土の地理的環境の特色は国民生活と深い関わりがあること**を理解できるようにする** **K**。 ◎我が国の国土の様子と国民生活との関わりについて、学習問題の解決に向けて意欲的に追究し、我が国の国土について**関心をもてるようにする** **M**。

単元の配慮事項

- 「自然条件から見て特色ある地域」について、地形条件から見て特色ある地域を取り上げること（気候条件についても同様）。したがって、「山地・高地のくらし」または「低地のくらし」のどちらかを地域の実態に応じて選択する。
- 具体的な事例地を取り上げ、地形を生かした人々の暮らしや産業の工夫について、資料やそこで暮らす人の話などを準備すること。

「見方・考え方」を働かせる「深い学び」のポイント

1. 地形に着目して追究する

つかむ 自分たちの住んでいる地域と野辺山原の写真や資料を比較し、地形を生かした暮らしに着目する

　子供たちは前単元で、「国土の地形の概要」を学習している。導入で、自分たちの住んでいる地域と野辺山原を比較し、暮らしの違いを意識する。野辺山原の土地の様子や人々の写真から、「周りが山に囲まれている」「緑が多い」「広い畑で何を作っているのかな」などと気付いたことやその後の追究への問いをもつ。話し合う中で、地形が異なっていることから暮らし方も違うのではないかという予想を立て、学習問題をつくり、追究への意欲を高める。

 自分たちの住んでいるところ

2. 人々のくらしや産業と関連付けて追究する

追究する 野菜づくりの工夫について調べる

　「つかむ」段階で疑問として残っている「農業に適さない土地」だった野辺山原を、「なぜ野菜作りがさかんな土地になったのだろう」という問いをもち、資料「農業の歴史」「○○さんの話」などをもとに調べ、野菜作りに適した土地に改良した工夫や努力についてまとめていく。また、野菜を作る過程の工夫についても、調べてまとめる。その際、野辺山原の地形の特色を生かした工夫としてまとめられるように、「地形の特色」と「工夫」が対比できるように板書する。

（板書例）

【野辺山原の地形】	【野菜作りの工夫】
・標高が高い ・周りが山に囲まれている ・夏は涼しい	・土地の改良 ・気候に合った作物作り（レタスなど） ・時期をずらした種まき ……など

「教材化」のヒント

1. 子供の興味・関心を高める教材

　本単元では、地形に着目して自然条件から見て特色ある地域の人々のくらしや産業の工夫を捉える。導入で自分たちの住んでいる地域との違いを意識できるようにする。そのために、野辺山原の写真や土地利用図と自分たちの住んでいる地域の写真などを用意し、気付いたことや疑問に思うことを話し合い、学習問題づくりにつなげる。さらに、野辺山原の様子や人々の暮らしの写真や資料を準備し、導入等で提示することで、子供たちの興味・関心をより高めることにつながる。

2. 見方・考え方を働かせる教材

　野辺山原の開拓がはじまった頃の写真と現在のレタス畑を比較する。さらに、「野辺山原は野菜作りが盛ん」と「野辺山原の土地は野菜作りに適してなかった」という2つの事実を知ることで、子供は「なぜ野菜作りが盛んになったのだろう」「どうやって野菜作りをしているのかな」という問いをもち、追究することができる。また、まとめる段階で、最初に提示した資料を再度提示することで、野菜作りが盛んになった背景にある野辺山原の人々の工夫や努力、そして思いにも迫れるようにする。

第5学年 あたたかい土地のくらし

内容(1) 全6時間

単元目標の要素	
Contents：学習内容	**V**ision：見方（視点）	**I**nvestigation：調べ方（技能）	**T**hought：考え方（思考）
Knowledge：知識	**M**otivation：主体的に学習に取り組む態度、社会的事象に関わろうとする態度

指導計画

「深い学び」の学習プロセス

つかむ

主な学習活動　内容（予想される子供の反応例）	指導の手立て
主な問い 東京と沖縄の様子はどのように違うのだろう [1時間] ●沖縄と自分たちが住む地域との違いについて考え、ノートにまとめる。 ・平均気温は沖縄のほうが高いな。 ・2月なのに桜が咲いている。 ・着ている服が薄いね。 ●全体で話し合い、学習問題をつくる。	資料 写真：東京都、沖縄県 資料 資料：気温と降水量のグラフ 資料 資料：日本地図 資料 資料：沖縄県の家の工夫 ●地図や地球儀、雨温図を用いて東京都と比較させることで、沖縄の地形や気候の特徴を捉えることができるようにする。

学習問題：暖かな土地に住む沖縄の人々はどのような暮らしをしているのだろう。

追究する

●さとうきびや小菊の栽培が盛んなことを知る。 **主な問い** 沖縄県ではなぜさとうきびが盛んに栽培されているのだろう [1時間] ●さとうきびの栽培が盛んな理由について考え、ノートにまとめる。 ・さとうきびは台風に強いから。 **主な問い** 沖縄県ではなぜ小菊が盛んに栽培されているのだろう [1時間] ●小菊の栽培が盛んな理由について考えノートにまとめる。 ・冬の時期でも咲く時期を調整しているから出荷できるね。 **主な問い** 沖縄県では、なぜ観光業が盛んなのだろう [1時間] ●観光業について調べてノートにまとめる。 ・自然を生かした観光地が多い。 ・観光客も増えているね。 **主な問い** 沖縄県の人々は気候をどのように生かして生活しているのだろう [1時間] ●暖かい土地に住む人々の暮らしの様子をノートにまとめる。 ・気候に合った家の造りだね。 ・暖かい気候を生かして作物を栽培しているね。	資料 資料：作付面積のグラフ 資料 写真：さとうきび畑 資料 動画：農家の人の様子 ●気候に合った作物を育てていることに気付かせるために、さとうきびの特徴が分かる資料や小菊の年間出荷数グラフを読み取らせる。 ●小菊を冬の時期にも出荷できるように栽培していることを調べ、冬でも暖かい気候を生かして産業を行っていることを理解できるようにする。 資料 資料：小菊の年間出荷数グラフ 資料 写真：観光地 資料 資料：観光客の変化 ●沖縄県の家の造りや農業、観光業についてまとめ、沖縄の人々に暮らしは気候の特色と関わっていることについて理解できるようにする。

まとめる

●学習問題に対する考えをノートにまとめる。 沖縄県の人々は、暖かい気候を生かして産業を行い、自然を守りながら生活している。 **主な問い** 沖縄県にはどのようなよさがあるだろう [1時間] ●調べてきたことをもとにして、沖縄県のよさが伝わるポスターを作る。 沖縄だからできることがある！	●自分の住んでいる地域との違いや、沖縄県の特色を踏まえた文言を入れてポスターを作成するようにする。

[小学校社会科] 学習指導案文例集

116

単元目標	◎暖かい土地とそこで暮らす人々について**C**、気候の様子などに**着目して**V、地図帳や地球儀、インターネット、その土地のくらしの様子がわかる資料等**で調べてまとめ**I、暖かい土地で暮らす人々の生活を捉え、その他の地域の気候の様子**と比較して考え**T、我が国の国土の気候の特色や、人々は自然環境に適応して生活していること**を理解できるようにする**K。 ○暖かい土地のくらしについて学習問題を意欲的に追究し、我が国の特色ある気候の中で努力や工夫をして暮らしている人々について、国民の一人として、自分の生活と関連付けて**考えようとしている**M。

単元の配慮事項

■ 暖かい土地のくらしについて追究・解決する中で、「表にまとめる」際には、国土の自然環境の特色について自分たちが住む地域や全国の様子と比較・関連付けて考えるようにすること。
■ 地図帳や地球儀、インターネットや読み物資料、グラフなど各種の資料で調べまとめること。

「見方・考え方」を働かせる「深い学び」のポイント

1. 国土の地形や気候の特色に着目して追究する

つかむ 場所によって異なる気候の特色に気付く

　写真資料や雨温図などで各地の気候の特色を読み取るとともに、地図や地球儀を活用して位置を確かめ、気候の特色は場所によって異なることに気付いていく。そこから「気候がちがうと生活はどのようにちがうのか」「暖かい土地は東京と違いがあるのか」という問いをもち、気候が変わることによって人々の生活がどのように変わるのかについて、課題意識をもつ。

追究する 地形や気候を生かした産業について調べる

　沖縄県におけるさとうきびの作付面積のグラフや、菊の出荷量に関する資料を読み取り、「なぜさとうきびが多く栽培されているのだろう」「なぜ冬に小菊が多く出荷されているのか」などと問いをもつ。それらが盛んに栽培されている理由を調べることで、気候の特色を農業に生かしていることに気付いていく。また、温暖な気候や豊かな自然を求めて、観光客が集まる様子の写真等から読み取り、地形や気候の特色を観光業に生かしていることも捉えていく。

2. 気候や自然と人々のくらしを関連付けて考える

まとめる 暖かい土地のくらしと自然条件を関連付ける

　これまでに調べてきたことから「暖かい気候と、その土地の暮らしはどのようにつながっているのか」などと問いをもち、「家の造り」「農業や観光業の仕事」などの人々の営みと気候などの自然条件を関連付けて、人々が自然環境に適応して生活していることをまとめられるようにする。

沖縄の家の特徴	台風や水不足に備えている。
沖縄の農業	あたたかい気候を生かした作物づくり。
沖縄の観光	自然を生かした観光業。
沖縄の人々のようす	自然を守りながら生活している。

 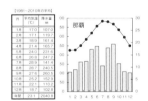

「教材化」のヒント

1. 子供の興味・関心を高める居住地と事例地の比較

　本案では、子供たちが、自分たちが住む地域の様子と沖縄県の様子を比較することで、同じ時期でも生活の様子が大きく異なることに気付き、自然条件から見て特色ある地域の人々の生活に対して興味がもてるようにする。
　まず、単元の導入では地球儀を活用して沖縄県と自分たちの住んでいる地域では緯度が異なることを捉える。さらに、自分たちが住んでいる地域と沖縄県の2月の写真を提示して、同じ2月でも人々の生活の様子に大きな違いがあることに気付かせる。自分たちの生活と比較しながら事例地の様子を読み取ることで、子供たちは、地域によって異なる地形や気候と、自然条件から見て、特色ある地域の人々の生活への興味・関心を一層高める。

2. 自然条件と産業や地域の人々の願いを関係付ける

①作付面積のグラフを見ると、さとうきび畑が多いことに気付くことができる。そこで、なぜさとうきび畑が多いのかを考えながら調べていくと、暖かい気候を生かして産業を行っていることについて考えることができる。

②沖縄県の旅行のパンフレットなど観光案内から沖縄県は全国でも有数の観光地であることを知る。沖縄県では、きれいな海などそのままの自然が観光資源となっていることに気付き、人々は自然を大切に守ろうとしていることに着目できるようにする。

第5学年 日本の食料生産の特色

内容(2) 全6時間

| 単元目標の要素 | **C**ontents：学習内容　**V**ision：見方（視点）　**I**nvestigation：調べ方（技能）　**T**hought：考え方（思考）
Knowledge：知識　　　**M**otivation：主体的に学習に取り組む態度、社会的事象に関わろうとする態度 |

指導計画

主な学習活動（内容（予想される子供の反応例））／指導の手立て

「深い学び」の学習プロセス

つかむ

 主な問い 食べているもののふるさとはどこだろう［1時間］

- ある日の給食の食材の産地を知り、国内や外国でつくられていることを知る。
- 出荷額ランキングから、なぜその地域でつくられているか疑問をもち学習計画を立てる。

・じゃがいも、ニンジン、玉ねぎは全て北海道が1位。広い土地があるからだろう。米は新潟が1位、生乳は北海道がダントツ1位。みかんは和歌山や愛媛が上位だ。外国産のものもある。どうしてかな？

指導の手立て

- 資料　メニューの食材産地一覧表：カレーライス、じゃこサラダ、みかん、牛乳
- 資料　グラフ：県別生産量（じゃがいも、ニンジン、玉ねぎ）
- 面積を根拠にした予想と矛盾する事実を提示することで、学習問題に向かう問いをつかむことができるようにする。

学習問題：私たちの食べているものは、なぜその地域で盛んにつくられているのだろう。

追究する

- 学習問題について、予想を立て、調べる計画を立てる。

 主な問い なぜその地域で盛んにつくられているだろう［2時間］

- 食料生産の盛んな地域について調べ、種類ごとに盛んな地域を明らかにする。
- 地形や気候の条件と関連付けて考えるとともに輸入されているものがあることを知る。

・和歌山県のミカンは温暖な気候と日当たりがよくなる山の斜面を生かすなど自然をうまく生かしてつくられている。

- 資料　表：食料生産量、都道府県ランキング
- 資料　写真：牧場、畑、水田、果樹園の様子
- 生産額の大きさをシールの数で表し、白地図上に表すことで、分布との関連に気付くことができるようにする。

 主な問い 食料の輸入はどのように移り変わってきたのだろう［2時間］

- 輸入割合が多い食料品の輸入先を調べ白地図に表し、遠くから運ばれていること、及び輸入したものは価格が低いことに気付く。
- 生産量と輸入量の変化を調べ、いつ頃からどのように変化したのかをつかむとともに、輸出している食品もあることから国産の品質の高さに気付く。

・パンや麺類の原料の小麦は輸入が多い。魚介類の輸入は一時急に増えた後に下がっている。国内の生産量の変化や価格と関係がある。

- 資料　世界地図、地球儀
- 輸入先の国の位置を地図や地球儀で調べ、輸入先の広がりを実感できるようにする。
- 資料　グラフ：輸入・国産、輸出量の推移
- 輸出品の変化を調べる活動を通して、国産の評価の高さに気付くことができるようにする。

まとめる

 主な問い 日本の食料生産には、どのような特色があるのだろう［1時間］

- 学習問題についてまとめるとともに、日本の食料生産の特色を考える。
- 食料生産についての感想やもっと知りたいことをキャッチコピーに表す。

学習のまとめ
・自分たちが生きるために毎日食べているものは、国内の様々なところで自然を生かして生産されていた。輸入されているものも含め、食べ物は、どれもそれぞれの地域の気候や地形を生かしてつくられているのだろう。
キャッチコピー「毎日の食事は日本の気候と地形のおかげ。外国にも感謝」
「もっと知りたい！今、食料生産の現場は？」
〈第1単元を想定している〉

単元目標	◎我が国の農業や水産業における食料生産について **C**、生産物の種類や分布、生産量の変化、輸入など外国との関わりになどに**着目して** **V**、地図帳や地球儀、各種資料**で調べてまとめ** **I**、食料生産の概要を捉え、生産額と自然条件などを**関連付けて考え** **T**、我が国の食料生産は、自然条件を生かして営まれていることや、国民の食料を確保する重要な役割を果たしていること**を理解できるようにする** **K**。 ○食料生産の概要や食料生産が国民生活に果たす役割について、学習問題の解決に向けて意欲的に追究するとともに、我が国の食料生産について**関心をもてるようにする** **M**。

単元の配慮事項

■ 自分たちが生活するために欠かせない食料について、国土と産業という観点から見つめ直すようにすること。
■ この後に学習する、農業、及び水産業等の具体的事例学習への興味・関心を高めること。
■ 生産地の分布を調べる際には、地図帳や地球儀を活用して白地図に表す。その活動を通して、国土の多様な気候や地形等の中で食料生産が営まれていること、及び地球上の各国から運ばれてくることを把握できるようにすること。

「見方・考え方」を働かせる「深い学び」のポイント

1. 分布に着目して追究し、特色に気付く

つかむ 場所による違いを意識し、疑問をもつ

給食の食材の産地を知り、食材は種類によって生産の盛んな地域が異なること、県ごとの生産量が多い理由は面積以外の要素もあることから、学習問題をつかむ。

追究する 盛んな理由を調べ、分布の特色を考える

「なぜその地域で盛んにつくられているのだろう」という問いをもち、その理由を各種資料から調べていく。

生乳の生産が盛んな地域を調べると、広い土地があることとともに、乳牛の種類が冷涼な気候を好むことが理由であることが分かる。米の生産は、新潟、北陸、秋田と、盛んな地域の分布が北に偏っていること、逆に、みかんの生産は、和歌山、静岡、愛媛と南のほうにある県が盛んであることを白地図に表す活動からつかむことができる。盛んな地域には北や南という緯度が関係していることから、食料生産には気候という自然条件が関係しているという分布の特色に気付いていく。

2. 変化に着目して食料生産の現在や未来に関心をもつ

追究する 変化に着目し、現在や今後に関心をもつ

「食料の輸入はどのように移り変わってきたのだろう」という問いをもち、時間の経過によりどのように変化をしたのかに着目し、国産が減少していること、輸入が増えた後に減少していること、さらに国産品の輸出が伸びていることから、食料生産の現在やこれからに関心をもつ。

3. 特色や意味の考察の仕方

まとめる 複数の事例を総合して考える

食料は各地域の自然条件などを生かして生産されていることを、複数の事例から総合的に考えてまとめる。

「教材化」のヒント

1. 子供の興味・関心を高め、疑問を醸成する教材

食料生産額の上位県を予想する際、身近な食べ物であるカレーライスの食材を教材として、ジャガイモ、ニンジン、玉ねぎの生産量を県ごとに表した棒グラフを用意する。どれも北海道が1位であることが一目で分かる。3つとも北海道であることから、面積が大きいことと結び付け、それを根拠として他の食材の1位を予想する子供が多くいるであろう。しかし、他の食材においては、上位3位が、米では、新潟、北海道、秋田、みかんでは、和歌山、静岡、愛媛であることが分かり、面積を根拠にした予想と大きく異なることから、盛んな理由について興味・関心が高まり、学習問題へとつながっていく。

2. 見方・考え方を働かせ、思考を促す教材

食材ごとに生産量の多い上位3県について生産量に応じた数のシールを色別に白地図に貼って表していく。これらの県は、冬に積雪の多い地域であるという既習事項を生かして、気候が関係しているという見方・考え方が働くようになる。みかんでは、南の県で盛んであることから、温かい気候を生かして生産しているのではないかという見方・考え方が働くようになる。さらに、米では広い土地や大きな川など地形を生かしているという事実から、「みかんでも地形を生かして生産しているのではないか」という見方・考え方を働かせることが期待できる。

第5学年 我が国の農業における食料生産

内容(2) 全8時間

単元目標の要素	**C**ontents：学習内容	**V**ision：見方（視点）	**I**nvestigation：調べ方（技能）	**T**hought：考え方（思考）
	Knowledge：知識	**M**otivation：主体的に学習に取り組む態度、社会的事象に関わろうとする態度		

指導計画

主な学習活動（内容（予想される子供の反応例））／指導の手立て

[つかむ]

 主な問い おいしい米は、どの辺りでつくられているのだろう [1時間]
- 米の食味ランキングで、魚沼産コシヒカリが連続特Aを獲得していることやBさんの米袋から疑問をもち、学習問題を設定する。
  - ・北陸、東北地方以外でも、日本中で米はつくられている。
  - ・なんで魚沼市はおいしいお米がつくれるのだろう。

指導の手立て
- ●前単元の学習内容（米が新潟県などで盛んに作られていること）を想起させ、米作りへの関心を高めることができるようにする。
- **資料** 表：米の食味ランキング特A銘柄
- **資料** 米袋実物：魚沼産（生産者Bさん）

学習問題：魚沼市のBさんは、どのように米作りをしているのだろう。

- 学習問題について、予想を立て、調べる計画を立てる。

[追究する] 「深い学び」の学習プロセス

 主な問い なぜ、魚沼では米作りが盛んなのだろうか [1時間]
- 自然環境や田の整備・農業試験場、農協の支援などについて調べ、協力的な取組をまとめる。
  - ・気候・水がとてもいい所なんだ。
  - ・田んぼの整備をしたり品種改良をしたりしている。

- ●地図や米袋などから米作りが盛んな地域の特色を捉えられるようにする。
- **資料** 魚沼市の自然環境が分かる資料
- **資料** 農業関係者の協力的な取組
- **資料** コシヒカリの品種改良

 主な問い Bさんはどのように米作りをしているのだろう [3時間]
- 農事暦や米作りの作業を具体的に調べ、Bさんの工夫や努力を考える。
  - ・少ない人数で短時間で田植えができちゃうんだね。
  - ・機械の値段が高いけど、みんなで共同で使っている。
  - ・Bさんが作った米はどうやって届くのかな？

- ●一般的な米作りとBさんの米作りを比べることで、Bさんが様々な工夫や努力をしていることを捉えるができるようにする。
- **資料** 機械の種類と値段
- **資料** Bさんたちの機械の使用の計画
- **資料** Bさんの会社や米の保管倉庫
- **資料** Bさんの米の注文から発送の流れ

 主な問い Bさんが作った米はどのように自分たちの所に届くのだろう？ [1時間]
- 米がどのように自分たちの所に届くのか調べ、輸送（精米・発送）の工夫について考える。
  - ・顔が見えるお米を美味しく食べられるようにしているんだね。
  - ・いろいろな費用がかかる。

- ●生産、輸送、販売の過程を知ることで、価格には様々な費用が反映されることを理解できるようにする。

[まとめる]

主な問い 米作りはこれからどうあるべきなのか考えよう [2時間]
- 学習問題についてまとめる。
- Bさんの米作りの問題と日本の農業問題とを関わらせて捉え、生産者と消費者の立場から農業の発展について話し合う。
  - ・消費者のニーズに応え、美味しく安心して食べられる米を生産するために、様々な工夫をしている。（生産者）
  - ・6次産業化して、販売の仕方を工夫したり輸出もしたりしていく。（生産者）
  - ・主食の米についてもっとよく知りたい。（消費者）

- ●課題を克服する取組を知り、農業の発展について考えられるようにする。
- **資料** グラフ：農業人口の変化
- **資料** グラフ：米の生産量と消費量の変化

総務省HP

- **資料** 米粉パンなど米の消費量を促す取組

単元目標	◎我が国の農業における食料生産について C 、生産量の変化、生産の工程、人々の協力関係、技術の向上、輸送、価格や費用などに着目して V 、地図帳や地球儀、各種の資料などで調べてまとめ I 、稲作に関わる人々の工夫や努力を捉え、食料生産が国民生活に果たす役割やその働きを考え T 、国民の食料を確保する重要な役割を果たしていることを理解できるようにする K 。

◎我が国の農業における食料生産について調べ、学習問題の解決に向けて意欲的に追究し、消費者や生産者の立場などから多角的に考え、これからの農業の発展について、自分の考えをまとめようとしている M 。

単元の配慮事項

- 食料生産の盛んな地域の具体的事例として、稲作を必ず取り上げること。
- 消費者や生産者の立場などから多角的に農業の現状を捉えることを通して、これからの農業の発展について、自分の考えをまとめることができるよう配慮すること。

「見方・考え方」を働かせる「深い学び」のポイント

1. 生産性・品質を高める工夫に着目して追究する

つかむ 魚沼米の品質や生産性の高さを知り、工夫や努力への関心を高める

米は日本中で作られているが、新潟県の魚沼市では、食味ランキングで特A評価を連続で獲得するなど、消費者から高い評価を得ている。この事実を知ることで、おいしい米を生産している魚沼への興味・関心が高まっていく。さらに、魚沼の農家Bさんの工夫に焦点をあて、「魚沼の農家はどのようにして米をつくっているのか」等の問いをもち、学習問題へ問題意識がつながっていく。

追究する 一般的な米作りとBさんの米作りを比較することで、Bさんの工夫や願いを考えるようにする

「Bさんはどのように米作りをしているのだろう」などと問いをもち、おいしい米がどのようにつくられているのかを調べていく。

Bさんならではの工夫が捉えられるように、一般的な農家の農事暦とBさんの農事暦を比較し、Bさんならではの工夫を調べていく。また、作業の様子を具体的に調べる中で、Bさんの人柄を含めて、Bさんの米作りに対するこだわりや願いなども実感をもって考えていくことができる。

2. 価格や費用に着目して追究できるようにする

追究する 少人数で農作業ができることから費用を抑え生産性を高める工夫を考える

高齢化が進んでいる中でも機械化などにより少人数で作業できることや共同で会社を作り倉庫に保存し精米・発送をしていることについて調べ、費用を抑え生産性を高める工夫をしていることを理解できるようにする。

3. 日本のこれからの農業の発展について考えることができるようにする

まとめる 農業の発展について消費者や生産者の立場などから多角的に考えられるようにする

自分たちの食生活を支える米作りや農業について、高齢化や消費量・生産量の減少などの課題があることを知り、解決策を生産者や消費者の立場に立って考える。

また、その他の米作り農家の販売の工夫や輸出に取り組んでいる事例なども調べることで、課題を克服する取組を生産者、消費者の立場で考え、どの取組がよいと感じたかを話し合い、これからの農業の発展について考えることができるようにする。

「教材化」のヒント

1. 子供の興味・関心を高める米作りとの出合い

家にある米袋を持ち寄り、日常的に食べている米の存在を再確認できるようにする。

Bさんの米袋も用意して、観察することでBさんの工夫や産地の特色にも目が向くようにして、興味・関心を高め、学習問題につなげる。

2. 見方・考え方を働かせ農業の発展を考える教材

Bさんは会社を作り、機械を共同で使用したり、収穫した米を大きな倉庫で保管しインターネット等での注文を受けて精米・販売したりして6次産業化を図っている。農業全体の課題である高齢化や農業人口の減少などの現状に対して、6次産業化することで克服していることを捉えるとともに、広く農業の発展を考えることができる。

また、6次産業化を学習することで、農業以外の職種の人々とも協力して課題の解決に当たっているという見方・考え方が働くようになる。また、農業だけでなく他の学習場面においても、人々の協力関係に着目するという見方・考え方を働くことにつながっていく。

生産者がわかる米袋

第5学年 我が国の水産業における食料生産

内容(2) 全8時間

単元目標の要素	**C**ontents：学習内容	**V**ision：見方（視点）	**I**nvestigation：調べ方（技能）	**T**hought：考え方（思考）
	Knowledge：知識	**M**otivation：主体的に学習に取り組む態度、社会的事象に関わろうとする態度		

指導計画

「深い学び」の学習プロセス

つかむ

主な学習活動　内容（予想される子供の反応例）	指導の手立て
主な問い なぜ私たちはたくさんの魚介類を食べられるのだろう［2時間］ ●普段の食事を振り返り、水産物を多く食べていることを認識する。 ●日本の魚介類年間消費量や漁獲量の表、排他的経済水域の図などの資料を比較したり関連付けたりして日本の漁獲量や消費量が多い理由を調べる。 ●漁獲量の多い地域について、日本の周りの海流や地形について調べ、魚介類が捕れる理由を考える。 ・日本は海に囲まれているから魚がたくさん捕れるんだね。 ・カツオは海流がぶつかる太平洋側でよく捕れるね。 ・遠い海からどうやって私たちのところに来るのかな。 ●まとめたことから疑問点を出し合い学習問題を設定し学習計画を立てる。	●普段の食事を振り返り、加工品・○○産・養殖・輸入など多くの水産物を食べていることを認識できるようにする。 **資料** グラフ：年間消費量・年間漁獲量 **資料** 図：排他的経済水域、国土 ●日本の国土面積と排他的経済水域の海洋面積を比較し、海洋大国であることを捉えられるようにする。 ●広大な海洋を実感し、なぜいつでも魚介類を食べることができるのか考え、学習問題を設定できるようにする。

学習問題：毎日のように食べている魚介類はどのようにして私たちの元に届くのだろう。

追究する

主な問い 焼津漁港ではどのようにカツオを捕り出荷するのだろう［2時間］ ●目的によって異なる漁法や加工品の価格を比較し、漁の様子の資料から遠洋漁業の特徴をまとめる。 ・目的によって捕り方を変えると費用も変わるね。 ・捕ったカツオはすぐに冷凍して鮮度が落ちないように工夫して運んでいるね。 ●遠洋で捕られた後や水あげされた後のカツオについて出荷、加工、運搬の視点で調べ、まとめる。 **主な問い** つくり育て販売する漁業とはどのようなものなのだろう［2時間］ ●水産業の6次産業化について調べ、漁業の変化を捉える。 ・養殖した牡蠣をその場で捕り、食べることができるって新鮮でおいしそう。 **主な問い** 日本の水産業の未来はどうあるべきなのだろう［2時間］ ●学習問題に対する自分の考えをまとめる。 ●安定した漁業生産を目指した稚魚育成や水産資源を守ろうとするための活動を調べ話し合い、日本の水産業の未来について考えたことをまとめる。	●一本釣りと巻き網漁の漁法や加工後の品物の値段の比較を通して、違いの意味を考えることができるようにする。 **資料** 映像・資料集：漁の様子 **資料** ホームページ：焼津漁港組合 ●カツオを捕った直後や水揚げ後に新鮮なまま輸送するための工夫（冷凍や生け簀）を捉られるようにする。 **資料** グラフ：漁業別生産量 **資料** グラフ：水産業従事者の推移 ●養殖だけでなく地産地消する6次産業化が発展していることの意味を考えられるようにする。 **資料** 文書・ホームページ：マリンエコラベルジャパン ●水産資源を安定して確保し、安全で安心した水産物を届ける水産業を持続するために必要なことを生産者や消費者の立場から考えるようにする。

まとめる

・日本の水産業をより発展させるためには、ブランド化したり養殖したりしたものを様々な方法で販売し、より安全で安心でき、おいしい水産物を提供する必要があります。（生産者の立場）
・私たちはマリンエコラベルジャパンのマークがあるものを選んだり、水産業についてもっと学んだりすることで、海の資源や生態系にも気をつけていくことができます。（消費者の立場）

［小学校社会科］学習指導案文例集

単元目標

◎我が国の水産業における食料生産**について** **C**、生産量の変化、生産の工程、人間の協力関係、技術の向上、輸送、価格や費用など**に着目して** **V**、地図帳や地球儀、各種の資料**で調べまとめ** **I**、食糧生産に関わる人の工夫や努力を捉え、その働き**を考え** **T**、食料生産を支えていること**を理解できるようにする** **K**。

◎我が国の水産業における食糧生産について調べ、学習問題の解決に向けて意欲的に追究しようとするとともに、消費者や生産者の立場などから多角的に考えて、これからの水産業の発展について、自分の考え**をまとめようとしている** **M**。

単元の配慮事項

■ 食料生産の具体的事例として、稲作だけでなく、野菜、果実、畜産物、水産物などの中から一つを取り上げること。

■ 自分の考えをまとめたり消費者や生産者の立場からそれぞれの思いや願いを考えたりして、日本の水産業の発展を多角的に捉えられるような場面を設定すること。

「見方・考え方」を働かせる「深い学び」のポイント

1. 水産業の技術の向上や水産業に関わる人の協力関係に着目して追究できるようにする

つかむ 自分の生活と水産業とのつながりを意識する

味噌汁の出汁には煮干しや鰹節などが使われていることなど普段の食事を振り返る活動から、子供たちが認識しているよりも魚介類を食べているという実感が生まれてくる。そこから「なぜ多くの魚介類を食べることができるのだろう」と問いをもつようになる。また、日本の排他的経済水域や海流を調べ、日本が海洋大国であることを捉えていく。

追究する 追究の視点を生かしてカツオが届くまでの行程を調べる

「カツオはどのようにしてわたしたちの元へ届くのか」などと問いをもち、遠洋漁業や沖合漁業を比較しながら調べ、販売目的にあった漁をしていることを捉える。また、遠い海から近くのスーパーで購入するまでの過程などに着目して調べることで生産者、販売者の工夫や努力の意味を具体的に理解する。また、理解したことを基にして、それぞれの思いや願いについて考え、表現する。

2. 生産の工程や生産量の変化など、水産業の変容について関連付けて考えることができるようにする

追究する 養殖業と第6次産業の役割を関連付ける

生産量や水産業従事者の減少の様子や理由を捉え、実態を理解した後、養殖業に焦点を当てて調べ、「養殖している水産物にはどのようなものがあるのだろう」などと問いをもち、養殖牡蠣の販売の工夫を調べる過程で、水産業の6次産業化を捉える。また、漁協と漁業者が一体となって養殖・管理・販売をしているという人と人との協力関係も捉えていく。

3. これからの日本の水産業の発展について考えることができるようにする

まとめる 生産者、消費者など様々な立場から多角的に考える

水産資源を守る活動をしている人々や団体について調べることを通して「日本の水産業の未来はどうあるべきか」という問いをもち、水産業のこれからについて話し合う。その後、生産者か消費者のどちらかの立場に立って水産業の発展について考える。

「教材化」のヒント

1. 自然条件との関わりに気付く地図等の資料

排他的経済水域が日本の国土面積の約12倍であること、暖流と寒流がぶつかり魚介類が豊富に捕れることなどを地図などの資料を使い空間的に捉え、水産業が自然条件を生かして営まれていることに気付く。

2. 見方・考え方を働かせる「協力関係」が見える教材

本単元では産地直売施設での直接販売を取り上げた。

ほかにも、漁業・漁村体験、漁家レストランの経営などを事例として取り上げることができる。どの事例を選択しても、今ある水産業の形を発展させ、よりよい水産業を目指しているという視点に気付くようにする。そして漁師だけでなく様々な人の働きの協力関係に着目した見方・考え方を働かせるようにする。

3. 水産業の発展を多角的に考える教材

「日本の水産業の未来はどうあるべきか」と消費者・生産者の立場に立って水産業の発展を考えるために、マリンエコラベルジャパンを取り上げた。この制度は、「持続可能な水産物」を「現在および将来の世代にわたって最適利用ができるよう、資源が維持されている水産物」と意義付け、資源と生態系の保護に積極的に取り組んでいる漁業を認証し、水産エコラベルをつけるものである。

このラベルの意味を理解することを通して、生産者や消費者の立場から、これからも日本の水産業が持続可能な水産業であるためには何をすることが必要なのか、多角的に考える。同時に、今後の水産業の発展について考えようとする態度が養われていく。

第5学年 身のまわりの工業製品と私たちのくらしの変化

内容(3) 全6時間

単元目標の要素	**C**ontents：学習内容　**V**ision：見方（視点）　**I**nvestigation：調べ方（技能）　**T**hought：考え方（思考）　**K**nowledge：知識　**M**otivation：主体的に学習に取り組む態度、社会的事象に関わろうとする態度

指導計画

主な学習活動（内容（予想される子供の反応例））／指導の手立て

つかむ

主な問い：私たちのくらしで使っている工業製品はどのような種類に分けられるだろう [2時間]

- 身のまわりの工業製品を調べ、分類する。
- 気付いたことや、疑問点を話し合い、学習問題を設定する。

・機械や文房具、食品などたくさんの種類に分けられる。
・洗濯機や炊飯器は昔に比べて、自動になり便利になっている。

- 時代ごとの電化製品の写真を提示して、工業製品が変化していることに気付くことができるようにする。
- **資料** 身のまわりの工業製品の写真、金属、機械、化学、食品、繊維など

学習問題：私たちの生活を支えている工業製品は、どこで作られ、どのように変化しているのだろう。

- 学習問題について、予想を立て、調べる計画を立てる。

・生活に必要な工業製品は都市の周りで作られていると思う。
・区にある工場と同じで、川や大きな道路のそばにあると思う。
・コンピュータの機能をつけた製品の改良が行われていると思う。

- 食料生産の学習や3年時の地域の生産で工場を選択した場合は、その学習を想起し、予想を立てられるようにする。
- **資料** 日本地図
- **資料** 3年で学習した区の工場の様子の地図

追究する「深い学び」の学習プロセス

主な問い：工業製品はどこでつくられているのだろう [2時間]

- 都道府県別生産量1位の製品や、地図等を調べ、白地図にまとめる。

・鉄鋼や自動車は愛知で多く生産されている。
・医薬品は埼玉が第1位だ。

- 調べたことを白地図にまとめ、予想と比べ、工業生産が盛んな場所について考えることができるようにする。
- **資料** 地図帳
- **資料** 資料集、インターネットの資料等

- 日本の工業生産の分布の地図や工業種類別の工業生産額の割合の変化が分かるグラフから、地理的特色を調べる。

・太平洋ベルトで日本全体の2分の1以上の工業生産額を占めているよ。
・高速道路が発達したから、内陸にも工業地域が広がっている。

- 工業生産の分布の地図と地図帳を比較し、地理的特色、交通網との関連について考えることができるようにする。
- **資料** 工業種類別の工業生産額の割合の変化が分かるグラフ
- **資料** 日本の工業生産の分布の地図

主な問い：日本の工業生産はどのように発達してきたのだろう [1時間]

- 電化製品の改良により、国民の生活が変化してきたことを調べる。

・生活を便利にするために、新しい機能を付けたり、改良したりしている。

- 電化製品の改良により、どのように生活が便利になったのか考える。
- **資料** 洗濯機、炊飯器、掃除機、テレビ等の改良の変化が分かる写真

まとめる

主な問い：日本の工業生産はどのような特色があるのだろう [1時間]

- 調べたことを振り返り学習問題について考えたことをまとめ、日本の工業生産の特色について話し合い、白地図を完成させる。

・日本各地には、それぞれの地域で盛んな工業生産がある。
・日本の工業製品が発達して、生活が便利になっている。

- 前時までに調べてきたことをまとめた白地図及び資料を使って、学習問題に対する考えを書くことができるようにする。

[小学校社会科] 学習指導案文例集

124

単元目標	◎我が国の工業生産について**C**、工業の種類、工業の盛んな地域の分布、工業製品の改良などに**着目して** **V**、地図帳や地球儀、各種の資料**で調べて**、白地図などに**まとめ** **I**、工業生産の概要を捉え、工業生産が国民生活に果たす役割**を考え** **T**、我が国では様々な工業生産が行われていることや、国土には工業の盛んな地域が広がっていること、及び工業製品は国民生活の向上に重要な役割を果たしていること**を理解できるようにする** **K**。 ◎我が国の工業生産について、学習問題の解決に向けて意欲的**に追究しようとしている** **M**。

単元の配慮事項

- 工業生産の学習の導入として、日本の工業生産の概要を捉えることに重点を置くこと。
- これからの工業の発展について、身の回りにある工業製品について取り扱い、消費者の立場から自分の考えをまとめられるようにすること。
- 生産者の立場から考えることを確認し、次の工業の盛んな地域の具体的事例の学習につなげること。

「見方・考え方」を働かせる「深い学び」のポイント

1. 製品の種類、生産の分布や改良の変化に着目して追究できるようにする

つかむ 身のまわりにある様々な工業製品を分類する

身のまわりにある工業製品について、「どのような種類に分けられるのだろう」と問うことで、金属、機械、化学、食料品、繊維などの工業の種類があることが分かる。

追究する 日本の工業生産の分布図と地勢図を比較する

「工場が多く集まっている地域はどのような特色があるのだろう」という問いをもち、分布図と地図帳を比較しながら地理的特色、交通網との関連などを読み取る。

追究する 工業生産の変化を調べる

工業種類別生産額の割合の変化が分かるグラフから「年を追うごとに、工業生産額の割合がどのように変化しているのだろう」という問いをもち、工業生産の特色を捉える。

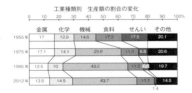

2. 工業生産が国民生活に果たす役割を考える

追究する 工業製品と生活の変化を関連付けて考える

電化製品の改良の変化が分かる写真資料を基に、「どのように改良されてきたのだろう」「それによりどのようにくらしが変化したのだろう」という問いをもち、製品と生活の変化を関連付けて、私たちの生活の利便性を追求するために日本の工業生産が発達してきたことを考える。

まとめる 1枚の白地図にまとめ、総合して考える

「追究する」段階で調べたことを1枚の白地図にまとめていく。調べてきたことを総合して話し合い、工業生産が国民生活に果たす役割を考える。

3. これからの工業の発展について考えることができるようにする

まとめる 消費者の立場から考える

「これからの工業生産はどうなるのだろう」という問いをもち、工業の発展について考える。食料生産の学習と関連付け、生産者の立場から考える視点をもち、次の単元の学習につなげるようにする。

「教材化」のヒント

1. 興味・関心を高める身のまわりにある工業製品

本学習では、身のまわりにある工業製品を分類する活動を取り入れ、日本の工業製品についての興味・関心を高める。また、IoTの技術により改良が進み、自動化していく電化製品を取り上げ、工業生産の発展についても考えることができるようにする。

2. 見方・考え方を働かせる地図やグラフ

①都道府県別生産量1位の製品を白地図にまとめたり、日本の工業生産の分布の地図を調べたりすることで、海岸地域や交通網の発達により内陸にも工業地域が広がっていることが分かってくる。

②工業種類別の工業生産額の割合の変化が分かるグラフを調べることで、生産される主な工業製品の移り変わりが見えてくる。また、工業製品の改良の変化を調べ、工業生産の移り変わりが生活の変化と関わってくることに気付いていく。

3. 日本の工業生産の概要を捉えるための白地図

学習問題を追究してきたことを1枚の白地図にまとめていく。「まとめる」段階において、1枚の白地図資料から総合して、工業生産が国民生活に果たす役割やこれからの工業生産の発展について考えを書き表し、工業生産の概要を捉える作品づくりができる。

第5学年 自動車をつくる工業

内容(3) 全8時間

単元目標の要素	**C**ontents：学習内容	**V**ision：見方（視点）	**I**nvestigation：調べ方（技能）	**T**hought：考え方（思考）
	Knowledge：知識	**M**otivation：主体的に学習に取り組む態度、社会的事象に関わろうとする態度		

指導計画

	主な学習活動	内容（予想される子供の反応例）	指導の手立て

つかむ

 主な問い **自動車は私たちのくらしとどのように関わっているのだろう [2時間]**

- 自動車はどのようなところでつくられているのか調べる。
  - 各地に組み立て工場があり、周りに多くの関連工場があるよ。
- 日本の自動車はなぜたくさん生産されているのか予想する。
  - 燃費がよいからかな。故障が少ないからかな。

学習問題：自動車づくりにたずさわっている人々は、どのように自動車をつくって、私たちに届けているのだろう。

- 学習問題に対する予想をもとに学習計画を立てる。
  - 消費者のことを考えて、安全な車をつくっているのかな。
  - 組み立てるときに工夫して、工場が協力してつくっている。

資料 自動車工場の分布図
資料 世界の自動車の生産台数ランキング

順位	国名	台数（単位：台）
1	中国	28,118,794
2	米国	12,198,137
3	日本	9,204,590
4	ドイツ	6,062,562
5	インド	4,488,965

【出典：OICA】

- 日本の自動車が、世界でも多く生産されていることから、その理由を予想し、「どのようにつくっているのか」という問いをもつことができるようにする。

「深い学び」の学習プロセス

追究する

 主な問い **自動車会社はどんな車をつくろうとしているのだろう [1時間]**

- 自動車に乗る人たちのニーズについて考える。
  - 消費者は安全面やデザイン、燃費などを重視している。
- 自動車会社はどのような自動車を開発しているのか調べる。
  - 安心、安全な車や環境にも配慮した車などをつくっている。

資料 保護者へのアンケート結果
資料 自動車会社のHP

- 新車購入のシミュレーションを行うことで、消費者の立場になって重視する点に気が付くようにする。
- 最新の自動車の性能について調べる。

 主な問い **工場で働く人々は、どのように自動車をつくっているのだろう [3時間]**

- 組み立て工場での生産工程や工夫を調べる。
  - プレス→ようせつ→塗装→組み立て→検査と分担している。
- 関連工場での生産工程や工夫を調べる。
  - 注文に合わせて、必要な部品を必要な数だけ生産している。
- 中小工場の働きについて調べる。
  - 各工場で、特徴を生かして部品を生産している。

資料 組み立て工場での生産工程の図
資料 工場で働く人の話
資料 関連工場とのつながりの図や写真
- 関連工場の仕事を調べ、組み立て工場とのつながりを捉えられるようにする。
資料 中小工場で働く人の話
資料 注文から納車までの流れが分かる写真

 主な問い **完成した自動車は、どのようにして私たちのもとに届けられるのだろう [1時間]**

- 自動車の注文から、消費者に届けられるまでの過程を調べる。
  - トラックや船で運んでいる。
  - 決まった時間までに傷つけないよう工夫している。

まとめる

 主な問い **これからの工業はどのように発展していくのだろう [1時間]**

- これからの我が国の工業の発展について考える。

資料 日本の自動車生産台数の変化のグラフ
- 生産台数が減少していることから、これからのことを考える。

- 組み立て工場と関連工場が協力して、安心・安全で使いやすい自動車を効率的につくっている。
- 消費者は、価格だけでなく利便性や環境に配慮した自動車を選ぶようになっている。そうしたニーズに応えるために、生産者は研究開発して、技術を向上させて生産するよう努力している。

| 単元目標 | ◎我が国の工業生産について C、自動車製造の工程、工場相互の協力関係、優れた技術などに着目して V、見学や聞き取り調査をしたり各種の資料で調べたりして、新聞などにまとめ I、工業生産に関わる人の工夫や努力を捉え、その働きを考え T、表現することを通して、工業生産に関わる人々は、消費者の需要や社会の変化に対応し、優れた製品を生産するよう様々な工夫や努力をして、工業生産を支えていることを理解できるようにする K。
◎自動車生産の工程や、自動車生産に関わる人の工夫や努力を調べ、学習問題の解決に向けて意欲的に追究し、これからの工業の発展について、学んだことをもとにして考えようとしている M。 |

単元の配慮事項

■ 金属工業、機械工業、化学工業、食料品工業などから、工業の盛んな地域の具体的事例を取り上げて調べること。
■ 消費者や生産者の立場などから多角的に考えて、これからの工業の発展について、自分の考えをまとめられるように配慮すること。

「見方・考え方」を働かせる「深い学び」のポイント

1. 工業生産に関わる人々の工夫や努力に着目して追究できるようにする

つかむ 自分との関わりを意識する

「自動車は私たちのくらしとどのように関わっているのか」という、日常生活で利用する場面を考えるところから、「私たちが使っている自動車はどのようにつくられているのか」という学習問題へつながる問いをもつ。

追究する 開発での工夫や努力を調べる

「自動車会社はどのような自動車をつくろうとしているのか」などという問いをもち、自動車生産の概要を調べる。開発の段階では、「安心、安全」「デザイン」といった消費者のニーズのほかに「事故を減らすために自動ブレーキや自動運転の機能を装備する」といった社会の変化にも対応していることに気付く。

追究する 製造の工程での工夫や努力を調べる

製造の工程においては、自動車づくりが効率的に行われていることや、働く人々にとっても働きやすい環境をつくり出していることを捉える。

2. 工場相互の関係を考えることができるようにする

つかむ 広がりから考える

工場の分布（広がり）や、たくさんの工場があることから、立地条件を考え、「それぞれの工場が関係しているのではないか」という問いをもつ。

追究する 組み立て工場と関連工場の役割を関連付ける

組み立て工場は必要な部品を必要なときに発注し、関連工場はその注文に応えるというそれぞれの役割を果たすことで工業生産が成り立っていることに気付く。

3. これからの工業の発展について考えることができるようにする

まとめる 消費者のニーズや社会の変化と関連付ける

「自動車の注文から生産、消費者までの輸送」の概要を調べる中で、我が国の工業の発展について自分の考えをまとめる。消費者の多様なニーズや、環境面やバリアフリーなど、時代に合わせて、優れた技術を生かし、工場相互が協力することで、日本の工業生産が発展していることを捉えていく。

「教材化」のヒント

1. 子供の興味・関心を高める資料

世界的に見ても、日本の自動車がたくさん売れていることが分かるグラフを用いることで、「なぜ、たくさん売れるのか？」という問いをもつ。

消費者の立場から「どのような車が必要か」を考えるために、新車を購入するシミュレーションを行う。自動車会社のHPからでも可能である。

世界で見るとたくさん売れているものの、日本の自動車生産の推移を表すグラフを示すことで、「年々生産が減っている」という矛盾点に気付く。そこから「どうすればよいのか」という、これからの工業生産の発展について考えることができる。

2. 見方・考え方を働かせる教材

組み立て工場と関連工場がどのように関わっているのかということが分かる図を使用することで、工場相互が協力関係にあり、それぞれが重要な役割を果たしていることに気付く。

日本の自動車会社が実用化、または開発している最新の機能について調べることで、優れた技術により自動車が生産されていることに気付く。また、近隣にある中小工場を調べ、「一つの部品が欠けても自動車が完成しない」＝重要な役割を果たしていることや、「工場ごとに高い技術で部品を生産している」ことを調べることで、働く人々の仕事に対する思いを考えることができる。

【出典：日本自動車工業会】

第5学年

内容(3) 全6時間

工業生産を支える貿易と運輸

単元目標の要素	**C**ontents：学習内容	**V**ision：見方（視点）	**I**nvestigation：調べ方（技能）	**T**hought：考え方（思考）
	Knowledge：知識	**M**otivation：主体的に学習に取り組む態度、社会的事象に関わろうとする態度		

指導計画

「深い学び」の学習プロセス

つかむ

主な学習活動　内容（予想される子供の反応例）

 主な問い 日本は、外国とどのような貿易をしているのだろう [2時間]

- 日本の主な貿易相手国を調べる。
  - ・近い国もあれば、遠くの国とも貿易をしているんだね。
  - ・なぜわざわざ遠い国と貿易するんだろう。
- 日本の主な輸入品について調べる。
  - ・物を作る材料になっていることが多いんだ。
  - ・エネルギー源にもなっているよ。
- 輸入品がどう使われているか調べる。
- 日本の主な輸出品について調べる。
  - ・車やパソコンなど、工業で作った物が多いんだね。
- 疑問をもとに、学習問題を考え、予想を基に学習計画を立てる。

指導の手立て

- 自動車工業の学習を想起させ、日本は工業製品や原材料を輸出・輸入をしていることを確認できるようにする。
- **資料** 日本の主な輸出入相手国
  - ・中国、アメリカ、韓国 オーストラリア、サウジアラビア
- **資料** 日本の主な輸入品目
- 身近な工業製品を取り上げ、原材料の大半が輸入品であることを実感できるようにする。
- **資料** 日本の主な輸出品目
  - ・自動車、電子機器、自動車部品

学習問題：貿易品は、どのように運ばれているのだろう。

追究する

 主な問い 運輸の手段には、どのようなものがあるのだろう [1時間]

- 輸送方法とその特徴、交通網の広がりについて調べる。
  - ・輸送方法によって、特徴がちがうんだ。
  - ・日本中に交通網がはりめぐらされているんだね。

主な問い 日本の貿易品は、どんな方法で運ばれているのだろう [1時間]

- 日本の貿易品の輸送方法について調べる。
  - ・99.6％が船で、予想より圧倒的に船の割合が多い。ほとんどが船で運ばれているんだ。
- なぜ貿易に船がたくさん使われているのか考える。
  - ・船だと時間はかかるけど、一度に大量の荷物を運べるし、費用も安く済むからかな。

- **資料** 輸送方法と特徴
  - ・飛行機、トラック、電車、船
  - ・特徴：時間、量、費用、主な貨物
- **資料** 交通網の広がり
  - ・高速道路、鉄道、空港、港
- **資料** 貿易の輸送方法の割合（金額・重量）

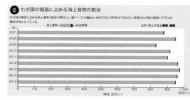

日本船主協会HPより

まとめる

主な問い 船の輸送が止まってしまったら、工業はどうなるだろう [2時間]

- 船の輸送が止まった場合の工業への影響について考え、話し合う。
  - ・原料やエネルギーが輸入できず、生産が止まってしまう。
  - ・作った物も、輸出できないから売れなくなっちゃうよ。
- 日本の工業の特色について、カルタにまとめる。
  - ・海運は　日本の工業　支えてる
  - ・自動車は　工業製品　日本代表

- 単元を振り返り、カルタの語句にまとめることで日本の工業の特色を捉えることができるようにする。

| 単元目標 | ◎我が国の工業生産について **C**、交通網の広がり、外国との関わりなどに着目して **V**、地図帳や地球儀、各種の資料で調べてまとめ **I**、貿易や運輸は、原材料の確保や製品の販売などにおいて、工業生産を支える重要な役割を果たしていることを理解できるようにする **K**。
◎工業生産における貿易や運輸の役割について、学習問題の解決に向けて意欲的に追究しようとしている **M**。 |

単元の配慮事項

■ 貿易や輸送方法の特色について学習するだけでなく、「貿易や運輸が工業生産を支える重要な役割を果たしている」ことを追究できるようにすること。

■ 学習のまとめをする際、貿易や運輸についてだけではなく、日本の工業生産全体について考えることができるようにすること。

「見方・考え方」を働かせる「深い学び」のポイント

1. 交通網の広がり、外国との関わりなどに着目して追究する

つかむ 輸入品の使われ方について調べる

単純に輸入品目、輸出品目を調べるだけでなく、「なぜその品目を輸入しているのだろう」という問いをもって追究する。「エネルギーや製品の材料になっている」という事実から「エネルギー源や原料が少ない」という日本の地理的特色を踏まえた上で、「原材料を輸入して加工し、製品を輸出している」という日本の工業生産の特色を捉えていく。

追究する 輸送方法の特徴を調べて比較する

現在日本では、主に航空機・トラック・鉄道・船による輸送が行われている。「輸送方法にはどのような特徴があるのだろう」という問いをもち、時間・量・費用などの点でそれぞれの特徴を捉えて輸送方法を比較し、「ICチップは小さく、値段も高いので飛行機で運ばれる」など、貨物によって輸送方法が選択されている理由について考える。

	時間	量	費用	貨物
航空機	◎	▲	▲	IC、カメラ、医薬品
トラック	○	○	○	砂利、機械、食料品
鉄道	○	○	○	石油製品、セメント
船	▲	◎	◎	原油、鉄鉱石、木材

2. 各種資料から読み取った事実や既習事項と関連付けて、海運の重要性について考える

追究する 貿易における輸送方法の割合を調べる

棒グラフなどの資料から、金額ベース・重量ベースともに大半を船による輸送が占めていることを捉える。

まとめる 船の輸送が止まってしまった場合を想定する

もし海運が止まってしまうと、原材料やエネルギー源の輸入、製品の輸出ができなくなってしまう。

日本の工業生産にとって、海運は極めて重要な役割を果たしていることを捉える。既習事項である食料の輸入についても想起し、日本にとっての海運の重要性を多角的に捉え、考えていく。

「教材化」のヒント

1. 子供の興味・関心を高める原材料調べ

つかむ段階で輸入品の使われ方を調べる際、子供に身近な物の原材料を調べる。机が木材や鉄（鉄鉱石）、ペットボトルが石油（原油）といったように、身の回りにある物の大半が輸入品を原材料としていることが分かる。また、「輸入がなくなったらどれだけの物が周りからなくなるか」を想像させてみるのもよい。身近な物を取り上げることで、子供たちの興味・関心を高められるようにする。

2. 工業に対する視点を焦点化するカルタ作り

まとめる段階では、工業についてオリジナルカルタを作る。貿易・運輸についての学習だが、工業生産の学習のまとめ単元と位置付けているので、日本の工業の特色についてカルタにまとめさせると、工業に対する視点を焦点化することができる。

50音を学級全員で配分して取り組ませると、重なりが出ずに1つのセットを作成することができる。完成したカルタでカルタ大会をすると予告しておくと、いっそう子供たちの意欲が高まる。

第5学年 情報をつくり伝える仕事 ～新聞～

内容(4) 全8時間

単元目標の要素	**C**ontents：学習内容	**V**ision：見方（視点）	**I**nvestigation：調べ方（技能）	**T**hought：考え方（思考）
	Knowledge：知識	**M**otivation：主体的に学習に取り組む態度、社会的事象に関わろうとする態度		

指導計画

「深い学び」の学習プロセス

	主な学習活動　内容（予想される子供の反応例）	指導の手立て

つかむ

主な問い 私たちはニュースなどの情報をどのように集めているのだろう ［2時間］

- 各情報媒体の特徴を考えながら情報を入手する方法について話し合う。
- 新聞紙面の構成や記事の内容を調べ、紙面づくりの特徴について気付いたことを発表する。
- 学習問題について、予想を立て、実際に調べる計画を立てる。

・普段はテレビのニュース番組をよく見ているよ。
・ニュースについてもっと詳しく知りたい場合は、新聞で確認することがある。
・急いで知りたいときは、インターネットのニュースを見るよ。
・新聞には「見出し」があるよ。
・新聞は記事によって、ページや大きさが違うんだなあ。

資料 情報の入手媒体の調査（総務省）

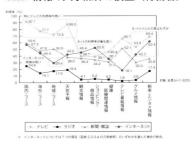

学習問題：新聞は、どのように情報を伝えているのだろう。

追究する

主な問い 情報を伝えるため、どのような工夫をしているのだろう ［4時間］

- 記者へのインタビューを通して新聞記事がどのようにしてつくられているか、調べる。
- 様々な情報発信の方法について調べる。
- 調べたことをノートなどにまとめる。

・必ず記者が取材をしているよ。
・どの記事をどのように扱うか、会議をして決めている。
・記者は、短い時間で正確に分かりやすく文章にまとめて記事にしているよ。
・間違いがないか専門の人が校正をしているんだ。
・新聞はインターネットによる情報発信も積極的に行っている。

- 多様な情報媒体があり、それぞれに特徴があることに気付くことができるようにする。

資料 複数の新聞紙

- 見出しの大きさや構成、ページ割りなど、新聞紙面の編集の特徴について気付かせる。

資料 新聞記者へのインタビュー

・記事によって大きさが違う理由は何か。
・数多いニュースの中で記事にする、しないなどは誰が決めているのか。
・記事を書くときに気を付けていることは何か。
・新聞社では正しく早く情報を伝えるためにどのような工夫をしているのか。

新聞は記事を書く記者や新聞社の考えで編集しているので、同じ出来事でも新聞によって伝わり方が違うことが分かった。

まとめる

主な問い 情報を受け取るときに気を付けることは何なのだろう ［2時間］

- 複数の新聞記事を比べることを通して、新聞社は情報を選び意図をもって伝えていることに気付く。
- 情報を受け取る側にとって大切なことを考え、話し合う。

・同じ事件でも、新聞によって扱い方が異なる。
・同じ事件の記事でも、新聞によって内容が異なる。

- 新聞社においても情報を早く伝えるために、インターネットなどの情報媒体を活用していることに気付かせる。

資料 同じ日に発行された複数種類の新聞

- 社会の同じ出来事でも、新聞によって伝わり方が違うことに気付かせる。
- 記者や新聞社が意図をもって記事を編集していることに気付かせる。

私たちはいつもニュースなどの情報が正しいかどうか判断するために、いくつかの新聞などの情報を比較することが必要だ。

［小学校社会科］学習指導案文例集

| 単元目標 | ◎情報をつくり伝える仕事について **C**、情報を集め新聞記事として発信するまでの工夫や努力など**に着目して** **V**、聞き取り調査をしたり映像や新聞などの各種資料**で調べたりしてまとめ** **I**、新聞に関わる産業の様子を捉え、その産業が国民生活に果たす役割**を考え** **T**、国民生活に大きな影響を及ぼしていること**を理解できるようにする** **K**。
◎情報を有効に活用することについて、新聞記事の送り手と受け手の立場から考え、受け手として正しく判断することや送り手として責任をもつことが大切さについて**表現しようとする** **M**。|

単元の配慮事項

- テレビ局やラジオ局などの「放送」、又は新聞社などの「新聞」を選択して取り上げること。
- はじめからどちらか一方のみを扱うのではなく、多様な情報媒体の種類や特徴などにも触れることも大切である。
- 情報を有効に活用することについて、情報の送り手と受け手の立場から多角的に考え、受け手として正しく判断することや送り手として責任をもつことが大切であることなど、情報リテラシーについても学習すること。

「見方・考え方」を働かせる「深い学び」のポイント

1. 情報を集め新聞記事として発信するまでの工夫や努力などに着目して追究できるようにする

つかむ 新聞の紙面構成の特徴をつかむ

新聞紙面を提示し、「正しく早くニュースを伝えるためにどのような工夫をしているのか」「どうして記事によって、その大きさなど扱いが違うのか」などと問いをもち、調べていく際の視点を明確にする。

追究する ニュースを正しく早く伝える工夫を調べる

「正しい記事を書くためにどのような努力をしているのか」「国民に早くニュースを知らせるために、どのような工夫をしているのか」などと問いをもち、記者による取材の大切さやインターネットの活用などを調べる。

追究する 新聞紙面の編集方法について調べる

「新聞記者はどのように取材をして記事を書いているのか」「新聞で取り上げるニュースをどのように決めているのか」などと問いをもち、編集者の考え方に着目して調べ、新聞は意図をもって紙面構成していることを追究する。

2. 情報をつくり伝える産業が国民生活に果たす役割について考えることができるようにする

まとめる 情報は、発信者によって伝わり方が異なる理由について考える

複数の種類の新聞紙面を比較し、「なぜ、同じ社会の出来事でも新聞社によって記事の扱い方が違うのか」などと問いをもち、同じニュースでも記者や編集者の意図、また新聞社の立場や考え方によって扱い方が異なることを理解し、国民にとって正しい情報について考える。

まとめる 国民が、新聞などから情報を受け取るときに気を付けることを考える

「正しい情報を得るために、私たちはどうすればいいのか」などと問いをもち、情報を得るときには、常にその情報の根拠や情報の発信者を確認することや、必ず複数の情報を比較・分析することが重要であることを考える。

「教材化」のヒント

1. 正しい情報を伝える重要性について考えさせる教材

■報道被害〈松本サリン事件〉

事件の第一通報者が、自らも被害を受け、特に妻がサリンで重体に陥ったにもかかわらず、日本全国の新聞があたかも犯人であるとの前提で報道を行った。

■誤報〈iPS細胞を使った世界初の心筋移植手術〉

ある新聞で「iPS細胞を使った世界初の心筋移植手術を実施した」と大々的に報じられたが、多方面から数々の疑義が提起され、同新聞は「同氏の説明は虚偽」とし、一連の記事は誤報であったことを認めた。

■ねつ造〈珊瑚記事捏造事件〉

ある新聞社が「沖縄県西表島のアザミサンゴに落書きがあることを発見した」として、大きなカラー写真を掲載し、日本人のモラル低下を嘆く報道をした。その後、新聞社のカメラマンが自作自演で珊瑚に落書きによる傷を付けたことが発覚し、謝罪を行った。

2. 情報媒体が多様化していることを捉えさせる教材

■情報を入手する手段として、インターネットが増加している一方、新聞の割合は減少してきている。

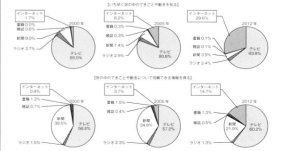

※「平成27年版 情報通信白書」(総務省) HPから作成

第5学年

内容(4) 全9時間

情報通信技術を生かして発展する販売の仕事「外食産業」～販売～ A案

| 単元目標の要素 | **C**ontents：学習内容　**V**ision：見方（視点）　**I**nvestigation：調べ方（技能）　**T**hought：考え方（思考）
Knowledge：知識　　**M**otivation：主体的に学習に取り組む態度、社会的事象に関わろうとする態度 |

指導計画

主な学習活動　　内容（予想される子供の反応例）

つかむ

主な問い 外食産業の売上高はどのように変化しているのだろう [1時間]

●外食産業全体の市場規模が落ちているのに、A回転寿司店では売上高が伸びていることに疑問をもち、学習問題をつくる。

学習問題：売り上げを伸ばしている外食産業ではどのような取組をしているのだろう。

●学習問題について、予想を立て、調べる計画を立てる。

主な問い 昔と今の回転寿司店ではどんなちがいがあるのだろう [5時間]

●昔の回転寿司店について調べる。

・昔は、お客に選ばれない寿司をたくさん廃棄していたみたいだよ。
・店長の「勘と経験」で、どんな寿司を多く出すか決めていたんだね。

●地域にある今のA回転寿司店を取り上げ、「回転すし総合管理システム」について調べる。

・お皿にICチップを付けて売れる商品を把握し、時間になったら自動で廃棄しているよ。
・大量の販売情報を分析し、お客さんが何を注文したいかを予測することで、優秀な店長の「勘と経験」をどこの店でも可能にしたんだ。
・すべてを情報に任せず、システムをもとに店長が微調整しているね。
・廃棄量をシステム導入前の4分の1に減らすことができたことが、売り上げを伸ばすことにもつながったんだね。

●食品廃棄物や食品ロスの問題について調べる。

・日本では、全食料の約20％が廃棄されているよ。
・廃棄量は、世界の食料援助量の4倍以上もあるんだね。

主な問い ほかにも大量の情報を生かしている外食産業や販売業はないのだろうか [2時間]

●地域にあるBファミリーレストランやCコンビニエンスストアの取組について調べる。

主な問い 情報活用により販売業が発展したことや課題は何だろう [1時間]

●情報活用による販売業の発展と課題について自分の考えを書く。

・大量の情報を効果的に活用することで、寿司やレストラン等の販売の仕事は売り上げを伸ばし、廃棄量も減らすことができた。
・店の人たちが必要としている個人情報を、しっかりと管理することが大切だね。

「深い学び」の学習プロセス　追究する　まとめる

指導の手立て

資料 グラフ「大手回転寿司店の売上高と外食産業市場規模の推移」（米川伸生「回転寿司の経営学」）

資料 写真・文章資料「昔の回転寿司店」

●昔は、お客に選ばれない寿司をたくさん廃棄するなど、店長のスキルによって、店舗の運営状況に大きな差があったことを捉えられるようにする。

資料 写真・文章資料「回転すし総合管理システム」

資料 文章資料「店の人の話」

●システムはあくまでも現場のサポート役であり、システムの指示を踏まえて現場が独自に判断するなど、最後は人が判断していることにも気付けるようにする。

資料 食品廃棄物の写真

資料 イラスト「食品ロスの削減に向けて（農林水産省）」

資料 資料「Bファミリーレストランの取組」

大量の情報により「セットで売れている商品」や「顧客単価」等を細かく分析して収益を増やすとともに、スマホ向けアプリでお客の来店回数を増やしている。

資料 資料「Cコンビニエンスストアの取組」

大量の情報を活用し、短期的に売上が低い商品でも長期的に観察することで、仕入れの最適化を行っている。

単元目標	◎我が国の産業と情報の関わり**について**C、情報の種類、情報の活用の仕方など**に着目して**V、聞き取り調査をしたり映像や新聞などの各種資料**で調べたりして**ノートなど**にまとめ**I、産業における情報活用の現状を捉え、情報を生かして発展する産業が国民生活に果たす役割**を考え表現することを通して**T、大量の情報や情報通信技術の活用は、様々な産業を発展させ、国民生活を向上させていること**を理解できるようにする**K。 ◎産業における情報活用の現状を調べ、学習問題の解決に向けて意欲的**に追究しようとする**Mとともに、産業と国民の立場から多角的に考えて我が国の産業の発展**を願っている**M。

単元の配慮事項

- 情報や情報技術を活用して発展している販売、運輸、観光、医療、福祉などに関わる産業の中から選択して取り上げること。
- 産業と国民の立場から多角的に考えて、情報化の進展に伴う産業の発展や国民生活の向上について、自分の考えをまとめることができるように配慮すること。

「見方・考え方」を働かせる「深い学び」のポイント

1. 情報の種類、情報の活用の仕方などに着目して追究できるようにする

つかむ 外食産業全体と回転寿司店から課題意識をもつ

「外食産業全体の市場規模が落ちているのに、A回転寿司店では売上高が伸びているのはなぜか」などと問いをもち、大量の情報が課題解決に関係があるのではないかという課題意識をもつ。

追究する 「回転すし総合管理システム」について調べる

皿に付けたICチップで売れ筋をリアルタイムに把握して需要予測するとともに、40億件という大量の注文ビッグデータを分析することで「優秀な店長の勘と経験」をどこの店でも可能にしたことを調べる。

まとめる 産業の発展や国民生活の向上について考える

情報化の進展により、回転寿司などの外食産業や販売業が発展し、国民生活が向上していることについて、自分の考えをまとめる。

2. 時期による違いに着目して追究できるようにする

追究する 昔と今を比べて、大量の情報の役割を捉える

「どこが違うのか。どう変わったのか」などと問いをもち、昔と今の回転寿司店を比較することで、変化（ビフォー・アフター）を捉える。

3. 働く人と関連付けて考えることができるようにする

追究する 最後は人の判断であることに気付く

すべてを情報に委ねず、最後は店長がシステムの判断を微調整して運用していることに気付き、情報が人によって有効に活用されていることを捉える。

4. 情報を活用した他の販売業についても調べることができるようにする

追究する 回転寿司から他の販売業に広げて調べる

回転寿司店を中心に調べた後、「ほかにも大量の情報を生かしている外食産業や販売業はないのか」という問いをもち、他の事例についても広げて調べる。

「教材化」のヒント

1. 子供の興味・関心を高める教材

情報の学習は、子供に見えにくい部分が多いため、これまでの情報ネットワークの学習でも指導が難しいという課題があった。そこで本単元では、子供にも身近な「回転寿司店」を中心に教材化することで、子供が生活体験も踏まえて調べたり考えたりできるようにする。

2. 見方・考え方を働かせるための教材

本単元では、昔の回転寿司店と今の回転寿司店を比べることで、大量の情報を効果的に生かして客の好みを分析することが、売り上げを伸ばすだけでなく、現代的な課題となっている「食品廃棄物」を減らしていることにも気付けるようにする。

ビフォー〈昔の回転寿司店〉
- 時間が経っても、鮮度が落ちた寿司を自動的に把握して廃棄する仕組みがなかった。
- 店長の経験と勘が頼りで、需要を予測する仕組みがなかった。
- 店長のスキルによって、店舗の運営状況に大きな差があった。

「回転すし総合管理システム」の導入

アフター〈今のA回転寿司店〉
- 皿にICチップを付け、売れ筋をリアルタイムに把握して需要予測し、一定時間を過ぎたら自動廃棄して鮮度を保つ。
- 40億件の注文ビッグデータを分析し、1分後と15分後の顧客の食欲を指数化して需要を先読みするなど、IT（情報）を活用することで優秀な店長の「勘と経験」を標準化する。
- 回転寿司は原価率が高いため、導入前より廃棄を4分の1に減らすことで、収益アップにも直結させる。
- すべてを情報（IT）に委ねず、システムがマグロを8枚流すような指示を出していても、店長の判断で6枚に減らしたりするなど、店長が見極めてシステムからの指示を微調整する。

第5学年 情報を生かして発展する運輸
~運輸~

内容(4) 全9時間 **B案**

| 単元目標の要素 | Contents：学習内容　Vision：見方（視点）　Investigation：調べ方（技能）　Thought：考え方（思考）　Knowledge：知識　Motivation：主体的に学習に取り組む態度、社会的事象に関わろうとする態度 |

指導計画

「深い学び」の学習プロセス

主な学習活動　　内容（予想される子供の反応例）

つかむ

 主な問い 注文したものはどのように届くのだろう［2時間］

● インターネットで注文した商品が届くしくみを調べ、宅配便が情報活用により、利用率を伸ばしてきたことを知る。

・集配車は夜の高速道路を使ってセンター→ベース→センターと運んでいる。
・コンピュータで、荷物、車、人の動きを管理している。

学習問題： 情報活用によって運輸業はどのように発展するのだろう。

● 学習問題について、予想を立て、調べる計画を立てる。

追究する

 主な問い 自動車輸送はどのような特徴があり、どのようにして発展しているのだろう［2時間］

● 自動車の利便性や情報活用による輸送方法の発展を調べる。
● 自動運転の技術を用いた国や企業の取組や計画について調べる。

 主な問い そのほかにはどのような輸送機関があるのだろう［3時間］

● 自動車以外の輸送機関を挙げる。（船舶、列車、航空）
● 船の輸送の特徴と政府の計画や外国の取組を調べる。
● 鉄道輸送の特徴と JR 東日本の計画や取組、航空機輸送の特徴と政府の計画や企業の取組を調べる。

・速い通信回線（ブロードバンド）で安全運航、省エネができる。
・離れていても医療支援や家族との連絡ができて安心だ。
・センサーやロボットを活用し、災害対策や踏切・ホームの安全性を向上させている。

まとめる

主な問い 情報を活用した運輸が発展することはどのようなよさや課題があるのだろう［2時間］

● 輸送機関の長所・短所・情報活用で表に整理する。
● 情報活用による運輸の発展のよさと課題を話し合う。

・センサーやロボット、人工知能などの大量データの活用によって、安全で早く、環境に配慮した人やものの輸送が可能になってきた。
・ますます消費者のニーズに応えるサービスになる。
・働く人の不足が補えて、負担も減る。
・すべて整備するには費用や時間が必要だと思う。
・自動運転の誤作動や事故の場合、責任はだれがとるのか。

指導の手立て

● インターネット通販のしくみについては簡単に説明し、集配車による商品の運搬に着目できるようにする。

「宅急便が届くまで」ヤマト運輸

資料 宅配便等の取扱い個数（国土交通省）

● 輸送機関のうち、自動車輸送の割合が高いことを読み取らせ、利便性、安全や環境への対策の必要性に気付くことができるようにする。

資料 「官民 ITS 構想・ロードマップ 2016」

資料 「スマート IOT 推進戦略」総務省

● 国や自治体、大学、企業の協力を補足
● 課題別に複線型にして追究してもよい。

資料 「ブロードバンド通信による船舶運航サービス高度化の可能性」国土産業省

資料 JR 東日本「技術革新中長期ビジョン」

資料 航空機：経済産業省及び IHI の取組

● ドローンで届ける実験も進んでいることを紹介する。

● 不安要素が大きくならないよう、発展のよさに目を向けるようにする。
● 様々な立場（会社、運転者、消費者、通行者、若者・高齢者等）で話し合う。

資料 インタビューの集計結果等

単元目標

◎我が国の産業と情報との関わり**について** C 、情報の種類、情報の活用の仕方など**に着目して** V 、聞き取り調査をしたり、映像や新聞などの各種資料で調べたりして、ノートなど**にまとめ** I 、産業における情報活用の現状を捉え、情報を生かして発展する産業が国民生活に果たす役割**を考え表現することを通して** T 、情報の活用は、様々な産業を発展させ、国民生活を向上させていること**を理解できるようにする** K 。

○産業における情報活用の現状を調べ、学習問題の解決に向けて意欲的**に追究しようとする** M とともに、産業と国民の立場から多角的に考えて我が国の発展**を願っている** M 。

単元の配慮事項

■ 情報や情報技術を活用して発展している販売、運輸、観光、医療、福祉などに関わる産業の中から選択して取り上げること。
■ 産業と国民の立場から多角的に考えて、情報化の進展に伴う産業の発展や国民生活の向上について、自分の考えをまとめることができるように配慮すること。

「見方・考え方」を働かせる「深い学び」のポイント

1. 各輸送機関の特徴と情報活用の仕方に着目して追究し、産業の発展や国民生活の向上を理解する

つかむ 身近な生活との関連から運輸業の変化を捉える

身近なインターネット通販のしくみを調べ、荷物の輸送に自動車輸送と情報活用が大きく関わっていることに気付くようにする。経年グラフ等から国内の物流における自動車輸送の割合（6割以上）を調べ、その利便性と需要の増加を捉える。宅配便以外の自動車輸送についても国や各企業が計画的に情報活用に取り組んでいることを調べ、他の輸送機関や今後の運輸の発展に関心をもつ。

追究する 空間的な広がりから情報活用の特徴を捉える

自動車、鉄道、船舶、航空機の輸送の特徴と情報活用を調べ、運輸が国民生活や産業を支えていることを理解する。その際、地図や地球儀を活用して調べ、輸送範囲や外国とのつながりなど空間的な広がりから捉える。どの輸送機関も大量の情報を処理する人工知能やセンサー、ロボット等と通信回線を利用して「安全、迅速、正確に届ける運輸」が推進されていることを理解する。

2. 情報活用による運輸の発展を考える

まとめる 情報化のよさや課題を基に、産業の発展や国民生活の向上について考える

4つの輸送機関の長所・短所・情報活用を表に整理して、今後の情報活用の発展や今後の自分たちの関わり方を考える。例えばドローンによる輸送は、その利便性や危険性が比較的容易に想像できる。また、3Dプリンターによって物を送らずとも品物を提供するサービスがはじまっていることなどを取り上げ、急速に発展する情報化社会のよさと課題を話し合う。その際、様々な立場（会社、運転者、消費者、通行者、若者・高齢者等）で自分の考えを導き出すこと（選択・判断）が社会を広い視野で見ることにつながる。

	自動車	鉄道	船舶	航空機
長所				
短所				
情報活用				
今後				

「教材化」のヒント

1. 子供の興味・関心を高める教材

4つの輸送機関は、どれも大量の情報を処理するシステムを導入し、未来の物流を計画的に進めている。自動運転、センサー、ドローンなど写真やイラストを提示し、未来の運輸に対する期待を膨らませながら子供の関心を高めたい。

2. 子供の思考を促す資料提示や発問

地図や地球儀を使って、物の動く距離や道筋を示し、所要時間と関連付けながら運輸の仕事を実感できるようにする。子供は機械や乗り物に意識が向きがちだが、折に触れて人の働きに着目するように促すことが大切である。

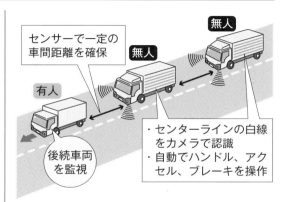

トラックの隊列走行
先頭車両に運転手が乗車し、無人の後続車両を監視

第5学年 情報を生かして発展する観光業 ～観光～

内容(4) 全9時間 C案

単元目標の要素
- **C**ontents：学習内容
- **V**ision：見方（視点）
- **I**nvestigation：調べ方（技能）
- **T**hought：考え方（思考）
- **K**nowledge：知識
- **M**otivation：主体的に学習に取り組む態度、社会的事象に関わろうとする態度

指導計画

「深い学び」の学習プロセス

つかむ

主な学習活動	内容（予想される子供の反応例）	指導の手立て
主な問い 移動教室に行く計画を自分たちで立てるとしたら、何をすればいいだろう ［3時間］		資料 交通情報アプリ、旅行予約サイト
●目的地の情報を集めたり、移動手段を考えたりする。	・リアルタイムの情報などネットで何でも調べられるし、予約もできる。 ・昔もそうだったのかな。 ・パンフレットや時刻表はどうやって使っていたのだろう。	資料 タブレットやモバイルパソコン、交通系ICカード 資料 時刻表、地図 資料 オンライン旅行利用者のグラフ
●ネットでは現在の交通情報が分かったり、検索結果に関連した広告が出てきたりすることを確認する。		
●国内旅行の80％がオンライン予約であることの理由を考える。		

学習問題：交通情報や観光地情報はどのように活用されているのだろう。

追究する

●学習問題について、予想を立て、調べる計画を立てる。

主な問い サービスが提供される前と現在では、情報の収集や活用の仕方にどのような違いがあるのだろう ［2時間］		●パンフレットの収集や時刻表の読み方、地図の見方などを簡単に教える。 ●紙媒体が現在でも通用することを確認する。
●旅行先、移動の手段と計画、観光地のイベント情報などを紙媒体とインターネットの両方で調べる。	・紙媒体は時間がかかるし、情報が古い。ほしい情報が思うように揃わない。 ・インターネットは簡単で便利だね。	資料 旅行のパンフレット、地図、時刻表。 資料 交通情報アプリ・旅行予約サイト
主な問い 予約サイトや観光地では情報をどのように活用しているのだろう ［2時間］		●計画（予約）⇒観光地（情報収集）⇒帰宅（評価）の全段階で活用していることを確認する。
●観光地（城崎温泉）が情報を活用していることを調べる。 ●帰宅後に私たちがどのような情報を提供しているか調べる。	・私たちが情報を使うことでデータが蓄積されていることに驚いた。 ・観光地では私たちの行動を調べて企画している。 ・私たちも情報を発信していて、役立っていた。	●検索することでリアルタイムの観光地の情報を得られ、リコメンド情報が来たりすることを確認する。 資料 城崎温泉のHP

まとめる

主な問い 旅行に関する情報は、誰がどのように活用していくのだろう ［2時間］		●観光産業全体の変化に気付かせる。 ●情報を活用することによって、より快適な観光ができることを考えさせる。 資料 観光客の増加グラフ
●外国人観光客が増えていることを知る。 ●観光とビッグデータの関係を思考ツールにまとめる。 ●学習問題に対する考えを書く。		

・インターネットで旅行先の情報を調べたり、予約ができたりするのは、たくさんの情報が蓄積されているからだった。その情報は、私たちがインターネットで検索したり、SNSに投稿したりすることで、さらにたくさん集まっていき、私たちの希望に沿ったサービスにつながっていた。情報を使うだけでなく、会社や観光地の人もお互いにたくさんの情報を活用することで、もっと観光客が増えて、観光地が栄えていくといいと思う。

| 単元目標 | ◎我が国の産業と情報との関わり**について** C 、情報の種類、情報の活用の仕方など**に着目して** V 、聞き取り調査をしたり、映像や新聞などの各種資料**で調べたり**して、ワークシートなど**にまとめ** I 、産業における情報活用の現状を捉え、情報を生かして発展する産業が国民生活に果たす役割**を考え表現することを通して** T 、情報の活用は、様々な産業を発展させ、国民生活を向上させていること**を理解できるようにする** K 。
◎産業における情報活用の現状を調べ、学習問題の解決に向けて意欲的**に追究しようとする** M とともに、産業と国民の立場から多角的に考えて我が国の産業の発展**を願っている** M 。 |

単元の配慮事項

■ 情報や情報技術を活用して発展している販売、運輸、観光、医療、福祉などに関わる産業の中から選択して取り上げること。
■ 産業と国民の立場から多角的に考えて、情報化の進展に伴う産業の発展や国民生活の向上について、自分の考えをまとめることができるように配慮すること。

「見方・考え方」を働かせる「深い学び」のポイント

1. 情報の種類、情報活用の仕方に着目して追究する

つかむ 様々な情報の中からインターネットによる観光に関する大量の情報を意識する

事前に家族にインタビューをするなどして、「その土地の情報をどのように収集するか」などと問いをもち、インターネットで大量の観光情報を収集することができることに気付き、観光業と情報活用の関連に目を向ける。

追究する 紙媒体とインターネットでの計画の手順を比較して、情報収集の仕方の移り変わりについて調べる

旅行や外出の計画から帰宅するまでの流れを、インターネットが使用される前と現在で実際に体験することにより、その時間や収集した情報量を比較しながら、情報活用の仕方について調べる。

追究する 産業における情報活用の現状を捉える

私たちの発信する情報を活用して観光地がイベントの計画やサービスの提供をしていることを調べる。また、帰宅後に、SNSや予約サイトなどへの投稿により、たくさんの生きた情報が蓄積されていることを調べる。

2. 情報を生かして発展する産業が国民生活に果たしている役割について考えることができるようにする

追究する 大量の情報は双方向で活用されていることを知り、国民生活に果たしている役割について考える

私たちが使うことによってより生きた情報が収集され、サービスが充実していく様子から、大量の情報の果たす役割について考える。

まとめる 訪日外国人の増加の様子から、観光業のこれからについて考える

訪日外国人が増えているグラフを読み取り、インターネットによる情報が言葉などの障壁を取り除き、多くの人々が観光できるこれからの姿を、思考ツールなどを使ってまとめる。

「教材化」のヒント

1. 子供に興味・関心をもたせる紙媒体資料と情報通信

本単元では、時刻表や雑誌、パンフレットなど多くの資料で子供が「観光」に興味・関心をもち、紙媒体でも調べることが可能なことを知ったうえで、実際は情報通信機器を活用していることの比較から、大量の情報がインターネットで収集できることを理解していく。

2. 観光業の情報活用の仕方が分かる事例の教材化

城崎温泉では、外湯の温泉巡りのパスをデジタル化し、得た情報をマーケティング調査して、よりよいサービスの向上に活用している。温泉しかない街でも活性化につなげた。訪日外国人は、2016年に初めて2000万人を突破した。

冊子の時刻表

旅行のパンフレット

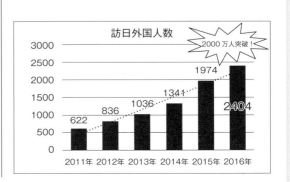

第5学年 情報を生かして発展する医療
～医療～

内容(4) 全9時間 　D案

単元目標の要素
- **C**ontents：学習内容
- **V**ision：見方（視点）
- **I**nvestigation：調べ方（技能）
- **T**hought：考え方（思考）
- **K**nowledge：知識
- **M**otivation：主体的に学習に取り組む態度、社会的事象に関わろうとする態度

指導計画

主な学習活動 / 内容（予想される子供の反応例）	指導の手立て
主な問い 交通事故での救命率が上がっているのには、どんな理由があるのだろう ［3時間］ ●交通事故の年間死亡者数が減ってきている理由を考える。 ・シートベルトやエアバッグかな。 ・医者の技術や医療機械・薬がよくなったのでは？ ●ドクターヘリの救急自動通報システム（D-Call Net）」について概要を知る。 ●ビデオや概略図から実際の様子やしくみを調べる。 ・世界初の取組で患者だけでなく、医師や看護師も救急現場に運ぶんだ。 ・1機約4億円もするのに、18年間に48機増えたんだって。 ・ドクターカーもあるよ。	資料 年間交通事故死亡者数の変化のグラフ ●死亡者数が年々減ってきていることを資料から読み取りその理由を考える中で、救急自動通報システム（D-Call Net）にも関心が向くようにする。 資料 DVD「D-Call Net 開発について」 資料 D-Call Net の概略図 資料 地域の救命救急センターがある病院一覧
学習問題：医療産業は情報通信技術をどのように活用しているのだろう。	
●学習問題について、予想を立て、調べる計画を立てる。 **主な問い** 救命に情報を生かしている取組はほかにないだろうか ［4時間］ ●医療産業に関わる民間企業の取組や東京消防庁の取組を調べる。 ・緊急通報システムや緊急ネット（聴覚・言語などの障がいのある人用）があるね。 ・インターネットで救急相談ができるよ。 ・パソコンの画面でお医者さんと会話ができるんだね。 ・病院や介護施設ともつながっているから、情報を共有すれば、患者に合った手当てができるね。 ●国の取組や構想について調べる。 ・電子カルテなどの患者の情報を共通にすれば、どの病院でも治療がスムーズだね。	●身近に救命救急センターがあることに気付くようにする。 資料 ドクターヘリ配備都道府県数、機数、出動件数の推移グラフ 資料 東京消防庁 HP ●既習事項（警察・消防）を生かして、情報管理システムを想起するようにする。 資料 各企業の在宅システム HP ●救急医療の他にも在宅医療支援システムなど、情報ネットワークを利用した介護などの事例も取り上げ、情報化によって医療に関わる産業が大きく変化・発展していることを捉えることができるようにする。
●患者と医療のネットワークを図でまとめ、学習問題に対する考えをまとめる。 **主な問い** 情報を生かした医療のよさと課題は何だろう ［2時間］ ●情報通信技術を使った医療への取組のよさと課題を話し合う。 ・患者が速く的確な治療が受けられる。 ・どこの病院でも安心して治療が受けられる。 ・個人情報が外にもれたら大変だ。 ・高齢者や障がい者に簡単に操作できるといい。	資料 「どこでも MY 病院」構想（自己医療・健康情報活用サービス）厚生労働省 HP 資料 「医療・介護・健康分野の情報化推進」総務省 ●不安要素が大きくならないよう、発展のよさに目を向けるようにする。 ●様々な立場（様々な患者、病院・医師、等）からよさや課題を考え、話し合う。

（縦書き）「深い学び」の学習プロセス：つかむ／追究する／まとめる

| 単元目標 | ◎我が国の産業と情報との関わり**について C**、情報の種類、情報の活用の仕方など**に着目して V**、聞き取り調査をしたり、映像や新聞などの各種資料**で調べたりして**、ノートなど**にまとめ I**、産業における情報活用の現状を捉え、情報を生かして発展する産業が国民生活に果たす役割**を考え表現することを通して T**、情報の活用は、様々な産業を発展させ、国民生活を向上させていること**を理解できるようにする K**。
○産業における情報活用の現状を調べ、学習問題の解決に向けて意欲的**に追究しようとする M**とともに、産業と国民の立場から多角的に考えて我が国の産業の発展**を願っている M**。 |

単元の配慮事項

■ 情報や情報技術を活用して発展している販売、運輸、観光、医療、福祉などに関わる産業の中から選択して取り上げること。
■ 産業と国民の立場から多角的に考えて、情報化の進展に伴う産業の発展や国民生活の向上について、自分の考えをまとめることができるように配慮すること。

「見方・考え方」を働かせる「深い学び」のポイント

1. 情報活用の仕方に着目して追究する

つかむ 医療現場の変化をつかむ

交通事故の死亡者数が年々減ってきている理由を予想した後、世界初の取組であるドクターヘリのD-Call Netについて知る。その後、情報通信機器の発達によって医療が変わってきた事実を捉えることで、「医療には情報通信技術がどのように活用されているのだろう」などと問いが広がり、学習問題への意識がつながっていく。

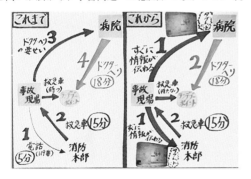

追究する 医療産業に携わる様々な民間企業（遠隔地医療）や国や東京消防庁の取組を調べる

救急の対応は東京都消防庁のサービスから、電子カルテの作成や遠隔地医療、情報ネットワークの活用は国や民間企業の取組を調べる。

2. 情報活用による医療の発展を考える

まとめる 多面的・多角的に考える

高齢者の増加、労働者不足等の社会的背景からの利点はあるが、個人情報の保護、施設の整備、入力の負担などの課題は残る。高齢者、障がい者、病院、自治体、企業等の様々な立場で話し合うことも社会を広い視野で捉えることにつながる。

「教材化」のヒント

1. 子供の興味・関心を高める教材

単元の導入段階で、DVD「M先生のD-Call Net開発について」を見ることで、医療現場の劇的な変化を子供たちは驚きをもって捉える。また、救命救急センターをより身近にするために、地域にある救命救急センターの分布資料を提示し、身近な人が救急車で運ばれた経験等を話す中でより実感的に医療現場について考えられるようにする。

2. 見方・考え方を働かせるための教材

地図や図を活用して情報ネットワークの利便性や可能性を感じることができるようにする。

3. 子供の思考を促す資料提示や発問

D-Call Net対応の乗用車数が分かるグラフを提示することでまだまだ普及していない事実に出合わせ、多くの命が助かる事例の意味を考えられるようにする。

第5学年 情報通信技術を生かして発展する福祉の仕事　[E案]
～福祉～

内容(4)　全9時間

単元目標の要素
- **C**ontents：学習内容
- **V**ision：見方（視点）
- **I**nvestigation：調べ方（技能）
- **T**hought：考え方（思考）
- **K**nowledge：知識
- **M**otivation：主体的に学習に取り組む態度、社会的事象に関わろうとする態度

指導計画

主な学習活動（内容（予想される子供の反応例））／指導の手立て

つかむ

 少子高齢化社会にはどのような課題があるのだろう［2時間］

- 「日本の将来推計人口」のグラフを見て、どのような課題があるか話し合う。
  - ・高齢化率が今後ますます高くなるようだね。
  - ・逆に介護する人は、減っていくね。
- 介護職不足の資料を見て、分かったことを話し合う。
  - ・介護をする人がこれからますます足りなくなると思います。

学習問題：どのようにして高齢者の介護者不足を解消していけばよいのだろう。

● 少子高齢化社会と介護施設の人手不足の資料を関連させ、学習問題をつくる。
- 資料　日本の将来推計人口
- 資料　介護施設で人手不足を感じている施設の割合（介護労働実態調査H25）
- 資料　厚生労働省「介護人材の確保について」

追究する

- 学習問題について、予想を立て、調べる計画を立てる。

 高齢者の介護者不足を解消するために、どのような取組をしているのだろう［2時間］

- 介護ロボットによって、介護を補助している取組について調べる。
  - ・介護ロボットを活用することによって、介護する側もされる側も便利になっているんだね。
- 介護ロボットを導入している介護施設の方や利用者から話を聞き、その効果について調べる。

 A社ではどのように介護ロボットを開発しているのだろう［3時間］

- 介護ロボットがどのような技術によって開発されているのかについて調べる。
  - ・セキュリティ（見守り）型の介護ロボットなど、人工知能などを組み込んだ情報通信技術を有効に活用することで、人とのコミュニケーションを図ることができて、生活が便利になったり、高齢者の人々を助けることにつながったりしているんだね。

● 介護ロボットの領域図から、3つの領域を知り、調べる見通しをもたせる。
- 資料　介護ロボットの領域図
● 介護施設の方や利用者からお話を聞き介護ロボットの利便性をつかませる。
- 資料　導入している介護施設の方や介護施設の利用者の話
● 介護ロボットの開発会社（A社）の方の話から、介護ロボットには、最新の情報通信技術が活用されていることをつかませる。
- 資料　開発会社（A社）の方の話
- 資料　コミュニケーションロボットPALRO（パルロ）、見守り介護ロボット「ケアロボ」の資料

まとめる

 福祉における情報通信技術の活用によって、わたしたちの生活はどのように変わってきたのだろうか［2時間］

- 情報通信技術を有効に活用してサービスの向上に努めている福祉により、人々の生活が向上してきていることをまとめ、生活の変化や今後の発展について考える。
  - ・情報通信技術を活用することで、これまでよりも私たちの生活が便利になっているんだね。
  - ・「価格が高い」「未導入な施設も多い」という課題があるから、これからも有効に活用していくことが大切だと思います。

● 情報通信技術を有効に活用してサービスの向上に努めている福祉により人々の生活が向上してきていることをまとめるとともに、介護ロボットを導入していない施設の割合が高いことなど今後の課題や発展について考えさせる。
- 資料　介護ロボットの価格
- 資料　ロボット導入施設の割合

「深い学び」の学習プロセス

[小学校社会科] 学習指導案文例集

単元目標

○我が国の産業と情報との関わり**について** C 、情報の種類、情報の活用の仕方など**に着目して** V 、聞き取り調査をしたり映像や新聞などの各種資料**で調べたりして**、ノートやワークシートなど**にまとめ** I 、産業における情報活用の現状を捉え、情報を生かして発展する産業が国民生活に果たす役割**を考え表現することを通して** T 、大量の情報や情報通信技術の活用は様々な産業を発展させ、国民生活を向上させていること**を理解できるようにする** K 。

○産業における情報活用の現状を調べ、学習問題の解決に向けて意欲的**に追究しようとする** M とともに、産業と国民の立場から多角的に考えて我が国の産業の発展**を願っている** M 。

単元の配慮事項

■情報や情報技術を活用して発展している販売、運輸、観光、医療、福祉などに関わる産業の中から選択して取り上げること。

■産業と国民の立場から多角的に考えて、情報化の進展に伴う産業の発展や国民生活の向上について、自分の考えをまとめることができるよう配慮すること。

「見方・考え方」を働かせる「深い学び」のポイント

1. 情報の活用の仕方に着目して追究できるようにする

つかむ 少子高齢化の課題をつかむ

「日本の将来推計人口」のグラフと介護職不足の資料から、高齢者の介護者不足を解消していく必要があることをつかみ、情報通信技術を活用した介護ロボットについて調べていく際の問題意識を高める。

追究する 情報通信技術を活用した介護ロボットによって、介護を補助している取組について調べる

最新の情報通信技術が活用されている介護ロボットは、①高齢者の介護者不足を解消させることができる、②介護者の負担軽減を図ることができる、③介護される高齢者の自立支援等に役立っているという利便性がある。追究する過程では、「介護支援型」「自立支援型」「コミュニケーション・セキュリティ型」の大きく3つに整理されることを捉えた上で追究する。また、それらの利便性に着目させ、情報通信技術が福祉の産業を発展させていることをつかむ。

2. 社会に見られる課題を基に今後について考える

まとめる 生活の変化と現在の課題から考える

介護ロボットを活用していない施設と活用している施設の比較から、従来、人が行っていたことを介護ロボットが行うことにより、福祉の産業が発展し、介護者不足を解消したり、高齢者の満足度を高めたりすることにつながっていることを考えるようにする。

介護ロボットは、現在はまだ需要が少なく、大量生産が難しいことから、1台あたり数百万円もするものもあり、導入できる介護施設は限られている。人が行うべきことと、介護ロボットが行うことを上手に使い分け、有効に活用していくことが大切であることを考える。

介護ロボットの領域
- 介護支援型：移乗、入浴、排泄など
- 自立支援型：歩行支援、リハビリ、食事、読書など
- コミュニケーション・セキュリティ型：癒し、見守りなど

「教材化」のヒント

1. 子供の興味・関心を高める教材

福祉は、自分にとって遠い存在であると感じる子供は多い。しかし、最新の情報通信技術を活用した介護ロボットを教材化することで子供は関心を高める。

AIを搭載した介護ロボットは、100人以上の顔を見分けて名前で呼びかけることができ、クイズを出したり、自ら踊りながら「歌いましょう」と呼びかけたりすることができる。

見守り介護ロボット「ケアロボ」は、病院や介護施設と携帯電話回線でつながり、自宅に居ながら24時間対応の「定期巡回・随時対応型訪問介護看護サービス」を受けることができる。

AIを搭載した「PALRO」

2. 見方・考え方を働かせるための教材

見守り介護ロボット「ケアロボ」

産業と国民の立場から多角的に考えるために、介護施設の方と利用者の両者から聞き取り調査を行い、介護ロボットの利便性をつかんでいく。

3. 子供の思考を促す資料提示

「日本の将来推計人口」と「介護職不足の資料」を提示し、「高齢化率が今後ますます高くなり、介護する人は、減っていく」「介護施設で人手不足を感じている施設の割合が多い」ことから、学習問題につなげていくようにする。

第5学年

内容(5) 全7時間

自然災害からくらしを守る

| 単元目標の要素 | **C**ontents：学習内容　**V**ision：見方（視点）　**I**nvestigation：調べ方（技能）　**T**hought：考え方（思考）
Knowledge：知識　**M**otivation：主体的に学習に取り組む態度、社会的事象に関わろうとする態度 |

指導計画

主な学習活動　内容（予想される子供の反応例）

「深い学び」の学習プロセス

つかむ

 主な問い 日本ではどのような自然災害が起こり、どのような被害があるのだろう［2時間］

- 我が国でどのような自然災害が発生しているかについて、写真やニュース映像、新聞記事等を基に想起する。
- 自然災害の種類や発生地域、時期等について地図や簡単な年表から読み取る。

・日本には様々な自然災害があり、大きな被害を受けているね。
・全国各地で毎年様々な自然災害が起きている。
・日本ではどうしてこんなに自然災害が起こるのだろう。

- 我が国で発生している様々な自然災害は、日本の地形や気候の特徴と関連していることを資料から読み取る。
- 様々な自然災害から国土を守るために、どのような対策や事業が進められているかを予想し、学習問題を設定する。

学習問題：様々な自然災害からどのように国土を守っているのだろう。

追究する

 主な問い 国や都道府県は自然環境に合わせて、どのような対策や事業を進めているのだろう［4時間］

- 国や都道府県が進める地震や地震による津波の被害を防ぐ事業について調べる。

・国はすごく時間をかけて耐震化の取組を進めている。
・国土の地形を生かして取組を進めることが重要なんだ。
・災害を防ぐには、広い範囲にわたる大規模な対策が必要だ。

- 国や都道府県が進める土砂災害を防ぐ事業について調べる。
- 国や都道府県が進める水害を防ぐ事業について調べる。

まとめる

 主な問い 多様な自然環境がある我が国では、どのようにして国土を守っているのだろう［1時間］

- これまでに調べて分かったことを整理しながら比較し、対策や事業の共通点等を見いだしまとめる。
- 学習問題に対する考えをまとめる。

・日本の地形や気候は多様で、それによって様々な自然災害が発生するけれど、そうした自然環境の特徴を踏まえた上で、計画的に対策を進めていくことが国土を守ることにつながる。

指導の手立て

- 導入では、ニュース映像など、子供にとって馴染みのある資料を活用し、自然災害の大まかな概要を捉えさせる。

資料 自然災害の写真・映像資料

資料 被害の状況や時期が分かる年表等

年	地震・津波・噴火	台風・大雨・大雪
1991年	雲仙岳の噴火（死者・行方不明者44名、こわれた家1000戸以上）	台風19号（9月～10月、死者62名、けが人1499名、こわれたり浸水したりした家19万戸以上）
1993年	北海道南西沖地震・津波（7月、死者・行方不明者230名、けが人1323名、こわれたり浸水したりした家1000戸以上）	大雨（7月～8月、死者・行方不明者74名、けが人1154名、こわれたり浸水したりした家2万戸以上）台風13号（8月～9月、死者・行方不明者48名、けが人2266名、こわれたり浸水したりした家1万戸以上）
2011年	霧島山新燃岳の噴火（火山灰による交通や農業などへの影響）、東日本大震災（東北地方太平洋沖地震・津波）（3月、死者・行方不明者21000人以上、けが人6000人以上、こわれたり浸水したりした家41万戸以上）	台風12号（8月～9月、死者・行方不明者98名、けが人113名、こわれたり浸水したりした家2万戸以上）
2012年		大雨（7月、死者・行方不明者32名、けが人27名、こわれたり浸水したりした家1万戸以上）

- 災害の分布と自然環境の様子の関連が見えやすい地図資料等を準備し、自然災害と国土の自然環境（気象や地象）との関連に気付かせる。

資料 国土の地形や気候の特徴が分かる地図

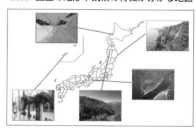

- 国が中心となって進められている対策や事業を取り上げ、中・長期的な視野に立って計画的に事業が進められていることを捉えさせる。

資料 国が取組を進めている事例と地域

資料 地震・津波対策、土砂災害対策、水害対策の具体的な取組

- 調べた事例について分かったことを整理し、比較する中で対策や事業の共通点を見いだせるようにする。
- 国や都道府県の対策や事業は、広範囲にわたって計画的に進められていることに気付かせる。

［小学校社会科］学習指導案文例集

142

単元 目標	◎我が国の国土と国民生活との関連**について** **C**、災害の種類や発生の位置や時期、防災対策などに**着目して** **V**、地図帳や各種の資料**で調べてまとめ** **I**、国土の自然災害の状況を捉え、我が国の自然条件との関連**を考え表現することを通して** **T**、自然災害は国土の自然条件などと関連して発生していることや、自然災害から国土を保全し国民生活を守るために国や県などが様々な対策や事業を進めていること**を理解できるようにする** **K**。

◎国土の自然災害の状況や国や県の防災対策について、学習問題の解決に向けて意欲的**に追究しようとしている** **M**。

単元の配慮事項

■自然災害の事例として、地震災害、津波災害、風水害、火山災害、雪害などを取り上げること。

■単元構成に当たっては、第4学年の内容やねらいを理解した上で、「自然災害や国土の自然条件との関連」「国や県などの対策や事業」など、第5学年で押さえるべき内容が位置付けられているかを確認すること。

「見方・考え方」を働かせる「深い学び」のポイント

1. 災害の種類や発生の位置や時期、防災対策などに着目して追究できるようにする

つかむ 様々な自然災害が日本各地で繰り返し発生していることを捉える

時期や時間の経過に着目し、我が国で発生した自然災害について、被害の状況に合わせて発生した時期等についても年表等を活用して調べる。日本各地で様々な自然災害が繰り返し発生していることを読み取り「なぜ日本は自然災害が多いのか」などと問いをもち、自然災害と国土の自然環境とのつながりに目を向ける。

追究する 国土の自然環境に合わせて進められる計画的・広域的な取組を調べる

「どのような取組をしているのか」などと問いをもち、国や都道府県が連携して進める対策や事業を調べる。資料では、特定の地域の取組だけを調べるのではなく、各地の自然環境に合わせて様々な取組が広域的に進められていることを読み取る。対策や事業は、国土の自然環境に合わせて、中・長期的な視点をもち、広域的に進めていくことが重要であることを捉えられるようにする。

2. 自然災害の状況と国土の自然条件との関連を考えることができるようにする

つかむ 自然災害の種類や発生した位置と国土の自然条件の関連を考える

「日本ではどのような自然災害が起きているのか」などと問いをもち、主な自然災害の発生の分布と我が国の自然環境の様子を資料上で概観して、両者の関連性に気付かせたり、複数の事例を比較し共通点等に気付かせたりして、国土の自然環境と自然災害の発生には密接な関連があることを理解する。

追究する 国や都道府県の対策や事業と国土の自然条件との関連を考える

「地域によってどのような取組をしているのだろう」「なぜ地域によって取組が違うのだろう」などと問いをもち、複数の取組を比較したり、調べた対策や事業を分類・整理したりして考え、国と都道府県は双方が連携し、各地の自然条件に合わせて計画的に対策や事業を進めていることを理解する。

「教材化」のヒント

1. 子供の興味・関心を高める写真や映像資料

単元の導入で、我が国の様々な自然災害を取り上げる際に、子供は日常の生活の中で目にしているニュース映像や新聞記事等を通じて自然災害の概要をつかむ。既有の知識や経験と結び付け、視覚的にも分かりやすく自然災害の概要を読み取ることで、子供は自然災害のイメージを具体的にもち、事象への興味・関心を高めていく。

2. 見方・考え方を働かせるための教材

単元の導入では、日本各地で発生した自然災害の分布状況と各地の自然条件の特徴を関連付けて読み取ることができるよう資料を工夫する。子供は、自然条件によって災害の種類や被害状況が異なることに気付き、自然災害と国土の自然条件との関わりに気付く。

追究する段階では、国や都道府県が連携して進めている広域的な対策や事業について調べる。対策や事業は、特定の自然災害に絞らず、地震や土砂災害、水害など、国や都道府県の連携が見えやすい複数の事例について調べる。複数の事例を調べることで、調べた事例を比較でき、共通点等も見いだしやすい。

また、過去からの取組によって自然災害の被害等が軽減されていることが分かる事業や、10か年、20か年といった中・長期的な視点をもって進められている事業など、時間的な経過が分かる対策や事業を取り上げる。

教材の中に時間的・空間的な視点を盛り込むことで、子供は、まとめの段階で「国や都道府県は、広範囲にわたって計画的に対策を進めている」ことを捉えていく。

内容(5) 全6時間

森林の働きと国民生活との関わり

単元目標の要素　C ontents：学習内容　V ision：見方（視点）　I nvestigation：調べ方（技能）　T hought：考え方（思考）　K nowledge：知識　M otivation：主体的に学習に取り組む態度、社会的事象に関わろうとする態度

指導計画

「深い学び」の学習プロセス

主な学習活動　内容（予想される子供の反応例）

つかむ

主な問い　私たちはどのようにして森林を利用しているだろうか［１時間］

- 日本の森林の特色について資料をもとに読み取る。

・日本の森林の割合は世界平均に比べて多いんだ。
・人工林の木が木材や製品に使われているんだ。

- 木や紙を使った製品はどんなものがあるか生活経験を基に想起する。
- 天然林と人工林を比較し、森林の働きや生活との結び付きを予想し、学習問題を設定する。

学習問題：森林にはどんな働きがあり、私たちの生活とどのような結び付きがあるのだろう。

追究する

主な問い　森林にはどのような働きがあるだろう［１時間］

- 森林の働きについて具体的な資料を基に調べる。

・森林は環境を守る働きをしているんだ。
・森林は生き物のすみかになっているんだ。
・たくさんの人が森林でレクリエーションを楽しんでいるね。

主な問い　林業ではどのように木材を生産しているのだろう［２時間］

- 林業における人工林の手入れや木材加工の作業工程について調べる。
- 林業の課題を資料から調べる。

・計画的に植林している。
・林業では長い年月をかけ、木材を作っている。
・手入れが欠かせないから人手が必要だ。

まとめる

主な問い　森林資源を守るために自分たちにできることは何だろう［２時間］

- 分かったことを整理し、学習問題への考えをまとめる。

・森林には様々な役割があり、人々が関わり、守られている。森林を守ることが環境を維持し、私たちの生活を支えることにつながる。

- 今後の森林との関わり方や国土の環境を守るために自分たちにできることを考え、話し合う（選択・判断）

・森林を守るためにどんな木材を使っているかを意識して国産の木材を使ったものや間伐材マークの入った商品を購入するようにする。

指導の手立て

資料　世界森林マップ
資料　日本の森林資源量の変化のグラフ
資料　天然林と人工林の写真

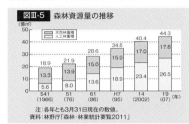

図Ⅲ-5　森林資源量の推移

注：各年とも3月31日現在の数値。
資料：林野庁「森林・林業統計要覧2011」

『森林資源量の変化のグラフ』林野庁 HP

- 資料から人工林の手入れの状況を読み取らせ、森林が様々な人々の働きによって維持されていることに気付くことができるようにする。

資料　森林の働きが分かる資料

- 林業での作業の流れを表に整理し、まとめ、木材が生産されるまで長い年月をかけていることが理解できるようにする。

資料　放置された人工林の写真
資料　林業で働く人の変化
資料　木材輸入量の変化

- 森林を保護している活動の事例をいくつか示し、子供が森林との今後の関わり方を考えるための手がかりとなるようにする。

資料　木づかい運動
資料　間伐材マーク

国産材でつくる森のサイクル
木づかいニッポン

木づかい運動『木づかい.com』より

単元目標

◎我が国の国土の環境と国民生活の関連**について** **C**、森林資源の分布や働きなど**に着目して** **V**、地図帳や各種の資料**で調べてまとめ** **I**、国土の環境と国民生活**を関連付けて考え表現することを通して** **T**、森林はその育成や保護に従事している人々の長い年月をかけた様々な工夫と努力により、国土の保全など重要な役割を果たしていること**を理解できるようにする** **K**。

◎森林資源の働きや人々の取組について学習問題を意欲的に追究し、森林資源などの国土の環境保全について、自分たちにできること**を考えようとしている** **M**。

▌単元の配慮事項

▨森林の働きや森林と国民生活との関わりを関連させ、国土の環境保全について自分たちにできることなどを子供自身が考え、選択・判断できるようにすること。

▨選択・判断をしやすくするために子供の身近な森林保全の活動の事例を取り上げるようにすること。具体的な事例や友達の考えの中から自分の関わり方を選択・判断すること。

▌「見方・考え方」を働かせる「深い学び」のポイント

1. 森林資源の分布や働きなどに着目して追究する

つかむ 地図や統計資料等を活用した分布状況の読み取りと世界各国の環境との比較

本単元の導入では、我が国の森林の分布状況を地図や統計資料を活用して丁寧に読み取った上で、世界各国の国土の環境の様子とも比較する。子供は、「なぜ日本には豊かな森林資源があるのだろう」などと問いをもち、国土の4分の3が山地である我が国の豊かな森林資源がどのように保全されているのかについて意識をつなげていく。

追究する 森林の働きを捉える

森林の働きが示されている資料を読み取り、森林が果たしている役割を具体的に捉える。「森林がなくなってしまったらどうなってしまうだろう」と問いをもち、森林が生き物のすみかになっていることや森林が環境を守る上で重要な役割を果たしていることに気付き、その保全の重要性について意識を高める。また既習事項の水産業の内容も想起し、森林は他の産業とも密接なつながりがあることを捉える。

追究する 人工林の手入れの必要性を捉える

林業に従事する人々が人工林の手入れすることの必要性を考えるため、手入れが行き届いている人工林と放置されている人工林を、画や写真で比較する。子供は、放置されて木がやせ細り、森林の本来の働きが失われている様子を、驚きをもって捉え、「どのようにして人工林は守られているのだろう」などと問いをもち、森林を守る人々の働きへの問題意識を高める。

3. 森林資源との関わり方を選択・判断するための手立て

まとめる 森林資源を守る取組と生活を関連付け、森林資源を守るために自分たちにできることを考える

森林資源を維持・管理する必要性から身近な森林資源を守る活動の事例について調べる。子供は「これから森林とどんな関わりをしていけばよいだろう」と問いをもち、今後、自身の生活でどんな関わり方、取組方をしていきたいかを考え話し合う。考えを付箋や短冊に書き、分類して整理することで子供の考えを広げていく。

その際、商品を購入する際に考えることや森林ボランティア、自然体験やレクリエーションとしての森林利用などと分類することが考えられる。日本の森林資源を守っていくため、自分たち一人一人がどのように森林と関わっていけばよいかを考える。

▌「教材化」のヒント

1. 子供の興味・関心を高める教材

単元の導入において国土の環境と国民生活の関連を取り上げる際には、子供にとって身近な木や紙を使った製品を取り上げる。子供たちが使っている机や紙、キッチン用品、住宅など、身近な生活の中には、木材を使ったものがたくさんある。また木材の風合いを生かした製品が販売されていることから、なぜ木製製品が作られているかを考えることで、木製製品のよさに気付いていく。

子供の日常生活と森林とのつながりを意識した教材を活用することで、森林の働きや生活に果たしている役割に対して興味・関心をもつことにつながる。

2. 身近な生活から森林との関わり方を選択・判断をしやすくするための教材

これからの森林との関わり方を考える際には、例えば、次のような身近な森林保全の取組を取り上げる。

①国産材を使うことを推奨する木づかい運動

②人工林の間伐材の利用促進のための間伐材マーク

森林資源を守るための取組が身近な生活と関わっていることに気付かせ、自分たちにできることを具体的に考えることができるようにする。

第5学年

内容(5) 全7時間

公害からくらしを守る

単元目標の要素	**C**ontents：学習内容	**V**ision：見方（視点）	**I**nvestigation：調べ方（技能）	**T**hought：考え方（思考）
	Knowledge：知識	**M**otivation：主体的に学習に取り組む態度、社会的事象に関わろうとする態度		

指導計画

「深い学び」の学習プロセス

つかむ

主な学習活動	内容（予想される子供の反応例）	指導の手立て

 1960年頃の北九州市はどのような様子だったのだろう[1時間]
- 1960年頃の北九州市の写真から北九州市の様子について話し合う。
- 1960年頃と現在の写真とを比べ、どのようにして変わっていったのか予想し、学習問題を設定する。

（子供の反応例）
- 現在の北九州市はとてもきれい。
- 昔はどうしてこんなによごれてしまったのか
- どうやってきれいにしたか。

指導の手立て：
- 1960年頃と現在の北九州市の資料を比較して環境問題に興味をもたせ、問題を作ることができるようにする。
- **資料** 環境が悪化した1960年頃の北九州市の空と海の写真
- **資料** きれいな環境を取り戻した現在の北九州市の空と海の写真

学習問題：北九州市はどのように環境を取り戻したのだろう。

追究する

- 学習問題に対する予想を基に学習計画を立てる。

 1960年頃の北九州市はどのような様子なのだろう[1時間]
- 当時の公害問題による環境の変化、市民の生活への影響について調べる。

（子供の反応例）
- 洞海湾にはヘドロがたまり、悪臭もひどく、死の海とよばれていた。

指導の手立て：
- **資料** 公害の発生時期や経過の年表
- 公害の発生時期や経過を年表にし、調べる見通しをもたせる。

 市民や北九州市、工場はどのような取組をしたのだろう[3時間]
- 工場、北九州市、市民（婦人会）の取組について調べる。

（子供の反応例）
- 工場は煤塵や有害物質を取り除く施設などを整備した。
- 市は公害対策組織をつくった。
- 公害の調査や映画を作り、公害問題の周知をした。

指導の手立て：
- **資料** 市民、工場、市の取組を整理した資料
- **資料** 「青空がほしい」戸畑婦人会
- 市民（婦人会）、工場、北九州市の人々の相互の関連に気付かせることで、協力して取組を進めていたことを捉えることができるようにする。
- 37年間かかった理由を考えさせることで、北九州市の人々の公害解決への願いの強さや粘り強い努力に気付くことができるようにする。

 北九州市は現在どんな取組を行っているのだろう[1時間]
- 現在の北九州での取組を調べ、学習問題に対する考えをまとめる。

（子供の反応例）
- 市民、工場、北九州市の取組により環境は取り戻され、公害のない街づくりのために今も努力し続けている。

指導の手立て：
- **資料** 北九州エコタウン事業
- **資料** 過去に起きた日本の公害問題

まとめる

 環境を守るために自分たちにどのような取組ができるのだろう[1時間]
- 過去に日本で起きた公害問題が市民の生活に影響を与えたこと、公害への意識や関心が高まったことについて知る。
- 自分たちの生活と関連付け、環境を守るために自分たちにできることについてまとめる。[選択・判断]

指導の手立て：
- これまでに調べた北九州市の取組との共通点を整理し、環境保全のために大切なことに気付かせる。

（子供の反応例）
- 市民、企業、行政が一体となった取組がこれまでの環境問題の解決に結び付いてきた。
- 市民、企業、行政が環境保全への取組を継続していくことが今後も環境を守るために大切である。
- 私も市民の一人として環境問題に関心をもち続け、リサイクルなど自分にできることに取り組む。

単元 目標	◎我が国の国土の自然環境と国民生活との関連**について C**、公害の発生時期や経過、人々の協力や努力などに**着目して V**、地図帳や各種の資料**で調べてまとめ I**、公害防止の取組を捉え、その働き**を考え表現することを通して T**、公害から国土の環境や国民の健康な生活を守ることの大切さ**を理解できるようにする K**。 ◎我が国の国土の自然環境と国民生活との関連について調べ、学習問題の解決に向けて意欲的に追究するとともに、国土の環境保全について、自分たちにできることなど**を考えまとめようとしている M**。

単元の配慮事項

■ 大気の汚染、水質の汚濁などの中から具体的事例を選択して取り上げること。
■ 地域や周辺の環境に応じて選択することで、子供が意欲的に取り組むことができるようにすること。
■ 国土の環境保全について、これまで学習した国土の自然災害、森林資源の学習も想起させながら自分たちにできることなどを考えたり、選択・判断したりできるよう配慮すること。

「見方・考え方」を働かせる「深い学び」のポイント

1. 発生時期や経過といった時間軸に着目して追究する

つかむ 公害の発生から現在までの違いを意識する

導入場面では、北九州市で過去に発生した公害問題と、問題が解決した現在の様子を比較することで、「どのように環境を取り戻したのだろう」などと問いをもち、問題解決までの移り変わりを調べるときの着目点とする。

追究する 時間の経過を意識して移り変わりを調べる

「どんな取組があったのか。どう変わったのだろう」などと問いをもち、時期ごとの様子を比較して変化に気付き、年表に時期と取組をまとめたりして公害問題の解決の様子を捉える。

2. 人々と公害問題解決への取組を関連付けて考える

追究する 公害に対する市民、工場、行政の思い、取組を関連付ける

市民や北九州市、工場が公害問題とどのように関わり、解決したのか関係性について着目して追究する。北九州市では公害問題の発生から現在にいたるまで、市民や北九州市、工場の人々がそれぞれの思いのもと解決に向けて取り組んだ。それぞれの立場から問題発生から解決するまでに向き合い、生活への影響、公害に対する思いに気付く。事実と人々との相互関係について追究することで、わが国では公害問題に対して人々の協力や努力により解決されたことを捉える。

まとめる 公害問題と環境、国民生活とを関連付ける

学習のまとめでは日本で過去に起きた公害問題と国民生活を取り上げることで位置や空間的な視点、公害と人々の生活に着目する。公害の発生した場所から公害の発生は国土の自然環境とも関連していることや国民の生活に大きな影響を与えることに気付く。

3. 環境保全について考えることができるようにする

まとめる 環境保全のためにできることを選択・判断する

公害に苦しんだ地域の様子から公害問題の背景には産業の発展や人々の生活が関係していることに気付く。「これから環境を守っていくために大切なことはなんだろう」という問いをもたせ、自分たちとの生活に関わりがあり、これからどのようなことができるのか考えをもつ。

「教材化」のヒント

1. 子供の興味・関心を高める市の移り変わりの資料

単元の導入において、北九州市で発生した公害問題を取り上げる際には、時間の経過による北九州市の変化が分かる映像資料も活用する。様々な資料から過去と現在の様子を比較することで自然と子供は「どうやってきれいな環境にしたのだろう」という問いをもつ。

2. 見方・考え方を働かせる年表や映像資料

公害の発生時期や経過に着目させるために公害の発生時期や経過を年表にまとめたものを読み取る。また、人々の協力や努力については実際に北九州市の婦人会が制作した映像である「青空がほしい」や北九州市の取組を具体的にまとめた資料を読み取り、公害と人々との関係性について考えを広げていく。

3. 市民の一員として選択・判断するための資料や発問

単元をまとめる時間は水俣病など日本で過去に起きた公害問題を取り上げる。まず、それまでに学習した北九州市とも比較し、共通点等を考える。北九州の事例と比較する中で、地理的な背景や工場や人々の生活が原因であること、市民、企業、行政が「環境を取り戻したい」という強い思いのもと取組を進めていたことを捉え、そこから国土の環境保全のために企業、行政として大切なことをまとめていく。子供は、「私たちは環境を守るために何ができるのだろう」という問いをもち、市民の一員として環境を守るために自分たちにできることを考えてまとめ、互いに意見交流する。

第6学年

学習指導要領「内容」のポイント

学習指導要領の内容と単元の構成例

	学習指導要領の内容	単元名（例）	時数
内容(1)	我が国の政治の働き	日本国憲法の役割と我が国の政治の働き	全10時間
		わたしたちの生活をよりよくする政治（地方創生）	全8時間
内容(2)	我が国の歴史上の主な事象	狩猟・採取や農耕の生活、古墳、大和政権（大和朝廷）	全7時間
		仏教と天皇中心の国づくりへ（聖徳太子から聖武天皇へ）	全6時間
		貴族の生活と文化	全4時間
		武士による政治	全7時間
		今に伝わる室町文化	全5時間
		キリスト教伝来、織田・豊臣の天下統一	全6時間
		江戸幕府の政策	全6時間
		町人文化と新しい学問	全6時間
		我が国の近代化	全7時間
		世界に歩み出した日本	全6時間
		戦争と人々のくらし	全5時間
		焼け跡からの復興	全6時間
内容(3)	グローバル化する世界と日本の役割	日本とつながりの深い国々	全8時間
		世界の課題と日本の役割	全8時間

内容ごとのポイント

内容(1)
「我が国の政治の働き」のポイント

　内容(1)は、①日本国憲法の基本的な考え方、政策の内容や計画から実施までの過程、法令や予算との関わりなどに着目して、我が国の民主政治を捉えるとともに、立法、行政、司法の三権がそれぞれ役割を果たしていることを理解する内容、②政策の内容や計画から実施までの過程、法令や予算との関わりなどに着目して、国や地方公共団体の政治の働きを理解する内容である。

　ここでは、国会などの議会政治や選挙の意味、国会と内閣と裁判所の三権相互の関連、裁判員制度や租税の役割などについて扱う。その際、国民とし政治への関わり方について多角的に考えて、自分の考えをまとめることができるように配慮する。

　実際の指導に当たっては、我が国の政治の働きについて公共施設などの見学や、そこで働く人への聞き取り調査をしたり、国や県、市などが作成した広報誌などの各種資料で調べたりして、国や地方公共団体の政治の取組と国民生活を関連付けて考え、レポートや図表などにまとめたことを説明したりする。

　単元の事例では、「日本国憲法と自分たちとのつながり」「地域の開発や活性化の取組」の事例2つを紹介している。

内容(2)
「我が国の歴史上の主な事象」のポイント

　内容(2)は、世の中の様子、人物の働きや代表的な文化遺産に着目して、我が国の大まかな歴史を理解し、関連する先人の業績、優れた文化遺産を理解する内容である。

　ここでは、子供の興味・関心を重視し、取り上げる人物や文化遺産の重点の置き方に工夫を

加えるなど、精選して具体的に理解できるようにする。また、国宝、重要文化財に指定されているものや世界文化遺産など、我が国の代表的な文化遺産を通して学習できるようにするとともに、当時の世界との関わりにも目を向け、我が国の歴史を広い視野から捉えられるようにする。

実際の指導に当たって、遺産や文化財については、地域の博物館や資料館等を活用したり、学芸員から話を聞いたりして調べる。歴史上の事象については、できごとの経緯を示した年表、事象やできごとの様子を書き表した資料などで調べてまとめるようにする。

単元の事例では、以下を紹介している。

○地図を活用して、大和政権の勢力の広がりを捉える事例

○国の発展を世界との関わりで考える事例

○歴史地図と年表を活用して、日本風文化誕生の背景を考える事例

○外国との関わりに目を向けることでより広い視野から歴史的事象を捉える事例

○世界文化遺産や国宝を積極的に取り上げ、文化の特色を考える事例

○日本地図、世界地図を積極的に活用することで、天下統一の過程や背景を考える事例

○幕府の政策の重要度を選択・判断する手立てとして、シンキングツールを取り入れた事例

○江戸時代の文化と世界との関わりに目を向け、広い視野から捉える事例

○我が国の近代化を、世界との関わりを捉えながら、多角的な視点から追究する事例

○見方・考え方を働かせてグラフの内容を読み取り、国力の充実を理解する事例

○戦争当時、今の自分たちと同じような小学生だった方の話を通して理解を深める事例

○オリンピック・パラリンピックを教材にすることで、世界との関わりに積極的に目を向け、我が国の歴史を広い視野から捉える事例

内容(3)

「グローバル化する世界と日本の役割」のポイント

内容(3)は、①外国の人々の生活の様子などに着目して、我が国と経済や文化などの面でつながりが深い国の人々の生活は多様であり、異なる文化や習慣を尊重し合うことが大切であることを理解する内容、②世界の課題や解決に向けた連携・協力などに着目して、我が国は、国際連合の一員として重要な役割を果たしたり、諸外国に援助や協力を行ったりしていることを理解する内容である。

ここでは、国旗と国歌の意義を理解し、尊重する態度を養う。世界の人々と共に生きていくために大切なことや、今後、我が国が国際社会において果たすべき役割などを多角的に考えたり選択・判断したりできるようにする。

実際の指導に当たっては、地図帳や地球儀を用いたり各種の資料で調べ、また、留学生や地域の外国人、国際交流活動に参加した人への聞き取り活動などを通して、日本の文化や習慣との違いを捉えたり、国際交流の役割や国際社会において我が国が果たしている役割を考えたりする。

単元の事例では、「日本とつながりの深い国々」「世界の課題と日本の役割」の事例2つを紹介している。

第6学年

内容(1) 全10時間

日本国憲法の役割と我が国の政治の働き

| 単元目標の要素 | **C**ontents：学習内容　**V**ision：見方（視点）　**I**nvestigation：調べ方（技能）　**T**hought：考え方（思考）
Knowledge：知識　　**M**otivation：主体的に学習に取り組む態度、社会的事象に関わろうとする態度 |

指導計画

主な学習活動（内容（予想される子供の反応例））

つかむ

 自分たちの市のまちづくりは、どのような考え方のもとで行われているのだろう [1時間]
- 自分たちの市や他地域のまちづくりについて調べることを通して日本全国に影響を及ぼしている日本国憲法があることを知る。
  - ・日本全体に影響を及ぼすような守るべききまりがあるのではないか。

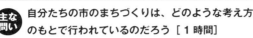 **日本国憲法の基本的な考え方はどのようなものだろう [1時間]**
- 日本国憲法について学習問題をつくり、予想する。

学習問題：日本国憲法にはどのような役割があり、わたしたちのくらしとどのように結び付いているのだろう。

「深い学び」の学習プロセス

追究する

 基本的人権の考えは、市や国の政治にどのように反映されているのだろう [1時間]
- 日本国憲法制定以前の人権における課題を知る。
- 市の取組を調べ、国民の権利と義務について理解する。

 平和主義の考えは、市や国の政治にどのように反映されているのだろう [1時間]
- 過去の戦争と平和についての市や国の取組を理解する。

 国民主権の考えは、市や国の政治にどのように反映されているのだろう [1時間]
- 選挙権を得るための条件や有権者の割合の変化を知る。
- 天皇の地位と国民主権について理解する。
- 市や国の取組を知り、国民主権の意味について考える。

 選挙の一票には、どのような意味があるのだろう [1時間]
- 模擬選挙を通して、選挙で一票を投じることの意味について考える。
  - ・選挙で選ばれた人は、どこでどのようなことをしているのだろう。

 国会、内閣、裁判所は、どのような働きをしているのだろう。また税金には、どのような役割があるのだろう [3時間]
- 国会、内閣、裁判所の仕組みや働きを調べ、国民との関係について考える。租税の役割について理解する。

まとめる

 日本国憲法、国民、国会、内閣、裁判所は、どのような関係になっているのだろう [1時間]
- ・日本国憲法は、私たちの生活を支え、その考え方をもとに我が国では、国民が中心になった政治が行われている。そのために国会、内閣、裁判所は、それぞれが役割を果たしながら関わり合っている。

指導の手立て

- 身近な事例を取り上げ、子供にとって憲法や政治が捉えやすくなるようにする。
- **資料** 自分たちの住む市（区）や他市の取組
  〈人権（ユニバーサルデザインなど）、市民の政治参加、平和への取組など〉
- **資料** 六法全書、日本国憲法の原本の画像
- **資料** 「あたらしい憲法のはなし」（絵図）

- 過去の事例、身近な事例、憲法の理念、国の取組の順で展開する。
- **資料** 国内の人権問題（ハンセン病患者など）
- **資料** 義務教育制度、国民の権利と義務
- **資料** 我が国の戦争、憲法第9条
- **資料** 平和都市宣言、平和を願う取組
- **資料** 核兵器廃絶の取組、自衛隊の働き
- 国民主権が我が国の政治の仕組みにつながることに気付けるようにする。
- **資料** 選挙権の歴史（比較表）
- **資料** 憲法前文、天皇の地位・主な仕事
- **資料** 市長との対話、国民主権（図）
- 模擬選挙の議題については、実際に住む地域の課題に関連したものを扱い、切実感や意欲が高まるようにする。
- **資料** 選挙の投票率の推移（グラフ）
- **資料** 国会の仕組み・働き、国民の祝日
- **資料** 内閣の仕組み、文部科学省の仕事
- **資料** 裁判の仕組み・働き、裁判員制度
- **資料** 租税の仕組み・働き（図や表）
- 関係図をもとに日本国憲法、国民、国会、内閣、裁判所の関わりに気付くことができるようにする。また、政治への関わり方について、多角的に自分の考えをまとめられるようにする。

[小学校社会科］学習指導案文例集

| 単元目標 | ◎我が国の政治の働き**について** C 、日本国憲法の基本的な考え方**に着目して** V 、見学、調査をしたり、各種資料をもと**に調べたりして**、関係図などに**まとめ** I 、日本国憲法と国民生活、国会、内閣、裁判所と国民との関わり**を関連付けて考え** T 、日本国憲法は国家の理想、天皇の地位、国民としての権利及び義務など国家や国民生活の基本を定めていること、国家や我が国の民主政治は日本国憲法の基本的な考え方に基づいていること、立法、行政、司法の三権がそれぞれの役割を果たしていること**を理解できるようにする** K 。
◎日本国憲法について学習問題を追究し、国民としての政治への関わり方**を考えようとしている** M 。 |

単元の配慮事項

■ 国会と国民生活との関わりへの理解を深めるために、国民の祝日については国会の学習で扱うようにすること。
■ 日本国憲法について追究する段階では、身近な基本的人権の尊重から平和主義、国民主権の順で学習し、模擬選挙を経て我が国の政治への問いを見いだしながら、我が国の政治の働きについて追究する学習へとつなぐようにすること。

「見方・考え方」を働かせる「深い学び」のポイント

1. 日本国憲法の汎用性に着目して追究する

つかむ 自分たちの住む地域と他地域の事例を調べる

　日本国憲法について、自分たちの住む地域の身近な事例に加え、他市（区）にも空間的に視野を広げて事例を扱うことで、日本全体に影響を及ぼす決まりがあることに気付き、日本国憲法について問いをもてるようにする。

2. 日本国憲法制定以前の事例に着目して追究する

追究する 我が国の過去の人権課題、我が国の戦争の歴史、選挙権や有権者数の変化について知る

　我が国の歴史を学ぶ以前の段階なので、日本国憲法以前の人権、平和、選挙における過去の事例（課題）を取り入れ、社会の変化にも気付けるようにする。

　また、日本国憲法の三原則についての学習を、日本国憲法に関わる身近な事例→日本国憲法の理念→国の政治の仕組みと国民との関わりという流れで展開することで、過去と比較しながら理解を深められるようにする。

3. 日本国憲法と我が国の政治の仕組みや国民との関わりに着目し、国民としての政治への関わり方を考える

まとめる 学んだことを関係図に表し、考えをまとめる

　日本国憲法の基本的な考え方及び我が国の政治の仕組みについて関係図に表すことで、日本国憲法の考え方に基づいた我が国の民主政治や日本国憲法と国民生活及び国会、内閣、裁判所と国民との関わりを捉え、国民としての政治への関わり方を多角的に考えて、自分の考えをまとめられるようにする。（下図参照）

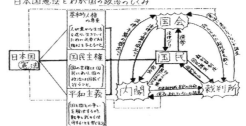

【子供が考えた関係図】

「教材化」のヒント

1. 関心を高める「あたらしい憲法のはなし」の活用

　我が国の歴史について学んでいない子供が、憲法をより身近に捉えられるようにするために、日本国憲法制定当時の中学校1年生向けの教材として用いられた「あたらしい憲法のはなし」を扱う。その絵図をもとに、日本国憲法の基本的な考え方をグループや学級全体で予想し合う活動を行いながら、対話的な学びを展開していく。

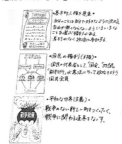

2. 日本国憲法の学習から我が国の政治へと「問い」をもたせ、選挙の意味について考える模擬選挙

　日本国憲法の国民主権から我が国の政治の学習につなげられるように、模擬選挙を行う。その際、自分たちの住む地域の課題（安全、防災、福祉、環境など）を論点に、切実感をもって考えられるようにすると効果的である。

　このような活動を行うことで、「選挙に選ばれた人は、どこでどのようなことをしているのだろう」という問いを引き出し、我が国の政治への関心を高めることができる。また、模擬選挙の活動後には、自分が選挙とどう向き合うか選択・判断する活動を取り入れていく。

第6学年 わたしたちの生活をよりよくする政治 ～地方創生～

内容(1) 全8時間

| 単元目標の要素 | **C**ontents：学習内容　**V**ision：見方（視点）　**I**nvestigation：調べ方（技能）　**T**hought：考え方（思考）
Knowledge：知識　　**M**otivation：主体的に学習に取り組む態度、社会的事象に関わろうとする態度 |

指導計画

「深い学び」の学習プロセス

つかむ

主な問い 我が国が抱える課題に対して国や地方公共団体はどのような取組をしているのだろう [2時間]

- 国が抱える課題を知り、どのような対策を行っているか予想する。
  - ・子育てをしやすいような取組がされていると思う。
  - ・郡上市では、実際に成果のあった取組はあるのかな。
- 岐阜県郡上市の課題があるかを知り、学習問題をつくり、予想し合う。

指導の手立て
- 人口の減少や東京への一極化が大きな問題であることに気付くことができるようにする。
- **資料** 人口の変化・東京への移住人数・合計特殊出生率・地方創生年表（国の動き）
- **資料** 岐阜県の過疎地域率・住民の声

学習問題：地域の課題を改善し、活性化するために、国や地方公共団体ではどのようなことを行っているのだろう。

追究する

主な問い 郡上市は、国が進める地方創生を実現するためにどのようなことを行っているのだろう [4時間]

- 以下の活動について調べる。
  ・新しい仕事、新しい人の流れを作る。
  ・若い世代の希望を叶える。
  ・時代に合わせた地域づくり。
  - ・様々な策を練って仕事を作り、人が増える工夫をしている。
  - ・若い世代の願いを受けた取組を実施し、市にもメリットがある。
  - ・自治会・NPO・住民が協力し合いまちを変えた。
  - ・法律の見直しなど国の力も必要である。
- 地方創生の取組を行うための政治はどのように決められているか調べる。

指導の手立て
- **資料** 郡上市まち・ひと・しごと創生総合戦略
- 住民の声と関連させながら調べ、国民主権の考えの下、地方創生の取組が行われていることに気付くことができるようにする。
- 石徹白の小水力発電所の取組を取り上げ、住民の自立の必要性にも触れる。
- **資料** テレワークの方の話・合同宿舎八幡
- **資料** 郡上市子ども子育て支援計画
- **資料** NHK「地域づくりアーカイブス」
- **資料** 石徹白の小水力発電所計画での県や市の取組・事業内訳

主な問い 他の地域では、国の進める地方創生を実現するためにどのようなことを行っているのだろう。 [1時間]

- ひとづくり、しごとづくりのために行われている活動を調べる。
  - ・日本各地で郡上市と同じように国や県が協力し取組が行われている。
  - ・地方創生の取組を発信し、共有していくとさらによい。
- 地域を活性化するためのNPO法人の取組について調べる。

- 各地の地方創生の取組に視野を広げることで、どの地域でも行われていることに気付くことができるようにする。
- **資料** 島根県海士町「島留学」の取組
- **資料** 岩手県遠野市のNPO法人の取組

まとめる

主な問い 地域を活性化するためにどのようなことが国や地方公共団体では行われているのだろう [1時間]

- 地域を活性化するための取組における国、地方公共団体、国民の関係を図にまとめる。
  - ・国民が願いを伝え、県や国へと広がっている。国は全体の中心だ。その間のネットワークが大切になる。
- 地方創生を実現させるために、大切なことについて考える。

- 関係図から国や地方公共団体の政治が私たちの生活に大きな役割を果たしていることに気付くことができるようにする。

単元 目標	◎我が国の政治の働き**について C**、政策の内容、計画から実施までの過程、法令や予算との関わりなどに**着目して V**、見学・調査したり各種の資料**で調べたりして I**、国や地方公共団体の政治の取組を捉え、国民生活における政治の働き**を考え T**、表現することを通して、国や地方公共団体の政治は、国民主権の考えの下、国民生活の安定と向上を図る大切な働きをしていること**を理解できるようにする K**。 ○国や地方公共団体の政治の働きについて、学習問題を意欲的に追究し、政治との関わりについて**考えようとしている M**。

▌単元の配慮事項

▢ 「国や地方公共団体の政治」については、社会保障、自然災害からの復旧や復興、地域の開発や活性化などの取組の中から選択して取り上げること。

▢ 市区町村における地方公共団体の政治については、第３学年において学習するため、国や都道府県の政治の働きが明確に分かる取組を扱うこと。

▢ 国や地方公共団体の政治は、国民主権の考え方の下、国民生活の安定と向上を図る大切な働きをしていることを理解できるようにすること。

▌「見方・考え方」を働かせる「深い学び」のポイント

1. 時間の経過に着目して追究できるようにする

つかむ 今後の予想を基に課題を捉える

「2060年には、日本はどれくらいの人口になっているか」などと投げかけ、現在の人口や社会保障の問題から、今後の推移予測を知ることで、我が国が抱える課題を捉えられるようにする。

2. 空間的な広がりに着目して追究できるようにする

追究する 郡上市での取組の追究から全国各地での取組へと視野を広げて調べる

「他の地域でも同じようなことしているのか」などと問いをもち、「まち・ひと・しごと」に関わる事例について、グラフやインタビュー等の資料を読み取ることができるようにする。

3. 政治の取組と国民の願いを関連付けて考えることができるようにする

追究する 郡上市民の願いと政治の取組を関連付ける

「市民の願いを受けてどのようなことを行っているのか」などと問いをもち、郡上市での地方創生を実現するための取組を調べることで、国民主権の考えの下で政治が行われていることを理解できるようにする。

追究する 石徹白小水力発電所の業績における課題を政治や費用と関連付ける

「高額な建設費用や工事はどうしたのか」などと問いをもち、国や県・市が税金を使ったり法律の見直しなどをしたりしたことを調べることで、国や地方公共団体との連動に気付かせることができる。

4. 国や地方公共団体の働きと国民の政治参加について考えることができるようにする

まとめる 地方創生の実現のために大切なことを考える

それぞれの関係を図にまとめ、「今後、地方創生を実現していくにはどうすべきか」などと問いをもち、話し合いを通して、国や地方公共団体が国民の願いを受けて政治を行うことの大切さや、地域住民が主体的に政治に参加していくことの大切さに気付けるようにする。

▌「教材化」のヒント

1. 子供の興味・関心を高める地方創生の取組

本単元では、過疎地域ともなっている岐阜県郡上市を事例地として教材化している。地域住民の声から、どのような取組を行っているか予想し、調べていく中で願いを受けた政治が行われていることに気付かせる。

①病児・病後保育事業の拡充・赤ちゃんの駅の設置などの郡上市自慢の子育ての取組

「自分が大人になって子供ができた際にも魅力を感じる取組だ」等、自分のこととして捉えさせる。

②テレワーク事業の推進

都心に本社のある企業の社員が、地方に住み、通信機器で仕事をしている方の話を聞くことで、都心からの人

や仕事の流れが変わることに気付かせる。

③国の働きや地域住民の関わり

暮らしを向上させるためには、国や地方公共団体のみでなく、NPO法人の協力や地域住民の自立の大切さに気が付いていくことが重要である。

本単元で取り上げた地域では、地域住民が主体となり、小水力発電所の設置に取り組み、成果を上げている。この取組の仕掛け人の話を通して、住民も共に協力することの大切さに気付かせる。また、住民のみでは解決できないところ（建設費用の県・市・住民の負担額や農協設置の人数に関する問題）は国や県市の力により支えられていることにも気付かせる。

第6学年

内容(2) 全7時間

狩猟・採取や農耕の生活、古墳、大和政権（大和朝廷）

単元目標の要素
- **C**ontents：学習内容
- **V**ision：見方（視点）
- **I**nvestigation：調べ方（技能）
- **T**hought：考え方（思考）
- **K**nowledge：知識
- **M**otivation：主体的に学習に取り組む態度、社会的事象に関わろうとする態度

指導計画

「深い学び」の学習プロセス

つかむ

主な学習活動	指導の手立て
主な問い どのような暮らしの変化があるのだろう [2時間] ●身近な地域（都道府県・区市町村）にある、遺跡について調べる。 ・遺跡からは、道具や生物の骨などが見付かっている。 ・弥生時代の絵では、米作りが行われているね。 ●縄文時代と弥生時代の変化について調べる。 ●米作りの影響から学習問題をつくる。	**資料** 身近な地域の資料 ●場合によっては郷土資料館等の見学、学芸員による説明も取り入れる。 **資料** 縄文時代と弥生時代の想像図 ●縄文時代と弥生時代の違いや変化を読み取らせる。

学習問題：米作りがはじまり、人々のくらしや世の中の様子は、どのように変わったのだろう。

追究する

主な問い 米作りは、どのような影響を及ぼしたのだろう [2時間] ●暮らしの変化を調べる。 ・定住するようになったこと ・集落の変化（柵、堀） ・指導者の出現　など ・国を治めるとは、争いをなくし、人々が落ち着いて暮らせるようにすることだと思う。 ●「くに」の出現について調べる。 ●邪馬台国と卑弥呼について調べ、「国を治める」ことの意味について考えをもつ。	**資料** 吉野ケ里遺跡資料（復元された遺跡の全体写真、出土品に関する資料、矢じりが刺さったままの人骨写真など） ●資料から指導者の出現、むら同士の争い、渡来人の活躍などを読み取らせ、米作りとの関係性を考えさせる。 **資料** 邪馬台国に関する記述（魏志倭人伝） ●資料から「国を治めること」の意味について考えをもたせる。
主な問い 古墳や出土品からどのようなことが分かるだろう [2時間] ●近畿地方の古墳やその出土品について調べる。 ・鉄剣が出土した熊本県から埼玉県までは、大和朝廷の支配が及んでいたのだと思う。 ・なぜ神話を書かせたのか、調べてみたい。 ●大和朝廷（大和政権）について調べる。 ・大王とその支配地域 ・大陸文化の摂取 ●「日本書紀」「古事記」等の神話をもとに、国の成り立ちについての考え方について関心をもつ。	**資料** 大山古墳（大阪府）に関する資料 **資料** 日本地図 **資料** 鉄剣についての資料 ●ワカタケル大王に関する鉄剣の出土場所や記録された文字について調べ、大和朝廷の支配地域についてまとめる。

まとめる

主な問い 米作りがはじまり、人々のくらしや世の中の様子は、どのように変わったと言えるだろう [1時間] ●学習問題に対する自分の考えをまとめ、その考えを伝え合う。 ・米作りがはじまると、各地に村ができ、指導者が現れた。 ・むら同士の争いにより、いくつかのむらがまとまってくにができた。 ・くにの中から、特に力の強い国が現れ、大和朝廷となった。	**資料** 「日本書紀」「古事記」等の神話 ●これまでの資料をもとにまとめる。箇条書きにするなど、無理のないまとめ方にする。

| 単元目標 | ◎狩猟・採集や農耕の生活、古墳、大和朝廷（大和政権）による統一の様子について **C**、世の中の様子、人物の働きや代表的な文化遺産などに**着目して** **V** 遺跡や文化財、地図や年表などの資料で**調べまとめ** **I**、我が国の歴史の展開を**考え表現することを通して** **T**、むらからくにへと変化したことを**理解できるようにする** **K**。
◎神話・伝承を手がかりに、国の形成に関する考え方などに**関心をもつこと** **M**。 |

単元の配慮事項

■ 世の中の様子、人物の働きや代表的な文化遺産などに着目して、我が国の歴史上の主な事象を捉え、我が国の歴史の展開を考えるとともに、歴史を学ぶ意味を考え、表現することが大切である。また、子供の興味・関心を重視し、取り上げる人物や文化遺産の重点の置き方に工夫を加えるなど、精選して具体的に理解できるようにすること。

■ 「神話・伝承」については、古事記、日本書紀、風土記などの中から適切なものを取り上げることとされており、地域に関連した内容を扱うなど、実態に合わせて取り上げること。

「見方・考え方」を働かせる「深い学び」のポイント

1．生活や社会の変化とその影響に着目して、追究する

つかむ 複数の資料を比較し、変化や違いを読み取る

2枚の想像図を比較し、調べ活動を行う。その際、衣食住、仕事の様子や道具に注目し、それらの変化を読み取るようにする。ここで注目させたい大きな変化は米作りが行われていることであり、その後の生活や社会はどのように変化していくのかについて学習問題を見いだす。

「米作りがはじまり、人々のくらしや世の中の様子は、どのように変わったのだろう」

追究する 事実と推察を整理する

米作りによる生活の変化について捉える。その際、むらの大規模化、大陸からの技術など、資料から読み取れる事実と、強力な指導者（首長）の存在、むら同士の争い、くにの成立など、推察されることに分けて、板書等に整理していく。

追究する 各事実をつなげ、移り変わりを捉える

縄文時代から弥生時代の生活の変化や、くにの成立過程（米作りが原因と考えられる指導者の登場とむら同士の争い）、大和朝廷（大和政権）の出現について、各事実をつなげ、それらの移り変わりを捉えるようにする。

2．特色や意味の考察の仕方

追究する 米作りの及ぼした影響についてまとめる

遺跡や出土品から分かることと、それらから推察されることに分けて整理していく。

まとめる 縄文時代から古墳時代までの変化を捉える

まとめる際には、文章でまとめるのか、箇条書きでまとめるのか、学級全体で確認する。長期間の歴史的事項をまとめるため、無理に短文や一行でまとめようとせず、縄文時代から弥生時代、弥生時代から古墳時代の、それぞれの時代の変わり目に着目し、箇条書きでまとめていくなどの工夫を行う。

（子供の反応例）
・「米作りがはじまり、生活が大きく変わるとともに、むらには指導者が現れた」
・「むらからくにができ、より強い力をもつ指導者（王）もあらわれた」

「教材化」のヒント

1．子供の興味・関心を高める学習活動と資料

身近な地域に残る縄文時代、弥生時代等の遺跡を取り上げる。都道府県（区市町村）に残る遺跡や、そこから出土した品を活用することが、興味・関心を高めることにつながる。

「自分たちの暮らす土地は、昔から台地上にあり、集落があったんだ」など、自分たちの暮らす地域の歴史に触れることで、学習内容がより身近に感じることにつながる。場合によっては、地域の博物館等に勤務する学芸員に当時の様子を話してもらうことも効果的である。

2．見方・考え方を働かせられるよう、地図から読み取った情報を根拠として考えるようにする

鉄剣が出土した場所を地図で確認する。埼玉県稲荷山古墳から出土した鉄剣と、熊本県江田船山古墳から出土した鉄剣には、いずれも「ワカタケル」大王の名前が彫り込まれており、当時の大和朝廷の支配地域を示すものとなっている。そこで、「この2つの鉄剣が埼玉県と熊本県から出土したということは、何を意味しているのか」について発問することで、大和朝廷の支配地域の広がりについて考えをもたせる。

少なくとも、埼玉県から熊本県までは、大和朝廷が支配していたのだと思う。

第6学年 仏教と天皇中心の国づくりへ
～聖徳太子から聖武天皇へ～

内容(2) 全6時間

| 単元目標の要素 | **C**ontents：学習内容　　**V**ision：見方（視点）　　**I**nvestigation：調べ方（技能）　　**T**hought：考え方（思考）
Knowledge：知識　　**M**otivation：主体的に学習に取り組む態度、社会的事象に関わろうとする態度 |

指導計画

主な学習活動　　内容（予想される子供の反応例）

つかむ

 主な問い **聖徳太子はどのような国づくりを目指したのだろう [2 時間]**

- 遣隋使を遣わし、天皇の力を高めていった視点から話し合う。
  ・大陸文化を取り入れて天皇中心の国をつくろうとしたのかな。
- 大化の改新を具体的に調べ、中大兄皇子や中臣鎌足の目指した国づくりについて考える。
- 聖徳太子の願いは、その後の時代にも生かされていくのか着目して、学習問題を作る。

学習問題：天皇中心の国づくりをどのように進めたのだろう。

「深い学び」の学習プロセス

追究する

 主な問い **どのようにしてこんなに大きな大仏を作ったのだろう [1 時間]**

- 正倉院御物について調べる。
- 聖武天皇がつくった奈良の大仏の大きさに着目して調べる。
  ・こんな大きな大仏が作れるほど天皇の力は全国に広がったのはすごいな。でも、危険な作業じゃなかったのかな。
- 造営までの様子を年表にまとめる。

 主な問い **当時の人々は大仏づくりに参加したのかな [1 時間]**

- 全国から人や材料が集まっていることについて調べる。
  ・行基という人が民衆に説明して協力してもらったようだ。
- 行基が果たした役割について調べ関わった人や当時の人々の願いについて考え話し合う。
  ・お金や食料も出て天皇は人々のことも考えていたんだな。

 主な問い **どうしてこんなに大きな大仏をつくったのだろう [1 時間]**

- 当時の人々の生活の様子や伝染病など不安定な時代背景について調べる。
- 大仏を作った聖武天皇の願いについて考え話し合う。

まとめる

 主な問い **聖武天皇が目指した国づくりはこれからどのように発展していくのだろう [1 時間]**

- 天皇にこれだけ集まった権力は今後どうなっていくのか、庶民の立場から考え話し合う。
  ・国としては技術も天皇の力も大きくなったが、人々は本当に豊かになったのかな。
- 仏教や大陸の文化を取り入れながら国づくりを進めた。

指導の手立て

- 資料 聖徳太子の肖像の写真
- 資料 小野妹子等、遣隋使の航路図
- 資料 法隆寺の写真

- 資料 十七条の憲法
  （現代語訳で簡潔にしたもの）

- 特に1、3、15、17条等、天皇中心の国づくりに着目できるようにする。
- 資料 正倉院の御物の写真
- 資料 世界地図
- 聖武天皇の権力を調べる中で、大仏に出合うようにする。
- 資料 東大寺大仏殿と大仏の資料
- 大仏や大仏殿の大きさを実感するため、身近な建物や身長と比較する。

- 資料 大仏造営の期間やのべ人数の表
- たくさんの人や費用をかけたことを天皇の力と結び付けて考えられるようにする。

- 資料 鑑真等の仏教伝来に尽くした人の働きを示す資料（年表、肖像画）
- 資料 大仏の造営のようす想像図
- 資料 行基と大仏造営の主な出来事年表
- 当時、大仏造営に関わった人々の職種や待遇の表を参考に、天皇が目指していた国づくりについて捉えさせる。
- 資料 大仏造営の詔
- 資料 国際色豊かな大仏改元式の想像図
- 資料 全国に置いた国分寺国分尼寺の配置図

単元目標

◎大陸文化の摂取、大化の改新、大仏造営などの歴史的事象について C 、世の中の様子、人物の働きや代表的な文化遺産などに着目して V 、歴史的事実を調査したり大陸との関係図などの資料を活用したりして調べて、年表などにまとめ I 、天皇中心の国づくりを目指した人々の努力や当時の庶民の生活の様子や願いを比較・関連付けて考え説明することを通して T 、大陸文化を取り入れながら天皇を中心とした政治のしくみが確立されたことを理解できるようにする K 。

◎天皇中心の国づくりを進めようとした人々の願いについて考え、学習問題を意欲的に追究し、生活をよりよくしようとした先人の努力や政治を理解しようとしている M 。

単元の配慮事項

■ 子供の興味・関心を重視して、聖徳太子や聖武天皇等の人物や、国宝、重要文化財に指定されているものや、世界文化遺産に登録されているものを取り上げる際に工夫をしたり、精選したりして具体的に理解できるようにすること。

■ 大陸文化の摂取については、地図や年表を使って、当時の世界との関わりにも目を向け、我が国の歴史を広い視野から捉えられるように配慮すること。

「見方・考え方」を働かせる「深い学び」のポイント

1. 国づくりを時期による違いに着目して追究する

つかむ 3つの時期を比較する

聖徳太子が活躍した時代とその後の大化の改新の時期、そして聖武天皇が国づくりを進めた時期の3つの時期について、それぞれの段階で天皇の力がどのように高まっていったのか比較できるように、年表を用いて調べる。

2. 追究の視点を明確にして、立場を変えて見方・考え方を深めていく

追究する 追究の視点を明確にして調べる

導入の十七条の憲法から、天皇中心の国づくりがどのように進んだのかという視点を明確にして追究させる。学習問題の「天皇中心の国づくりをどのように進めたのか」という為政者からの立場で進めていく中で、世界との関わりを地図や正倉院の御物から具体的に読み取れるようにする。

まとめる 単元の最終で立場を変えて見方・考え方を深めるようにする

歴史学習では誰の立場で歴史的事象を見ていくかが見方・考え方を広げ深める上で大切なポイントとなる。「人々は」という主語を用いた発言や記述が見られた場合、それはどのような人々を想定しているのか、主語を意識して考えるようにする。

さらに、天皇中心の国づくりが進んでいった事実を単元の終末で俯瞰してみる際、庶民の立場でも考え、多角的に考える。

3. 当時の世界との関わりにも目を向け、関連付けて考える

追究する 国宝や文化遺産を調べる中で、シルクロードとの関わりを関連付ける

正倉院の御物や寺社や仏像の特色から、シルクロードや外国の影響を受けた文化の終着点だったことを調べ、国際色豊かな当時の文化の特色から世界との関わりにも目を向けることができるようにする。

追究する 大陸との関わりで歴史的事象を関連付ける

大陸の文化を取り入れて国を発展させていこうとした聖徳太子の時代と、世界でも類を見ない大きな金銅仏をつくった聖武天皇の時代を大陸との関係の中で比較することで、大陸との国の政治的な関わりついて理解する。

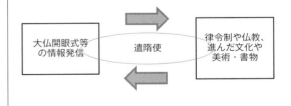

「教材化」のヒント

1. 大仏の大きさが実感できる体験や写真

本単元では、世界に類を見ない大きさの金銅仏をつくる技術や力が日本にあったことを理解することが教材化のポイントである。手や指、鼻、耳などを原寸大に表すなどして大きさを実感できるようにする。

2. 見方・考え方を働かせる「大仏殿建立に携わった人」の内訳表

天皇の力が強くなって大仏を建立したという事実を知ると子供は強制労働させられたと考えがちだが、建立に携わった人々の内訳や当時の労働条件を示すことで、大仏建立の意図が見えてくる。

第6学年　内容(2)　全4時間

貴族の生活と文化

| 単元目標の要素 | **C**ontents：学習内容　　**V**ision：見方（視点）　　**I**nvestigation：調べ方（技能）　　**T**hought：考え方（思考）
Knowledge：知識　　**M**otivation：主体的に学習に取り組む態度、社会的事象に関わろうとする態度 |

指導計画

	主な学習活動　　内容（予想される子供の反応例）	指導の手立て

つかむ

 貴族はどのようなくらしをしていたのだろう [1時間]
- 藤原道長が詠んだ望月の歌の意味を考え、話し合う。
  - ・この世はすべて思いどおりにできる。
  - ・天皇の祖父になり、強い権力を手に入れることができた。
- 藤原道長のような貴族はどのようなくらしをしていたのかを調べる学習問題を考え、学習計画を立てる。

資料　「望月の歌」藤原道長（絵）
- ●これまでの生活の中で見た経験のある貴族の文化に関わることを発言させる。

資料　寝殿造の屋敷の想像図
- ●想像図から衣・食・住などで読み取れることをもとに、話し合わせる。

資料　「源氏物語絵巻」と仮名文字の発達

学習問題：貴族が栄えていたころはどのような文化が生まれたのだろう。

追究する

「深い学び」の学習プロセス

 「源氏物語」などに登場する貴族は、どんなくらしをしていたと書かれているのだろう [1時間]
- 貴族のくらしから生まれた日本風の文化について、資料から調べる。
  - ・仮名文字は、日本語をそのまま表現することができて、貴族の様子が生き生きと書かれるようになった。他にも束帯や十二単、囲碁や蹴鞠、大和絵や和歌などがあって、とても華やかだ。

- ●紫式部と清少納言がライバルであることを知らせ、作品内容を対比しながら調べさせると、特徴をつかみやすい。

資料　「源氏物語絵巻」大和絵と、仮名文字

- ●百人一首の和歌など、現在にも受け継がれているものが多くあることに気付かせる。

資料　平等院鳳凰堂、熊野古道

 聖武天皇のころ盛んだった仏教文化はどのようになったのだろう [1時間]
- 聖武天皇の頃の都の文化を振り返り、都が遷ったことを地図で確認する。
- 世の中に不安が広がる中で、貴族がどのようなことをしたか調べる。
- 自分が調べたことを、カードにまとめ互いに伝え合う。
  - ・奈良から都が京都に遷り、シルクロードから伝わってきたそのままのものから、もっと日本らしいものになってきた。貴族は仏教を信じて、熊野詣をしたり、平等院鳳凰堂などを建てたりした。今にも残っている建造物は世界遺産でもある。

- ●具体的な建物や写真等で、文化財を想起できるようにする。現代に日本風の文化を伝える文化財の大切さも捉えさせる。

まとめる

 日本風の文化は、どのような背景で生まれてきたのだろう [1時間]
- 東アジアの歴史地図と年表を見て、遣唐使を廃止した理由について考え、日本風の文化が生まれた理由の一つとして気付かせる。当時の文化の特徴である日本風の文化についてまとめる。
  - ・唐が弱体化したため危険を冒してまで、遣唐使を送ることはなくなった。大陸との接点が少なくなったことも影響している。
  - ・貴族のくらしは、今にも残る季節の年中行事を大事にしている。その優雅な暮らしから仮名文字で書かれた「源氏物語」のような文学作品、大和絵など日本風の文化が生まれた。日本にある生活の様子が、そのまま表れるような文化になった。

資料　遣唐使の廃止の時期の東アジア（地図・年表）
- ●既習の遣唐使の地図、奈良文化の特色などを活用して、対比させると分かりやすい。

［小学校社会科］学習指導案文例集

158

単元	◎貴族の生活と文化について C 、世の中の様子、人物の働きや代表的な文化遺産などに着目して V 、遺跡や文化財、地図や年表などの資料で調べてまとめ I 、我が国の歴史上の主な事象を捉え、我が国の歴史の展開を考え表現することを通して T 、日本風の文化が生まれたことを理解できるようにする K 。
目標	◎貴族の生活と文化を調べ、学習問題の解決に向けて意欲的に追究しようとするとともに、日本風の文化の重要性に気付き、その文化に対しても興味・関心をもとうとしている M 。

単元の配慮事項

■ 子供の興味・関心を重視し、藤原道長、紫式部、清少納言等を取り上げるなど、人物の働きに重点を置く工夫を加えるなど、精選して具体的に理解できるようにすること。
■「源氏物語」で紫式部が表した貴族の生活を中心に取り上げて、日本風の文化を捉えられるようにすること。
■ 東アジアの歴史地図を用いて世界との関わりにも目を向け、我が国の歴史を広い視野から捉えられるようにすること。

「見方・考え方」を働かせる「深い学び」のポイント

1.「問い」(追究の視点)について

つかむ 平安時代と自分たちの生活を比べる

平安時代の貴族の力を子供に想起させるには、藤原道長の「望月の歌」が分かりやすい。「この歌を詠んだ人はどのような立場か」を問いをもてば、子供も道長と天皇や藤原氏以外の貴族との関係性を捉え、強大な権力を手にした藤原氏の姿が浮かぶ。これら上級貴族がこの時代の文化の担い手の中心である。

また、寝殿造の想像図から貴族の生活について気付いたことを子供が共有すれば、建物・衣服・遊びなど華やかな生活の様子の一端をつかむことができる。そこで、平等院鳳凰堂等の文化財から当時の文化を追究できる「問い」を子供がもつことができる。

2. 日本風の文化の特色や意味の考察の仕方

追究する 日本風の文化の特色

この時期の文化は、現代の生活にもつながるものが多く含まれており、貴族の１日の生活や節句などの年中行事の様子を自分たちの生活と比べながら調べさせる。食事や衣類、建物の様子など、今につながることを理解することで、自分たちに関わりの深い文化であることに気付かせる。女性が使った仮名文字で書かれた紫式部の長編物語「源氏物語」、後に大和絵として描かれた「源氏物語絵巻」、清少納言の「枕草紙」などの作品には、当時の人々の生活が細やかに描写されており、ここに描写されている生活様式や、これらの作品のそのものが日本風の文化といえる。

まとめる 天平文化から国風文化への変化

聖武天皇に代表される奈良時代の「天平文化」と、平安時代の「国風文化」を比較して、変化を捉えさせる。国際的な特徴をもつ「天平文化」から、日本風の特徴が強まる「国風文化」となったことについては、遣唐使の廃止により大陸の影響は弱まったこと、もとからの日本の風土により適した文化に醸成されてきたことを踏まえて理解させる。

3. 文化の発展を考えさせたり自分の関わり方を選択・判断させたりする手立て

まとめる 文化財保護の重要性

これらの文化を現代に伝える文化財を保護する重要性を子供に捉えさせることも大切である。国宝や世界文化遺産などを見て、当時の文化を伝えているというその歴史的な価値を子供が理解することで、保護の重要性についても考えることができる。

「教材化」のヒント

1. 子供の興味・関心を高める教材

文化の学習では、実際に衣・食・住などの具体物を目にすることで、より興味・関心が高まる。博物館の展示等が近くにあれば、それらも活用する。

漢字から仮名が作られた表などを基に言葉を書いてみると、平仮名の便利さが分かる。「源氏物語」は、世界最古の長編物語とされ、世界的にも評価されている文学作品である。そこに表れる生活の様式や節句などの年中行事は、子供の体験と重なる教材になり、興味・関心を高められる。

2. 子供の思考を促す資料提示や発問

【東アジアの歴史地図の活用】

東アジアの歴史地図と年表を提示し比べることで、この時期の東アジアの国々の情勢を捉えると、唐の影響力が弱まり、遣唐使廃止の決断に至った理由を考えて捉えさせることができる。

第6学年 武士による政治

内容(2) 全7時間

単元目標の要素	**C**ontents：学習内容	**V**ision：見方（視点）	**I**nvestigation：調べ方（技能）	**T**hought：考え方（思考）
	Knowledge：知識	**M**otivation：主体的に学習に取り組む態度、社会的事象に関わろうとする態度		

指導計画

	主な学習活動　　内容（予想される子供の反応例）	指導の手立て

「深い学び」の学習プロセス

つかむ

 鎌倉時代の人々はどのような生活をしていたのだろう [1時間]
- 武士の衣食住や1日の生活など、平安時代の貴族と比較しながら調べる。
- 貴族と武士の関係を考え、疑問を出し合う。

・武士は一族とともに領地に住んでいて、田畑を耕し、戦いに備えて乗馬や弓の訓練などの武芸にはげんでいたんだね。
・武士はどうやって力を強めたの？

- 平安時代との変化に着目し、追究意欲を高める。
- **資料** 貴族の屋敷と武士の館の絵
- **資料** 貴族と武士の1日の生活
- **資料** 平治物語絵巻
- 地図や、平清盛、源頼朝、源義経の年表から、関心をもって武士の勢力がどのように強くなったのかを捉えさせる。

学習問題：武士はどのように力を強め、どのような政治を行ったのだろう。

追究する

 源氏と平氏はどのような戦いをしたのだろう [1時間]
- 保元の乱、平治の乱で平氏が勢力をのばし、平清盛を中心に武士による政治を行ったことを調べる。
- 源義経たちの活躍により源氏が勝利したことを調べる。

・平清盛が太政大臣になり、貴族の政治から、武士の政治に変わっていったんだね。
・平氏を滅ぼし、源氏が力をもつようになったんだね。

- **資料** 平清盛、源頼朝、源義経の年表
- **資料** 源氏の軍の進路が分かる地図
- 源頼朝が鎌倉に幕府を開いた理由を、鎌倉の地図から読み取らせ、幕府のしくみから、頼朝がどのように支配を広げて武士の政治のしくみをつくったのかを考えさせる。
- **資料** 鎌倉の地図

 源頼朝は、どのような政治を行ったのだろう [2時間]
- 守護、地頭の役割などについて調べる。
- 源頼朝がなぜ鎌倉に幕府を開いたのかを考える。
- 鎌倉幕府のしくみを調べる。

・鎌倉は三方が山で、一方が海で敵を防ぎやすい。
・頼朝は全国に守護・地頭を置いて支配を広げ、武士の政治のしくみをつくっていったんだね。

 鎌倉幕府は、元とどのように戦ったのだろう [2時間]
- 頼朝の死後に行われた北条氏による政治を調べる。
- 元について調べる。
- 元軍と日本軍がどのように戦ったのかを考える。

・元はどんな国だったのだろう。
・北条時宗たちは、元に比べて少ない兵で元軍に立ち向かったのだね。

- **資料** 鎌倉幕府のしくみ
- **資料** 御成敗式目
- 地図や資料で当時の元や日本の情勢を調べ、どのように元と戦ったのかを考えさせる。
- **資料** モンゴルの広がりが分かる地図
- **資料** 蒙古襲来絵詞
- **資料** 元軍の進路が分かる地図

・源頼朝は、鎌倉に幕府を開いて、武士による政治を行った。
・源氏が絶えた後は、北条氏が幕府の実権を握り、元と戦った。

まとめる

 武士はどのように力を強め、どのような政治を行ったといえるだろう [1時間]
- 鎌倉時代の幕府と武士の関係やどのように武士による支配が広がっていったのかが分かるようにする。

・御恩と奉公の関係で、強い絆で結ばれていた。
・勢力を日本全国まで広げた。

- これまでの学習を振り返り、幕府と武士の関係や武士による支配の広がりを考えることができるようにする。
- **資料** 年表
- **資料** 地図

単元目標

◎武士による政治について C 、平清盛や源頼朝、源義経、北条時宗の働きに着目して V 、地図や年表などの資料で調べてまとめ I 、我が国の歴史の展開や歴史を学ぶ意味を考え表現することを通して T 、源平の戦い、鎌倉幕府の始まり、元との戦いを手がかりに、武士による政治が始まったことを理解できるようにする K 。

◎武士による政治を調べ、学習問題の解決に向けて意欲的に追究し、現在の自分たちの生活と過去の出来事との関わりを考えたり、過去の出来事を基に現在及び将来の発展を考えたりするなど、歴史を学ぶ意味を考えようとしている M 。

単元の配慮事項

■ 子供の興味・関心を重視し、平清盛、源頼朝、源義経、北条時宗などの人物を取り上げ、武士による政治を理解できるようにすること。

■ モンゴル（元）との関わりにも目を向け、我が国の歴史を広い視野から捉えられるよう配慮し、現在の自分たちの生活と過去の出来事との関わりや、過去の出来事を基に現在及び将来の発展を考えさせること。

「見方・考え方」を働かせる「深い学び」のポイント

1. 人物の生き方に着目して追究できるようにする

つかむ 平安時代との違いから問題意識をもつ

鎌倉時代の人々の絵や1日の様子を見たり、武士について調べたいことを出し合ったりすることで「武士はどのように力を強め、どのような政治を行ったのだろう」と問いをもち、平安時代と比べて鎌倉時代はどのような時代かを調べる意欲や学習計画を立てるようにする。

追究する 人物の年表や資料を使って当時の様子を調べる

「源頼朝は、どのような政治を行ったのだろう」などと問いをもち、源頼朝を中心として、平清盛や源義経、北条時宗の年表等の資料から、その業績や当時の時代背景について調べ、武士による政治がどのようにはじまっていったのかを理解できるようにする。

2. 全国や世界の関わりと出来事を関連付けて考えることができるようにする。

追究する どのように日本の中で武士が勢力を強めていったのかを調べる

「どのように源氏が勢力を強めていったのか」「源頼朝はどのような政治を行ったのか」などと問いをもち、地図を活用して空間的な広がりを捉えたり、鎌倉幕府のしくみの資料から、その役職の意味を考えたりすることができるようにする。

追究する 元と日本の国の様子、戦い方の違いを比較して元との戦いを調べる

源頼朝の死後、執権の北条氏が幕府の実権を握っていた当時の土地の大きさ、軍の兵力、戦い方などを比較して、当時の日本軍がどのように元と戦ったのかを調べるようにする。

3. 武士による政治について考えをまとめることができるようにする

まとめる 自分の生活と武士の生き方を比べて考える

これまでの学習を振り返り、幕府と武士の関係や武士による支配の広がりを考えることができるようにする。

「教材化」のヒント

1. 子供の興味・関心を高める資料

当時の様子が分かる絵や模型などから、どのような時代だったのかを視覚的に理解できるようにする。また、切通しや鎌倉街道、防塁の写真など、今も残るものから当時の様子を考えることができるようにする。そして、自分の生活と当時の生活とを比べて、つながりを感じることができるようにする。

2. 当時の様子を考えることができる視覚的な資料

単元では、平安時代の貴族中心の世の中から、武士が中心の世の中になったことを捉えさせる。例えば、「平治物語絵巻」を基に、平貴族中心の時代から、武士中心の世の中へと変化したことを捉えさせる。

3. 見方・考え方を働かせる日本地図やモンゴルの地図

日本地図と世界地図を活用し、武士が日本全国に支配を広げていったことが視覚的に分かるようにする。

例えば、鎌倉の地図を見ると、三方が山で一方が海のため、鎌倉に入るには山を切り拓いた狭い切通しの道を通らなければならず、敵を防ぎやすいことが考えることができる。また、下のような世界地図から、当時のモンゴル帝国の勢力の拡大を捉えさせる。このことから、これだけの勢いのある元との戦いについて、追究意欲を高めて考えることができるようにする。

当時のモンゴル帝国の拡大が分かる地図

第6学年 今に伝わる室町文化

内容(2) 全5時間

単元目標の要素	**C**ontents：学習内容	**V**ision：見方（視点）	**I**nvestigation：調べ方（技能）	**T**hought：考え方（思考）
	Knowledge：知識	**M**otivation：主体的に学習に取り組む態度、社会的事象に関わろうとする態度		

指導計画

「深い学び」の学習プロセス

つかむ

主な学習活動	内容（予想される子供の反応例）	指導の手立て
平安時代の建物と室町時代の建物とのちがいは何だろう［1時間］ ●平等院鳳凰堂（寝殿造）と銀閣を比較する。 ●室町時代を簡単な年表で調べ、学習問題をつくる。	・平安時代は華やかだ。 ・貴族とちがって武士の時代だから、地味だと思う。	資料 平等院鳳凰堂と銀閣の外観写真 ●平安時代と室町時代の建造物を比較させ、興味をもたせる。 資料 室町時代の年表

学習問題：室町時代の文化は、どのような特色があるのだろう。

追究する

室町文化として代表的なものには何があり、それはどのようなものなのだろう［2時間］ ●金閣について調べ、金閣ができた背景について話し合う。 ●銀閣について調べ、銀閣ができた背景について話し合う。 ●雪舟の水墨画を鑑賞し、雪舟の生い立ち、水墨画の成り立ちを調べる。 ●水墨画をどんなところで目にしたか、発表する。	・義満は、すごい権力があり、明と貿易して、金閣を建てることができた。 ・義政は書院造のような渋いのが好みだった。 ・生け花や書院造は今でもある。 ・明で学んだ上に、独自の画風を作ったのはすごい。 ・今も和室の床の間などにある。	資料 金閣と銀閣の内部の写真 資料 足利義満と義政の肖像画 資料 明と日本の地図 資料 日明貿易、永楽通宝、東求堂同仁斎（書院造）、生け花、枯山水などの写真・文献資料 ●2つの建造物を通して、室町時代の大まかな歴史を押さえる。 ●義政時代の文化（東山文化）が、今の時代にもあることに気付かせる。 資料 雪舟の水墨画（国宝） 資料 雪舟の肖像画 資料 雪舟とねずみの絵の挿話
今の生活に残る室町文化には他にどんなものがあるのだろう［1時間］ ●インターネットで和風旅館の画像を選び、室町文化を具体的に探し、発表する。 ●能や狂言、茶の湯、盆踊り、御伽草子などを調べる。 ●調べて分かったこと・考えたことを発表し合う。	・ふすまや畳。床の間には水墨画があり、生け花もある。 ・能や盆踊りは室町時代から広まった。	●水墨画が、今も人々に親しまれていることに気付かせる。 資料 インターネットでの和風旅館の画像 ●今の和風旅館にある室町文化の特色を探すことで、今につながっていることを再確認させる。 資料 能や狂言、盆踊り、御伽草子などの写真・文献資料

まとめる

室町時代の文化は、どのようなものだったのだろう［1時間］ ●学習問題に対する考えをまとめる。 ●室町文化の特色をキャッチコピーで表し、簡単なポスターをつくる。	・室町文化には、金閣や銀閣、水墨画といった代表的なものがあり、現在にも残っているものがたくさんある。 ・室町文化は和風の原点だ。	●地方の武士や民衆や力を付け、文化が広がったことを押さえる。 ●学習問題について考えをまとめ、室町文化の特色をキャッチコピー等でまとめる。

[小学校社会科] 学習指導案文例集

単元目標

◎京都の室町に幕府が置かれた頃の文化について **C** 、世界文化遺産である金閣や銀閣などの建造物、雪舟の水墨画などの絵画**に着目して** **V** 、写真や絵画、地図、年表などの資料**で調べてまとめ** **I** 、現代日本の生活様式と比較し、**関連付けて考え** **T** 、今日の生活文化につながる室町文化が生まれたこと**を理解できるようにする** **K** 。

◎室町文化について建造物や絵画を中心に調べ、室町文化が今の生活にもあることを意欲的**に追究しようとしている** **M** 。

単元の配慮事項

■「天橋立図」「秋冬山水図」など、国宝、重要文化財に指定されているものや、「金閣」や「銀閣」など、世界文化遺産に登録されているものを積極的に取り上げること。

■写真や絵画などの資料を比べたり結び付けたりして、文化に関する情報を適切に読み取る技能、調べたことをまとめる技能などを養うようにすること。

「見方・考え方」を働かせる「深い学び」のポイント

1. 時代の変化に着目して、追究できるようにする

つかむ 平安時代と室町時代の建造物を比較し、文化の変化を読み取る

平安時代の寝殿造と室町時代を代表する建造物・銀閣を比較することで、文化の変化、時代の変化を読み取る。

追究する 今と比較し、文化のつながりを読み取る

「どんなところで水墨画を目にしたことがあるか」と問い、今の生活の中にも、室町文化は継続され、現在の生活につながっていることに気付かせる。

まとめる 今と比較し、文化のつながりを読み取る

それまでの学習活動で調べたことを基にして、室町文化が今日の生活の中に溶け込んでいることを捉えさせる。

2. 国際関係に着目して、追究できるようにする

追究する 国際関係の中で文化の背景を考える

明と日本の地図、明の銅銭「永楽通宝」などの資料から、義満の時代は日明貿易が活発に行われていたことを知り、華やかな金閣ができた背景、理由を考えさせる。

3. 過去と現在を関連付け、文化の特色を考え、学習問題を解決できるようにする

まとめる コピーを創ることで、文化の特色を考える

学習問題「室町時代の文化は、どのような特色があるのだろう」のまとめは、キャッチコピーで短くまとめさせる。その際、なぜそのコピーなのか、その理由、根拠をボディコピーとして書き加えさせる。ボディコピーを書くことで、過去や現在との比較・関連付け、室町文化の特色を考えさせる。

> 室町文化は現代にもある！
> なんと室町文化は現代にも生きています。ふすま、畳、生け花、水墨画。室町に生まれた文化は、現代の和風建築にしっかりと残っています。
> 室町文化は和風の原点です。

「教材化」のヒント

1. 室町文化を国際関係の視点で考えた資料

足利義満は、隣国・明と日明貿易（勘合貿易）を行い、経済力を高めていた。それ以前、日本は「遣隋使」「遣唐使」を派遣しているが、義満は「遣明使」を派遣している。

明と日本の地図、また明の銅銭「永楽通宝」を提示し、義満が明との貿易に力を入れ、金閣を建てることができた経済的な根拠を考えさせる。

2. 現代の和風旅館の中にある室町文化を探す資料

「和風」と呼ばれるものの源流が室町文化であり、和風旅館などの日本建築は、その典型例である。子供にインターネットで和風旅館の画像を検索させ、「室町文化がいちばん多くある場所を探しましょう」と発問し、画像を選ばせ、その理由を発表させる。その際、学習したことを基に、床の間、生け花、水墨画、書院造、障子、畳などから、室町文化が今の生活につながっていることを実感させる。

明と日本の地図

永楽通宝

第6学年

内容(2) 全6時間

キリスト教伝来、織田・豊臣の天下統一

単元目標の要素	**C**ontents：学習内容　**V**ision：見方（視点）　**I**nvestigation：調べ方（技能）　**T**hought：考え方（思考）
	Knowledge：知識　**M**otivation：主体的に学習に取り組む態度、社会的事象に関わろうとする態度

指導計画

	主な学習活動　　内容（予想される子供の反応例）	指導の手立て
つかむ	**主な問い** 3枚の地図から、どのようなことが分かるだろう [1時間] ● 3枚の日本地図を比較し、気付いたことを発表する。 ● 3枚の日本地図から読み取ったことをもとに、学習問題をつくる。 ・最後の地図では、すべての土地を秀吉の配下が支配している。 ・信長と秀吉が、争いに勝ち抜いて天下統一を進めていったのだと思う。	資料 おもな戦国大名とその領地を示した日本地図（1572年） 資料 織田信長の勢力拡大を示した日本地図（1582年頃） 資料 豊臣秀吉の天下統一後の地図（1590年頃） ●違いや変化を読み取らせる。 資料 長篠合戦図屏風
	学習問題：織田信長と豊臣秀吉は、どのようにして天下統一を進めたのだろう。	
「深い学び」の学習プロセス　追究する	**主な問い** 織田信長はどのようにして天下統一を進めたのだろう [2時間] ●他の大名や仏教勢力等との争い、内政、外交の政策について調べる。 ●当時のヨーロッパ諸国による、アジア・アフリカ大陸への進出について調べるとともに、日本へのキリスト教の伝来や南蛮貿易について調べる。 ・信長は、商工業を盛んにしたり、ヨーロッパ諸国と貿易したりして、天下統一を進めていったことが分かった。 ・本能寺の変で、天下統一はできなかったことも分かった。 **主な問い** 豊臣秀吉はどのようにして天下統一を進めたのだろう [2時間] ●天下統一を成し遂げたことについて調べる。 ●天下統一後の内政・外交政策について調べる。 ●朝鮮出兵と、その後の影響について調べる。 ・秀吉は、信長の政治を引き継いで、天下統一を果たしたことが分かった。 ・天下統一して終わり、ではなく、その後のことも考えたから検地や刀狩をしたのだと思う。	資料 織田信長の業績を示した年表 資料 安土城とその城下町（想像図） ●楽市・楽座について説明する。 資料 南蛮貿易、キリスト教布教の様子 ●世界遺産となった石見銀山や、ザビエルによるキリスト教布教の様子についても調べさせる。 資料 ポルトガル・スペインのアジア・アフリカへの進出を示した世界地図 ●当時のヨーロッパは大航海時代に当たることについて、簡単に説明する。 資料 豊臣秀吉の業績を示した年表 資料 検地に関する資料 資料 刀狩令（現代語訳したもの） ●検地と刀狩のねらいについて考えさせ、発表させる。 資料 有田焼写真 ●朝鮮出兵のねらい、結末と、朝鮮出兵により九州に焼き物などの技術や文化が伝わったことを調べさせる。
まとめる	**主な問い** 織田信長、豊臣秀吉は、どのようにして天下統一を進めていったと言えるだろう [1時間] ●学習問題に対する自分の考えをまとめ、その考えを伝え合う。 ・織田信長と豊臣秀吉は、他の大名を倒しながら、自分の支配する土地での政治を整え、外国とも関わりながら天下統一を進めていった。 ●「天下もち」の歌から、豊臣秀吉による天下統一後の様子について予想する。	●これまでの学習を表にまとめ、それを根拠にして学習問題に対する考えをまとめさせる。 資料 「天下もち」の歌 ●歌の意味から、次単元について興味をもたせる。

単元目標	◎キリスト教の伝来、織田・豊臣の天下統一について **C**、世の中の様子、人物の働きや代表的な文化遺産などに**着目して** **V** 複数の人物の業績に関する情報を比べたり結び付けたりしながら読み取り、調べたことを年表などに適切**にまとめ** **I**、我が国の歴史の展開**を考え表現することを通して** **T**、戦国の世が統一されたこと**を理解できるようにする** **K**。 ○取り上げた人物のエピソードから業績**を考えようとしたり** **M**、キリスト教の伝来などを扱う際に、世界地図などを用いて、我が国の歴史上の事象をより広い視野から**捉えようとしたりしている** **M**。

単元の配慮事項

■ 世の中の様子、人物の働きや代表的な文化遺産などに着目して、我が国の歴史上の主な事象を捉え、我が国の歴史の展開を考えるとともに、歴史を学ぶ意味を考え、表現できるようにする。

■ 子供の興味・関心を重視し、取り上げる人物や文化遺産の重点の置き方に工夫を加えるなど、精選して具体的に理解できるようにする。

「見方・考え方」を働かせる「深い学び」のポイント

1. 社会の変化とその影響に着目して追究できるようにする

つかむ 複数の資料を比較し、変化や違いを読み取る

1572年頃の地図では戦国大名が各地を支配していること、1582年頃の地図では織田信長による勢力が拡大していったこと、1590年頃の地図では豊臣秀吉による天下統一が成し遂げられたことを読み取らせる。

追究する 世界との関わりを見せる世界地図の活用

ヨーロッパ諸国の動向を示し、ヨーロッパ諸国、特にスペインとポルトガルが大航海時代の中、アフリカ、アジアに進出していたこと、それに伴ってキリスト教の布教も広がっていったことをつかむ。

2. 社会の変化を外国との関わりと関連付けて、考えることができるようにする

追究する 南蛮貿易、キリスト教の伝来による、日本国内の様々な変化をまとめる

・鉄砲伝来と国内大量生産による戦の変化
・キリスト教伝来と布教、信者の増加による政策の変化

3. 織田信長と豊臣秀吉の業績を整理し、どのようにして天下統一を進めたのか、考えることができるようにする

まとめる 2人の業績を表にまとめて整理し、その表を根拠にして考えをまとめる

織田信長と豊臣秀吉についての表の例

	織田信長	豊臣秀吉
争い	・室町幕府をほろぼす ・本能寺の変で明智光秀に倒される	・明智光秀を倒す ・織田信長の跡を継ぎ、天下統一をはたす
政治	・関所をなくす ・商人たちの自由な営業を認める（楽市・楽座）	・村ごとに検地を行う ・刀狩を全国で実施
外国との関わり	・キリスト教保護 ・南蛮貿易	・キリスト教禁教 ・朝鮮出兵

「教材化」のヒント

1. 世界との関わりを見せる世界地図と、その解説

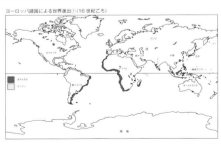

この資料から、ヨーロッパ諸国、特にスペインとポルトガルの商人や宣教師がアフリカ・アジアをたどって日本にやってきていることを読み取らせる。

2. 豊臣秀吉による検地と刀狩の影響について考えさせるための学習活動

下の表をまとめた後、武士と百姓・町人の身分が区別されるようになったことについて考えさせる。

【検地と刀狩についてのまとめの例】

	内容
検地と刀狩が行われる前	・武士と百姓の身分ははっきりしていなかった。
検地	・田畑の広さや土地の良し悪し、耕作している人物を調べる。 ・耕作している人物は、田畑を耕す権利を認められる代わりに、年貢を納める義務を負う。 ・耕作している人物に対し、田畑を捨てること、武士や町人になることを禁じる。
刀狩	・百姓身分から刀や鉄砲などの武器を取り上げた。

第6学年　内容(2)　全6時間

江戸幕府の政策

単元目標の要素	**C**ontents：学習内容　**V**ision：見方（視点）　**I**nvestigation：調べ方（技能）　**T**hought：考え方（思考） **K**nowledge：知識　　　**M**otivation：主体的に学習に取り組む態度、社会的事象に関わろうとする態度

指導計画

「深い学び」の学習プロセス

つかむ

主な学習活動　内容（予想される子供の反応例）	指導の手立て
主な問い 江戸幕府が開かれた頃、世界はどのような様子だったのだろう［1時間］ ●16～17世紀の西欧列強の進出を調べ、分かったこと・疑問を発表する。 ・ポルトガルはアフリカやアジアに、スペインはアメリカやアジアに進出している。 ●キリシタンの人数のグラフを調べ、分かったこと・疑問を発表する。 ・キリシタンが急に増えている。 ・列強の進出に宣教師が関係しているらしい。日本は大丈夫か。 ●疑問を整理し、学習問題をつくる。 ・キリシタン大名も多い。対外対策、対内対策に分けて調べよう。 ●予想と学習計画を立てる。	**資料** 16～17世紀の西欧列強の進出 **資料** キリシタンの人数のグラフ 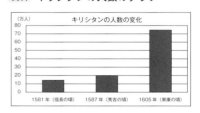

学習問題：江戸幕府は、どのようにして安定した政治の基盤をつくったのだろう。

追究する

主な問い 江戸幕府の対外政策はどのように行われたのだろう［2時間］ ●家康が将軍の頃と家光が将軍の頃のキリスト教と貿易の政策の違いを比べ、その背景を調べる。 ・キリスト教を許していたが、禁止するようになった。貿易をすすめていたが、鎖国した。 ●鎖国などの幕府の外交政策について調べ、その意味について考えたことを発表する。 ・オランダなどと貿易ができた。幕府は貿易を独占したかった。	●家康と家光のキリスト教・貿易に対する政策の違いを図に整理し、子供の問題意識の焦点化を図る。 **資料** アジア各地における貿易の地図 **資料** 出島の絵、鎖国中の交流の地図 **資料** 鎖国・禁教に至る江戸時代初期の年表 ●家光とオランダ商人の思いを吹き出しに書かせ、多角的に考えさせるようにする。
主な問い 江戸幕府の国内政策はどのように行われたのだろう［2時間］ ●年表から関ケ原の戦い以前と以後の合戦数を比べ、天下泰平の世の中の基盤を築いた幕府の政策について調べる。 ・関ケ原の戦いで徳川の世となり、ほぼ平和な世の中が続いた。 ・藩の配置を工夫したり、参勤交代を定めたりして、大名の力をおとろえさせた。 ●岩村藩の法令や身分制を調べ、幕府がどのようにして人々を治めようとしたのか考え、発表する。 ・ぜいたくをさせず、年貢を納めさせようとした。	**資料** 戦国時代と江戸時代の年表 **資料** 関ケ原合戦図屏風 **資料** 親藩・譜代・外様大名の配置図 **資料** 武家諸法度、会津藩主参勤交代行列図 ●武家諸法度に対する家光と外様大名の思いを吹き出しに書かせ、多角的に考えられるようにする。 **資料** 岩村藩の法令、身分ごとの人口のグラフ

まとめる

主な問い 江戸幕府が安定した政治の基盤をつくれたのは、どのような政策があったからだろう［1時間］ ●これまでの学習を振り返り、幕府が行った政策について、最も重要だと考えるキーワードを選び、その理由を発表する。 ・鎖国　キリスト教をひろめる恐れのないオランダなどとの貿易にしぼったことが大きいと思う。	●思考ツールとして、ピラミッドチャートを活用し、最も重要な幕府の政策について考えられるようにする。何を選んだかではなく、社会的事象に基づいて論理的に思考できているかを評価する。

［小学校社会科］学習指導案文例集

| 単元目標 | ◎我が国の歴史上の主な事象**について** C 、世の中の様子、人物の働きや代表的な文化遺産などに**着目して** V 、我が国の歴史の展開や、歴史を学ぶ意味**を考え表現することを通して** T 、江戸幕府の始まり、参勤交代や鎖国などの幕府の政策、身分制について**調べてまとめ** I 、武士による政治が安定したこと**を理解できるようにする** K 。
◎江戸幕府の政策について学習問題を意欲的に追究し、我が国の歴史や伝統**を大切にしようとしている** M 。 |

単元の配慮事項

- 「16〜17世紀の西欧列強の進出」と「キリシタンの人数のグラフ」を導入教材として取り上げ、西欧列強の進出に江戸幕府がどのように対応したのか、問題意識をもって学習問題を設定できるようにすること。
- 人物の働きを通した学習として、家康と家光の政策を比較し、家光の立場で政策の意味について考えさせること。

「見方・考え方」を働かせる「深い学び」のポイント

1．多様な見方・考え方をつなげて追究する

つかむ 空間的な広がりと時間的な変化をつなげる

「16〜17世紀の西欧列強の進出」の地図から、大航海時代にポルトガル・スペインの二大強国がアフリカやアジア、アメリカなどに進出して植民地化政策を展開したこと、また、「キリシタンの人数のグラフ」から、ポルトガルやスペインを中心としたカトリック教徒が急速に増加したことを捉えられるようにする。そして、それらをつなげることで、当時の日本も西欧の植民地化政策に飲み込まれてしまうのではないかという危機意識をもたせ、江戸幕府がどのように対応したのかという問題意識をもって学習を展開できるようにする。

追究する 家康・家光の政策、関ヶ原の戦い以前と以後の合戦数を比較・関連付けて考える

家康と家光が将軍の頃のキリスト教と貿易に着目して、地図や年表をもとにそれぞれの政策を調べ、比較・関連付けることで違いが捉えられるようにする。

また、関ヶ原の戦い以前と以後の合戦数に着目して、年表などを調べ、比較・関連付けることで、平和な時代の基盤を築いたことを捉えられるようにする。

2．歴史的な事象を異なる立場から多角的に捉える

追究する 家光とオランダ商人、家光と外様大名の立場から多角的に捉える

キリスト教を排除し貿易の利益を独占したかった家光と、ポルトガルやスペインを排除し貿易を進めたかったオランダ商人の思いを吹き出しに書かせ、共通する思惑に対して異なる立場から多角的に考えられるようにする。

また、武家諸法度を通じて大名の力を弱めさせたい「生まれながらの将軍」家光と、戦国の世を生き抜いてきた外様大名の思いを吹き出しに書かせ、異なる思惑に対して、異なる立場から多角的に考えられるようにする。

3．歴史的事象の意義や意味を考え、選択・判断する

まとめる ピラミッドチャートに考えをまとめる

思考ツールとしてピラミッドチャートを取り入れ、幕府の政策として最も重要だと考えるキーワードを図に表し、その理由を発表できるようにする。

「教材化」のヒント

1．見方・考え方を働かせるための教材

「16〜17世紀の西欧列強の進出」の地図は、時間の経過を空間的な広がりで捉えられるようにするための資料である。ICTの活用などによって、視覚的に空間的変化を捉えられるようにすることも考えられる。

2．子供の思考を促す資料の提示

「キリシタンの人数のグラフ」の資料は、グラフの読み取りとともに、「幕府が何も対策をとらなかったら、どうなるだろうか」と予想させるために活用する。なお、当時の人口は推定で1200〜1300万人だったことから、キリシタンは最高で6％程度いたことに留意する。このグラフは、「追究する」でも再度使用し、「家光のころ」はキリシタン弾圧により激減したことを捉えさせ、その変化を考えさせる。

3．子供の興味・関心を高める問題場面の提示

「追究する」の第1の問いでは、家康と家光のキリスト教・貿易への政策の違いに着目させ、下記のように問題場面を整理することで、子供の興味・関心を高めるようにする。

第6学年 町人文化と新しい学問

内容(2) 全6時間

| 単元目標の要素 | **C**ontents：学習内容　**V**ision：見方（視点）　**I**nvestigation：調べ方（技能）　**T**hought：考え方（思考）
Knowledge：知識　　**M**otivation：主体的に学習に取り組む態度、社会的事象に関わろうとする態度 |

指導計画

「深い学び」の学習プロセス

つかむ

主な学習活動 　内容（予想される子供の反応例）	指導の手立て
主な問い 江戸のまちの人々はどのようなくらしをしていたのだろう ［1時間］ ●絵巻から江戸のまちや人々の様子を読み取り、気付いたことを発表する。 ・まちは、にぎわっているな。 ・まちの人たちは楽しそう。	資料　絵巻「熙代勝覧」 ●まちの人々の職業を考えさせるなど読み取る際の視点を明確に示し資料から丁寧に情報を読み取れるようにする。
主な問い 江戸時代の後半には、どのような文化や学問が生まれたのだろう ［1時間］ ●江戸時代の後半には、町人を中心として多くの文化や学問が生まれたことから、気付いたことを発表する。 ・歌舞伎は今もある。 ・浮世絵がヨーロッパに伝わっていたなんて驚き。今のアニメみたいに世界で人気だったのかな。 ・どうして新しい文化や学問がたくさん生まれたのかな。	資料　「江戸両国橋付近の様子」「歌舞伎を楽しむ人々の絵」、ゴッホ「ひまわり」「雨中の橋」「タンギー爺さん」、歌川広重「東海道五十三次」「大はしあたけの夕立」、モネ「着物を着た少女」 ●浮世絵がその後西洋文化に影響を与えたことを取り上げ、世界との関わりにも目が向けられるようにする。地図帳でヨーロッパ諸国の位置を確認する。

学習問題：江戸時代の後半に生まれた新しい文化や学問は、当時の人々にどのような影響を与えたのだろう。

追究する

主な問い 新しい文化や学問は、どのようにして広がったのだろう ［3時間］ ●歌舞伎や浮世絵などの文化が当時のまちの人々に広まった理由を考え、発表する。 ●杉田玄白や伊能忠敬らの業績を調べ、蘭学などの西洋の学問が当時の人々に与えた影響について考え、話し合う。 ●国学について調べ、当時の人々の考え方に与えた影響について話し合う。 ・平和な世の中が続いて町人たちが豊かになり、歌舞伎や浮世絵を楽しむことができるようになったから、広まったのだと思う。 ・新しい学問を学び世界のことを知った人々の中には、世界と比べて幕府に疑問をもつようになった人もいたのではないかな。	資料　現代の歌舞伎・人形浄瑠璃の映像 ●現代の映像を見せ、江戸の文化が現在の自分たちの生活に受け継がれていることを意識させる。 資料　歌川広重「東海道五十三次」など 資料　中国の医学書と杉田玄白らが蘭訳した「解体新書」 資料　現在の日本地図、忠敬の日本地図、忠敬より約130年前の日本地図 資料　寺子屋の様子 資料　本居宣長「古事記伝」 資料　百姓一揆の数を表すグラフ、打ちこわしの様子

まとめる

主な問い 新しい文化や学問はその後の社会にどのような影響を与えたのだろう ［1時間］ ●新しい文化や学問に関わる人々にインタビューし、瓦版をつくる。 ●記者としてその後の社会の動きを予想する。 ・歌舞伎や浮世絵は今も受け継がれているから、その後も続いていったと思う。 ・西洋の進んだ学問がもっと広まった。 ・幕府の政治に疑問をもった人たちが、幕府を倒そうとすると思う。	●室町文化と江戸の町人文化を比較し、新しい文化の特色を整理させる。 ●瓦版の記者としてこれからの社会の動きを予想させ、次の日本の近代化に関する学習へとつなげられるようにする。

［小学校社会科］学習指導案文例集

| 単元目標 | ◎町人文化と新しい学問について**C**、江戸や大阪のまちの様子、近松門左衛門、歌川広重、本居宣長、杉田玄白、伊能忠敬などの人物の働きや歌舞伎や浮世絵などの文化、国学や蘭学などの新しい学問**に着目して V**、地図や絵図などの資料を活用して**調べ、まとめ I**、それらが当時の人々や社会にどのような影響を与えたのか**について考え表現することを通して T**、社会が安定するにつれて、町人文化が栄え新しい学問がおこったこと**を理解できるようにする K**。
◎町人文化が栄え新しい学問がおこったことについて、学習問題の解決に向けて意欲的に追究し、その内容や関わった人物について**知ろうとしている M**。 |

単元の配慮事項

■ 近松門左衛門、歌川広重、本居宣長、杉田玄白、伊能忠敬などの人物の働きや、重要無形文化財の歌舞伎・人形浄瑠璃、国宝の「伊能忠敬関係資料」などの我が国の代表的な文化遺産を通して学習できるようにすること。

■ 後世の西洋文化に影響を与えた浮世絵や、西洋の新しい学問である蘭学など世界との関わりにも目を向け、我が国の歴史を広い視野から捉えられるようにすること。

■ 歌舞伎など現代にも受け継がれている文化を取り上げ、現在と過去の出来事との関わりについて考えさせること。

「見方・考え方」を働かせる「深い学び」のポイント

1. 新しい文化や学問が当時の人々に与えた影響に着目して追究できるようにする

本単元の指導計画は、次のように構成されている。

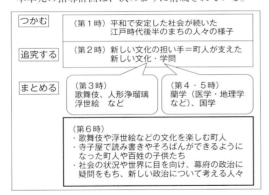

第1時の絵巻から見るまちの人々の様子は、人々のくらしを外面から捉えている。その後、新しい文化の担い手である町人を中心とした当時の人々に着目し、新しい文化や学問を調べていくことで、それらが人々の内面にも影響を与えたことに気付かせる。

2. 時間的・空間的な見方・考え方を働かせることができるようにする

つかむ 世界との関わり

江戸幕府は貿易を制限したため世界との関わりが薄いと思われがちだが、江戸中期には洋書の輸入ができるようになり、西洋の学問を通じて世界と関わっていた。また、浮世絵は海外に渡り19世紀後半の西洋文化に影響を与えた。（ジャポニズム）世界との関わりに目を向け、歴史をより広い視野から捉えられるようにする。

追究する 現在の生活と過去の出来事との関わり

歌舞伎や人形浄瑠璃は今日まで受け継がれている。浮世絵の歌舞伎の様子と現代の歌舞伎の映像を見比べ、町人文化と現在の自分たちの生活との関わりを意識させる。将来への継承・発展を考える学習活動も考えられる。

3. 後の社会の動きを考えることができるようにする

まとめる 当時の記者になり、後の社会の動きを考える

江戸時代の新聞である瓦版を作り、新しい文化や学問に関わる人へのインタビューをもとに、記者としてその後の社会の動きを予想させる。

「教材化」のヒント

1. 子供の興味・関心を高める教材

①絵巻や絵図の活用

絵巻や絵図は当時の様子を読み取らせたり、子供の興味・関心を高めたりすることができる重要な資料である。ただし、情報量が多いため、読み取りの視点を事前に示し、必要な情報を丁寧に読み取らせるようにする。

②映像資料の活用

歌舞伎や浄瑠璃は現代に受け継がれており、映像資料が活用できる。舞台での声や動きが分かり、雰囲気を感じ取らせることのできる効果的な資料である。

2. 見方・考え方を働かせるための教材

時代の特色は、その時代より前の資料とその時代の資料を比較することで明確になる。本単元では、①中国の医学書と「解体新書」、②忠敬より約130年前の日本地図と忠敬のつくった日本地図を取り上げることで、子供がその変化を捉えられるようにする。

3. 子供の思考を促す資料提示や発問

広重の浮世絵とゴッホやモネの絵画を提示し、「なぜ両者に類似点があるのか」について考える。遠く離れたヨーロッパと日本とのつながりから、世界との関わりに目を向けることができるようにする。

第6学年 我が国の近代化

内容(2) 全7時間

単元目標の要素	**C**ontents：学習内容	**V**ision：見方（視点）	**I**nvestigation：調べ方（技能）	**T**hought：考え方（思考）
	Knowledge：知識	**M**otivation：主体的に学習に取り組む態度、社会的事象に関わろうとする態度		

指導計画

主な学習活動　内容（予想される子供の反応例）／指導の手立て

つかむ

主な問い 岩倉遣欧使節団はどんな旅をしてきたのだろう［1時間］

- 岩倉遣欧使節団の行程と航路の資料を読み取る。
- ・長い間、国を閉ざしていた日本がどうしてこんな旅をすることにしたんだろう。
- 当時の海外の様子を見て考えたことを発表する。
- ・でも、長い間鎖国をしていた日本だから、新しく変化することに大変な苦労があったんじゃないかな。

資料 岩倉遣欧使節団の行程表と航路

資料 西洋との文化の差や、植民地化が進む世界の状況が分かる資料

学習問題：約230年間も鎖国をしていた日本は、どのように新しい国づくりを進めていったのだろう。

追究する「深い学び」の学習プロセス

主な問い ペリー来航から江戸幕府のおわりまでどのようなことが起こっていたのだろう［3時間］

- 黒船来航をめぐる人々の反応について考える。
- （条約締結など）出来事をまとめる。
  - ・不平等な内容になってしまったのはどうしてかな。
  - ・日米和親条約、日米修好通商条約（不平等な内容が含まれていたこと）
- 開国によって、どのように幕府の政治が変わっていったのか考える。
  - ・条約締結の混乱から幕府が衰退していったこと
  - ・開国に反対した武士による討幕運動
- ・幕府を倒した武士たちは、どんな政治を進めていったのかな。

資料 ペリーの航路
資料 大統領からの国書
資料 数種類のペリーが描かれた絵
資料 ペリー来航時の庶民の様子を表した絵
- 幕府の決断について多角的な視点から考えられるようにする。例えば井伊直弼などの人物を扱うことも考えられる。
- 条約の不平等性について押さえ、ノルマントン号事件を取り上げる際につなげて考えられるようにする。

主な問い 新政府は、どのような世の中を目指したのだろう［2時間］

- 廃藩置県や四民平等の制度、文明開化などについて調べ、政府がどのような世の中を目指したのか考える。
- 近代的な政治や社会の仕組みがどのように整っていったかをまとめる。
  - ・大日本帝国憲法が制定され議会政治が始まったこと
- ・政府が中心となって、富国強兵の国づくりを進めたんだね。

資料 開国後の出来事をまとめた年表
資料 明治維新に関わった人物相関図
- 主要な人物に焦点を当て、社会の動きや人々の思いをつかませるようにする。

資料 明治天皇の名による五箇条の御誓文（天皇中心の新しい政治）
- 岩倉遣欧使節団の資料と、新政府の取組とのつながりが分かるようにする。

まとめる

主な問い 日本はどのようにして新しい国づくりを進めていったのかな［1時間］

- 問いに対する自分の考えとつなげながら、日本の近代化についてまとめる。
  - ・新しい文化がもたらされ、全国に広がったこと
- ・世界の動きに目を向け危機感をもった政府は、西洋に学びながら近代化を図り、暮らしも大きく変わった時代だったんだね。

資料 社会福祉的な取組や伝統文化の再評価に尽力した人々
- 「どうして新しい国づくりを進める必要があったのか」という問いについては、当時の欧米諸国による植民地化についても考えられるようにする。

単元目標
○我が国の近代化について**C**、黒船の来航、廃藩置県や四民平等などの改革、文明開化、歴史的な文化遺産などに**着目して** **V**、地図や年表などの資料**で調べ** **I**、我が国の歴史の展開とともに歴史を学ぶ意味**を考え表現することを通して** **T**、我が国が明治維新を機に欧米の文化を取り入れつつ近代化を進めたこと**を理解できるようにする** **K**。
○我が国の近代化に関わる社会的事象について、学習問題の解決に向けて意欲的に追究し、現在の自分たちの生活との関わりなどについて学んだことをもとにして、我が国の将来を担う国民の一人として、我が国の歴史や伝統**を大切にしようとしている** **M**。

単元の配慮事項

■「岩倉遣欧使節団の渡航ルート」と「当時の世界の植民地地図」を導入教材として取り上げ、迫られた近代化に対し、長い間国を閉ざしていた日本がどのような政策を進めていったのか問題意識をもたせ、学習問題を設定する。

「見方・考え方」を働かせる「深い学び」のポイント

1. 鎖国時代の日本と比べながら近代化を見つめていくことができるようにする

つかむ 鎖国時代に日本に取り入れられた西洋の文化に目を向ける

前単元の江戸文化の学習の中で、西洋の文化に影響を受けながら新しい学問が発展してきたことをしっかり押さえておく必要がある。

2. 多角的な視点から、近代化を追究できるようにする

追究する 幕府や明治政府側の立場と、庶民の立場、それぞれの近代化に対する思いに迫っていく。

目まぐるしく情勢が変化する本単元では、「日本」というくくりには、幕府・新政府・庶民の人々など様々な立場から考えていく必要がある。「当時の人々は、黒船をどんな気持ちで眺めていたのでしょう」「幕府は外国から訪れた人をどのように感じていたのでしょう」と発問し、近代化を支えた国民の思いについて考えをもたせる。

まとめる 当時の世界の情勢に目を向け、関連付けて考える

世界情勢の変化は、次の単元で扱う不平等条約撤廃に向けた動きやノルマントン号事件を学習する際にもつながる視点となる。岩倉遣欧使節団に参加した人々の思いについて考えをもたせることも効果的である。

3. 子供が見方・考え方を働かせるための資料の加工

追究する グラフや表を読み取ることから、開港がもたらした影響に気付くことができるようにする

開国をして、様々な文化が入り込んできた日本の庶民生活は大きく変化した。【生糸の生産量】【金の価値の海外との違い】【米の値段の変化】などの資料を扱い、それをもとに「当時の生活の変化」を具体的に捉えさせる。

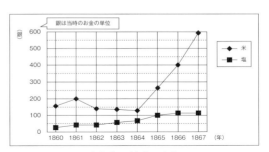

米と塩の値段の変化

「教材化」のヒント

1.「世界の国々との関わり」を意識した教材化

近代化を急速に進める日本の背景について押さえるために、【岩倉使節団の行程表と航路】【ペリーの航路】【海外の植民地化が進む様子】など、海外の情勢を踏まえた「世界の国々との関わり」について扱う。日本が近代化を進めるきっかけとなったのは、海外との文化の進み方の差のほかに、「植民地化される恐れ」「条約改正に向けた動き」などが挙げられる。長い間国を閉ざしていた日本がどのような葛藤の中で政策を進めていったのか問題意識をもたせたり、当時の人々の思いに迫らせることにつなげられたりできるようにする。

2. 為政者の判断に目を向けられるようにする

条約締結時の幕府の動きについて、開国を迫られた幕府でどのような議論が交わされていたかに着目させる。

例えば、井伊直弼の行動について、英仏の脅威や開国派の広がりなどの背景も踏まえて考えさせる。また、「自分だったらこう考えたのでは…」「このような考えもあったのでは…」と根拠を示しながら考えさせる。

ほかにも、例えば、江戸のまちが戦火につつまれることを避けるための無血開城、江戸幕府の政権返上など、当時の為政者の判断について考えをもてるようにしたい。

横浜市西区掃部山公園にある井伊直弼像

第6学年

内容(2) 全6時間

世界に歩み出した日本

| 単元目標 の要素 | **C**ontents：学習内容　**V**ision：見方（視点）　**I**nvestigation：調べ方（技能）　**T**hought：考え方（思考） **K**nowledge：知識　**M**otivation：主体的に学習に取り組む態度、社会的事象に関わろうとする態度 |

指導計画

主な学習活動　内容（予想される子供の反応例）／指導の手立て

つかむ

 主な問い **ノルマントン号事件とは、どのような事件だったのだろう [1時間]**

- ノルマントン号事件について調べ、船長が無罪になった訳を考え、学習の見通しをもつ。
  - どうして、日本人だけ助けなかったのかな。
  - 不平等条約があったから、船長が無罪なんてひどい。

- 風刺画から気付いたことを発表し、教科書等で具体的な事実を調べられるようにする。
- 資料　ノルマントン号事件の風刺画

学習問題：日本はどのようにして、条約改正を実現したのだろう。

追究する（「深い学び」の学習プロセス）

主な問い **条約改正まで、日本は、どのようなことを行ったのだろう [4時間]**

- 条約が改正されるまでの年表を見て、気付いたことを発表する。
- 国会開設、大日本帝国憲法発布までを調べ、年表等にまとめるとともに、大日本帝国憲法の内容や国会の仕組みについて調べる。
- 日清・日露の戦争が起こった理由やその経過、それぞれの戦争の結果を調べ、その影響について話し合う。
- 科学の発展のために日本人がどのような活躍をしたのかを調べる。

  - 条約改正まで、とても時間がかかっているな。
  - 陸奥宗光や小村寿太郎によって、条約改正が行われたんだ。
  - 産業が発達している。
  - 二度の戦争をしている。
  - 大日本帝国憲法や帝国議会など国のしくみを整えた。
  - 選挙権は、一部の人にしかなかったんだって。
  - 日清戦争に勝った日本は領土を広げ、賠償金を得たんだね。
  - ロシアや他の国からの干渉の結果、日露戦争へとつながっていったけど、戦争に反対する人も国内にはいたんだって。
  - 多くの研究者が世界で活躍したんだね。

- 条約改正までの年表から、改正までに長い時間がかかったことや様々な取組があったことに気付けるようにする。
- 資料　条約改正までの年表
- 資料　国会開設の演説会の絵
- 日本国憲法の学習を活かして、理解できるようにする。
- 資料　当時の国会の仕組み、選挙権、大日本帝国憲法
- 日清・日露戦争の頃の世界情勢や年表を元に考える。世界地図や地球儀を用いて諸外国の位置などを確認する。
- 資料　日清・日露戦争の年表
- 資料　日露戦争直前の世界の状況地図
- 資料　地球儀
- 資料　野口英世の個人年表

まとめる

主な問い **条約改正は、どのような理由で実現できたといえるのだろう [1時間]**

- 条約改正に成功した理由について話し合い、国力の充実、産業の発展等を通して、世界に認められる国づくりに取り組んだことや様々な社会的な課題が生じたことなどについて、考えを文章にまとめる。
  - 憲法ができ、産業も発展し、戦争に勝ったり、科学も発展したりした。日本は、国の力が高まって、我が国の国力が充実し、国際社会に認められたから、条約が改正できたんだ。
  - 日本は、すごく発展したけど、社会的な課題もあったんだね。

- 今まで調べたことを関連付けて考え、話し合うことを通して、国際的地位の向上についての理解を深められるようにする。

[小学校社会科] 学習指導案文例集

172

| 単元目標 | ◎大日本帝国憲法の発布、日清・日露の戦争、条約改正、科学の発展などについて C 、世の中の様子、人物の働きや代表的な文化遺産に着目して V 、絵図や地図、年表などの資料で調べることを通して、理解したことを、整理してまとめ I 、日本が、様々な取組を行ったことを捉え、人物の働きや産業の発展、外国との関係などと関連付けて考え表現することを通して T 、我が国の国力が充実し国際的地位が向上したことを理解できるようにする K 。
◎日本の国際的地位の向上について、学習問題の解決に向けて意欲的に追究し、現在の国際社会での日本の姿を知ろうとしている M 。 |

単元の配慮事項

■ 子供の興味・関心を重視し、大隈重信、板垣退助、伊藤博文、陸奥宗光、東郷平八郎、小村寿太郎、野口英世などの人物の働きを通して学習できるようにすること。
■ 地図を用いるなどして、当時の世界との関わりにも目を向け、我が国の歴史を広い視野から捉えられるよう配慮すること。

「見方・考え方」を働かせる「深い学び」のポイント

1. 世の中の様子や人物の働きに着目して、追究できるようにする

つかむ ノルマントン号事件の背景を考える

ノルマントン号事件が起こった背景に、アジアの国である日本に対する欧米諸国からの見方や不平等条約があったことから、「どのようにしてこの条約を改正していったのか」などと問いをもち、条約改正について関心を高められるようにする。

追究する 条約改正に至った出来事や人物の働きについて調べる

「どんな人が活躍したのか」「どんなことを行ったのか」などと問いをもち、条約改正に至るまでに活躍した人物の功績や出来事について、年表や文書資料等で調べ、それぞれの出来事の意味を考えるようにする。

2. 世界の様子と関連付けて考えることができるようにする

追究する 世界の情勢と日本の様子について関連付ける

「日清・日露戦争は、どのような戦争だったのだろうか」「日清・日露戦争の頃、日本の周りの国々の様子は、どうだったのだろう」などと問いをもち、当時の世界情勢について当時の歴史地図などを読み取り、日清・日露戦争の様子や国力の充実について捉えさせる。

まとめる 関係付けて考えることで、日本の国際的地位の向上を捉える

「日本が行ってきた様々なことによって、世界の国々の日本に対する見方は変わったのだろうか」などと問いをもち、日本が行ってきたことの相互関係を考えてまとめ、日本の国際的地位が向上したことを捉えられるようにする。

「教材化」のヒント

1. 子供の興味・関心を高める「風刺画」の活用

本単元では、導入として「ノルマントン号事件」の風刺画がよく使われるが、そのほかにも日清戦争や日露戦争に関わるもの等、当時の世界情勢が分かるようなものもある。その「風刺画」から、人物の表情や様子を読み取ったり、話している言葉を考えたりすることで、当時の出来事について、興味・関心を高められるようにする。

2. 世界地図の活用

国際的地位が向上したことを捉えるために、当時の世界情勢を知ることも一つの手立てとなる。当時の各国の勢力範囲図を用いたり、日本の領土について、日清戦争前後、日露戦争前後で比較したりすることで、「世界の中の日本」という意識をもたせる。

3. 見方・考え方を働かせるグラフの読み取り

この時代の国力の充実を捉える一つの手立てとして、グラフを読み取り、そこから考えることが挙げられる。例えば、次のようなグラフを読み取ることで、日本の生糸や工業製品の生産量が増えたり、輸入出量が増えたりしたことに気付き、その意味について話し合っていくと、日本の国力が充実していったことにつなげて考えられる。

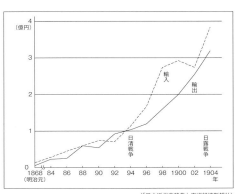

(「日本近代史辞典」東洋経済新報社)

第6学年

内容(2) 全5時間

戦争と人々のくらし

単元目標の要素	**C**ontents：学習内容	**V**ision：見方（視点）	**I**nvestigation：調べ方（技能）	**T**hought：考え方（思考）
	Knowledge：知識	**M**otivation：主体的に学習に取り組む態度、社会的事象に関わろうとする態度		

指導計画

	主な学習活動 / 内容（予想される子供の反応例）	指導の手立て

つかむ

 主な問い この間に何があったのだろう [1時間]

●写真資料から戦争の広がりの様子や戦時中の国民生活に関心をもつ。

- きれいな建物だね。こっちは骨組みだけ。
- 同じ建物？なんでこんなになったの？
- 戦争があったんだよ。
- こんなになるまで、なぜ戦ったのかな。

●広島の原爆ドームの空襲前と原子爆弾で被害を受けた後の写真を比べることを通して、当時の様子や戦争について興味をもち、単元の見通しをもつ。

資料 広島原爆ドームの写真（戦前と戦後）
資料 原子爆弾投下による被害状況

学習問題：戦争はどのように広がり、人々のくらしはどのように変わったのだろう。

「深い学び」の学習プロセス ／ 追究する

 主な問い 戦争はどのようにはじまったのだろうか [1時間]

●満州事変から太平洋戦争の様子を年表や地図にまとめる。
●戦争の経過や被害について捉え、終戦の経過や被害の様子について調べる。

- 中国との戦争がはじまった。
- 横浜は20万発落とされたけど、広島と長崎はたった1発で同じぐらいの被害が出ている。

●アジアの地図に戦争の変遷を整理してまとめることを通して、戦争がアジア全体に広がっていったことが分かるようにする。

資料 日中戦争の経過・被害

●沖縄の地上戦の様子や広島や長崎の被害などを調べることを通して、戦争の悲惨さや課題について考える。

資料 空襲を受けた主な都市・広島市・長崎市の原爆による被害の様子
資料 太平洋戦争の経過・被害

 主な問い 被害の様子はどのようなものだったのだろう [1時間]

●戦時中の人々の生活の様子について調べ、分かったことを整理する。

- 工場で小学生も働いていたみたい。
- 3年生以上の子供が親元を離れて何か月も暮らすのはつらそうだな。まき拾いに麦ふみ。大変そう。

●地域の人たちは戦争中どのようにしてくらしていたのかを調べることを通して、当時の生活について理解を深めるとともに、知りたいことをまとめる。

資料 副読本

主な問い 人々のくらしの様子は、どのようなものだったのだろう [1時間]

●戦時中の子供たちの生活の様子について調べ、疎開した経験をもつＴさんの話を聞く。

- 戦争はいけないと何度も言っていた。今、横浜があることやＴさんがここにいることがいかにすごいことかを感じた。横浜も戦場だったんだ。
- 疎開先から逃げ出したのは親が恋しかったからだと思う。つらかったんだろう。

●地域の方の話を聞いたり、質問をしたりすることを通して、当時の小学生の生活がどのようなものであったかを考える。

資料 地域の方の話

まとめる

 主な問い 戦争はどのように広がり、人々のくらしはどのように変わったのだろう [1時間]

●学習問題に対する考えをまとめる。

- 中国との戦争から、連合国と太平洋を中心とした戦争に広がっていった。日本は最後には敗れ、日本国民や外国の人々は大きな被害を受けた。

●Ｔさんの行動に納得できるかどうかを話し合うことを通して、子供たちも戦争に影響されていたことについて考えて深めている。

資料 地域の方の話

| 単元目標 | ◎戦争中の人々のくらし**について** C 日中戦争や我が国に関わる第二次世界大戦など**に着目して** V、調査したり、世界地図や年表などの資料**で調べたり**し、白地図やグラフ**にまとめ** I、歴史を学ぶ意味**を考え表現することを通して** T、我が国は中国からアジア・太平洋地域に戦場を拡大した後、敗れ、国民やアジアの人々が大きな被害を受けたことについて**理解できるようにする** K。
○日中戦争や我が国が関わる第二次世界大戦について、我が国の将来を担う国民としての自覚や平和を願う日本人として世界の国々の人々と共に生きること**を大切にしようとしている** M。 |

単元の配慮事項

■ 日中戦争や我が国が関わる第二次世界大戦について、比べることなどを通して、日本がアジア諸国や諸外国に行った加害や戦争により被った被害についても触れること。
■ 日中戦争や我が国が関わる第二次世界大戦などを取り上げ、当時の人々がどのようにくらしてきたのかに着目し、世界との関わりにも目を向け、我が国の歴史を広い視野から捉えられるようにすること。

「見方・考え方」を働かせる「深い学び」のポイント

1. 時間の経過に伴う変化に着目させ、追究させる

つかむ 戦前と戦後など、社会的事象の前後の様子を比較する

広島の原爆ドーム（世界遺産）の戦争前と戦後の写真を比べることを通して、その間にどのようなことがあったのかを考えさせる。また追加資料として原爆投下前後の様子を比較したり、被害の数を比べたりすることで戦争の悲惨さについても考えさせる。自分たちの地域の空襲の様子が分かる資料があれば、それらを活用し、自分たちが知っている地域への空襲について調べることを通して、自分たちとのつながりを意識させる。

戦争中の人々の暮らしについては、「自分たちと同世代の子供たちがどのように暮らしていたのか」と発問し、当時の子供たちが使っていたおもちゃや食べ物、本などを具体的に調べることを通して、自分たちの生活と比較から、変化の様子を捉えられるようにする。

2. 地理的な広がりに着目して追究できるようにする

追究する 地図や資料をもとに当時の様子を調べる

「戦争はどのように広がったのだろう」と問い、戦線の拡大について当時のアジアの情勢の変化を地図で確認したり、被害の様子を表やグラフで調べたりして戦争がアジア全体に広がっていったことを捉えさせる。

3. 聞き取り調査から必要な情報を集めさせ、その情報を根拠に自分の考えをまとめさせる

まとめる 戦争体験者の話から、考えをもつ

当時の戦争に関わった人々から話を聞き、当時の小学生がどのような生活をし、どのような思いをもって生活していたのかを考えることを通して、大人だけでなく、子供を含めたその時代を生きた人々が、戦争の影響を受けていることについて考えをもたせる。

「教材化」のヒント

1. 子供の興味・関心を高める写真、地図などの資料

写真については、住んでいる地域の被害の様子などについて写真を観察したり、資料映像などを視聴したりすることで、その被害を具体的に捉えさせる。

戦争の拡大については、日中戦争や日本が関わる第二次世界大戦の拡大していく様子を、世界地図やアジア地域の地図を活用して具体的に調べさせる。その際、世界の情勢にも着目させ、世界中を巻き込んだ第二次世界大戦が勃発し、各地で大きな被害が出たことにも触れる。

2. 当時の生活と、自分たちの生活との比較

戦争中の生活を調べる際には、例えば当時の遊びやおもちゃ、双六や歌、教科書などを具体的に見たり、聞いたり、触れたりする活動を取り入れる。

その際、当時の子供たちの生活と現在の自分たちの生活と比較させることで、当時の生活について考えをもたせる。ほかにも食糧事情、疎開先での生活など、地域の実態に応じて、資料の入手方法なども踏まえながら学習活動を計画する。

3. 地域の高齢者から、戦争体験について聞き取る活動

聞き取り調査については、戦争中の様子を知るために、地域の方の協力を得て証言を聞く活動が考えられる。その際、子供たちに質問の内容を精査させ、相手の立場にも配慮した活動にする。なお、聞き取り活動の際は、お願いする方に対し、事前に連絡して許可を得るなど、地域住民の承諾や協力を得て実施することについて留意する。

第6学年

内容(2) 全6時間

焼け跡からの復興

単元目標の要素	**C**ontents：学習内容	**V**ision：見方（視点）	**I**nvestigation：調べ方（技能）	**T**hought：考え方（思考）
	Knowledge：知識	**M**otivation：主体的に学習に取り組む態度、社会的事象に関わろうとする態度		

指導計画

主な学習活動　内容（予想される子供の反応例）

つかむ

主な問い 2枚の写真を比べると何か気が付くことがあるだろうか [1時間]

● 終戦直後と20年後の写真を見比べて気付いたことを話し合う。
・家がほとんどない。爆弾で焼けたのだろう。
・ものづくりが進んでいる。車もいっぱいだ。
・きれい。人もたくさん歩いている。

学習問題：20年間で、日本はどのようにして復興したのだろう。

追究する

主な問い 制度はどのように変わったのだろうか [2時間]

● 日本国憲法制定、教育制度改革、選挙制度改革などの諸改革が行われたことを調べてまとめる。
・国民が中心の国に代わった。
・20歳以上の男女に選挙権がもらえるようになった。
・農家を助けると食糧生産が増えるのではないか。
● 日本と諸外国との関係を平和条約締結から考える。

主な問い 人々の暮らしはどのように変わったのだろうか [1時間]

● 戦後諸改革と講和成立にともない、経済成長の後、国民生活がどのように変化したのかを調べる。
・暮らしは楽になった。
・アジアで初めてのオリンピック・パラリンピックが開かれた。

主な問い 1964年オリンピック・パラリンピック東京大会はどのように行われたのだろう [1時間]

● 開催前の準備や、開催後の国内外の変化について調べる。
・東京大会で2回目だったパラリンピックが今もあるのは、日本が次につなげたかったからだね。

まとめる

主な問い 20年間で、日本はどのようにして復興したのだろう [1時間]

● 1964年オリンピック・パラリンピック東京大会を通して、日本が世界の一員として果たした役割について考える。
・新幹線とか高速道路とか、オリンピック・パラリンピック開催に向けて、今でも便利に使えているものを作っていたね。
・世界の人にも復興した日本を見てもらえたと思う。この時代から、日本は世界の中で活躍するようになっていったんだね。

「深い学び」の学習プロセス

指導の手立て

● 終戦直後と20年後の写真を比較して話し合うことを通して、敗戦後の日本の復興に興味がもてるようにする。
資料 S20とS40の横浜の写真
● 政治の仕組みや世の中の関わり、人々の生活など、学習問題への自分の考えをまとめ、予想がもてるようにする。

資料 あたらしい憲法のはなし
● 平和条約を結んだ国と個別に結んだ国を地図上でまとめ、多くの国と関係を結び直したことが分かるようにする。
資料 日本と平和条約を結んだ国を色分けした地図
● 電化製品の普及を通して、人々の生活が変化したことが分かるようにする。
資料 電化製品の普及割合のグラフ
資料 日本の貿易相手国の変遷（財務省貿易統計より）
● 1964年オリンピック・パラリンピック東京大会の費用内訳等の資料から、我が国がオリンピック・パラリンピックの開催に際して、都市基盤の整備や交通網の整備など将来にわたる基盤を整えたことを捉えさせる。
資料 1964年オリンピック・パラリンピック東京大会の費用の内訳
● 1964年オリンピック・パラリンピック東京大会に参加した国の数とその後の参加国の推移を調べることを通して、我が国が国際社会の中で重要な役割を果たしたことが分かるようにする。
資料 オリンピック・パラリンピック参加国の推移

[小学校社会科] 学習指導案文例集

単元目標

◎戦後の我が国の復興**について C**、我が国の諸制度の改革やオリンピック・パラリンピック開催に伴う開発などに**着目して V**、調査したり世界地図や年表などの資料で**調べたり**し、白地図やグラフに**まとめ I**、歴史を学ぶ意味を**考え表現することを通して T**、戦後我が国は民主的な国家として出発し、国民の不断の努力によって国民生活が向上し、国際社会の中で重要な役割を果たしてきたこと**を理解できるようにする K**。

◎戦後日本の復興について、我が国の将来を担う国民としての自覚や平和を願う日本人として世界の国々の人々と共に生きること**を大切にしようとしている M**。

単元の配慮事項

■ 日本の諸制度の改革、オリンピックの開催について、比べることなどを通して、日本がたどってきた復興について具体的に見ていくようにすること。

■ 平和条約締結、アジアで初めてのオリンピック開催などを取り上げ、我が国が世界と協力して平和な社会を作り上げようとしてきたことに着目し、世界との関わりにも目を向け、我が国の歴史を広い視野から捉えられるようにすること。

「見方・考え方」を働かせる「深い学び」のポイント

1. 時間の経過に伴う変化に着目させ、追究させる

つかむ 変化に着目して復興に興味がもてるようにする

20年間の変化について着目させるために、「何が変わったのか」を問い、建築物や人々の様子の変化に興味・関心がもてるようにする。自分たちの住んでいる地域の終戦直後と20年を経た同地域の写真を比べて、変化の様子を捉えることで、「この20年間でどのようにして変わっていったのか」について問題意識をもてるようにする。

追究する 予想し、調べる内容を明確にして追究する

学習問題に対して予想を立て、何を調べていくのかを明確にして学習を進めるようにする。

諸制度の改革については、選挙制度、教育制度など、これまでの制度と比べ、何がどのように変わったのかを具体的に調べられるようにする。また、人々の暮らしの変化については現代の生活と比べ、具体的に考えられるようにする。

例えば、電化製品の家庭への普及割合や貿易相手国の多様化が分かる表などを通して、日本が復興とともに生活が安定してきたことを捉えさせる。

2. 1964年オリンピック・パラリンピックのもたらした影響について捉えさせる

追究する オリンピック・パラリンピックについての準備や、実施後の社会の変化などに着目して調べる

1964年オリンピック・パラリンピック東京大会の費用についてその内訳に着目させるために、「何に使用されているのか」を問い、建設費や基盤整備などの用途について考えられるようにする。

まとめる 戦後復興と自分たちとのつながりを意識する

まとめの場面では1964年オリンピック・パラリンピック東京大会開催について、その参加国の多さに注目して考えさせる。その後のオリンピック・パラリンピックの開催地、参加国の推移から我が国がアジアで初のオリンピック開催国であることや第二回となるパラリンピックを成功させたことの意義について考えられるようにする。

また、現代に生きる自分たちの視点を通して、将来にわたっての日本の役割についても考えをもたせる。その際、これまでのノートや振り返りなどをもとに歴史を学ぶ意味についても考えさせる。

「教材化」のヒント

1. 子供の興味・関心を高める教材

戦後の復興について興味・関心をもたせるために、自分たちの住んでいる地域の復興や変化の様子を、写真資料や資料映像などを視聴することで、具体的に捉えさせる。1964年オリンピック・パラリンピック東京大会については、各地域に関連した施設やモニュメントが残されていることがある。また、当時の新聞広告などを観察することで当時の盛り上がりを追体験することができる。

事前に家庭に連絡して許可を受け、協力を得て当時の様子を家族や祖父母の実体験をもとに聞き取り調査をするとよい。

2. 見方・考え方を働かせるための教材

電化製品の普及の様子を調べるとき、各電化製品の普及率の変化が分かるグラフから、人々がどの電化製品を必要としていたのかを年代ごとに調べ、当時の様子を知る手立てとする。時期によっては、生活を助ける洗濯機よりもテレビなどの娯楽製品の普及率が上がっていることにも着目し、その時代的背景について考えさせる。

3. 子供の思考を促す資料提示や発問

平和条約を締結した国を白地図に記入したり、貿易相手国の増加を表や地図で確認したりすることで、我が国と世界とのつながりを考えをもたせる。

第6学年

内容(3) 全8時間

日本とつながりの深い国々

単元目標の要素	**C**ontents：学習内容	**V**ision：見方（視点）	**I**nvestigation：調べ方（技能）	**T**hought：考え方（思考）
	Knowledge：知識	**M**otivation：主体的に学習に取り組む態度、社会的事象に関わろうとする態度		

指導計画

「深い学び」の学習プロセス

	主な学習活動	内容（予想される子供の反応例）	指導の手立て

つかむ

 日本と外国との関わりはどのようなものなのだろう［2時間］

- 日本に来る外国人観光客数の推移等から今後どうなっていくか話し合う。
- 同じクラスでの生活や、一緒に仕事をする上で大切なことは何か話し合う。
- 日本に住む外国の人が多い国などを調べ、日本とつながりの深い国々を知る。
- 日本とつながりの深い国々の暮らしを予想する。
- 予想を確かめるための学習問題をつくる。

・今以上に多くの外国の人が来る。
・相手の国の言葉や文化を知って、仲よくする。
・洋服や食べ物は中国のものが多い。韓国は食べ物が辛いよ。

資料　日本に来る外国人観光客数の推移を表したグラフ・英語併記の道路標識の写真

資料　外国の人と一緒に学んでいる写真や、一緒に仕事をしている写真

資料　日本との関わりを示す資料
（例）：日本人が多く住む海外の国と日本に住む外国人の円グラフ

学習問題：日本とつながりの深い国の人々はどのような暮らしをしているのだろうか。また、共に生きていく上で大切なことは何だろうか。

追究する

 日本とつながりの深い国の人々はどのような暮らしをしているのだろう［3時間］

- つながりの深い国から自分が調べる国を決める。
- 何を調べると予想を確かめられるか話し合い、調べる項目を決める。
- 地球儀や地図帳、書籍等を使ってその国の文化等を調べ、リーフレットにまとめる。

・食べ物や着ている服を調べると暮らしがよく分かるのではないか。
・建物や気候も国によって違うのでそれも調べたいな。

- 地図上の位置・国旗・国歌・首都・生活習慣・文化や子供の遊び等を調べるようにする。

資料　外国の暮らしについての書籍
資料　世界地図・地球儀

- リーフレットは、校内に掲示することを事前に伝えておき、読む人を意識して書かせる。

 日本とつながりの深い国々の暮らしは日本と比べてどのような違いがあるのだろう［2時間］

- 自分が調べた国と日本を比較し、共通点や差異点を考える。
- リーフレットを使って、様々な国の文化や暮らしを友達同士で交流する。

・人気のあるスポーツが、日本と同じ国もあったが、違う国もあった。
・挨拶の仕方が、日本と違う国があった。
・その国の気候によって着ている服や住む家が違った。

- 調べたことを友達と交流する際に、日本と比較した際の共通点や差異点だけでなく、自分が調べた国と友達の調べた国との共通点・差異点も話し合うよう伝える。

まとめる

 共に生きていく上で大切なことは何だろう［1時間］

- 自分が調べた国の人と仲よくなるための方法を考え、学習問題への考えを書く。
- 自らの追究活動を振り返り、学習感想を書く。

・その国で人気のあるスポーツを調べ、話題にする。
・その国のマナーに反することはしない。

- スポーツや文化などを通して他国と交流している事例を紹介し、そうした交流を通して、異なる文化や習慣を尊重し合うことが大切であることを理解できるようにする。

単元目標	◎グローバル化する世界と日本の役割**について C**、外国の人々の生活の様子などに**着目して Ⅴ**、地図帳や地球儀、各種の資料**で調べて**、ノートやリーフレットなど**にまとめ Ⅰ**、日本の文化や習慣との違いを捉え、国際交流の果たす役割**を考え表現することを通して Ｔ**、我が国と経済や文化などの面でつながりが深い国の人々の生活は多様であること、スポーツや文化などを通して他国と交流し、異なる文化や習慣を尊重し合うことが大切であること**を理解できるようにする Ｋ**。 ○グローバル化する世界と日本の役割について学習問題を意欲的に追究し、我が国や諸外国の伝統や文化**を尊重しようとしている Ｍ**。

単元の配慮事項

■我が国の国旗と国歌の意義を理解し、これを尊重する態度を養うとともに、諸外国の国旗と国歌も同様に尊重する態度を養うよう配慮すること。

■我が国とつながりが深い国から数か国を取り上げ、子供が1か国を選択して調べるよう配慮すること。我が国や諸外国の伝統や文化を尊重しようとする態度を養うよう配慮すること。

「見方・考え方」を働かせる「深い学び」のポイント

1. 日本とつながりの深い国々の人々の生活の様子に着目して追究できるようにする

つかむ 日本とつながりの深い国を知る

日本に住む外国の人が多い国・日本がもっとも多く輸出している国などはどこか予想しながらクイズ形式で知ることで、「日本とつながりの深い国はどこで、どの部分でつながりが深いのだろうか」などと問いをもち、調べる意欲を高められるようにする。

つかむ 日本とつながりの深い国の暮らしを予想する

「日本とつながりの深い国はどのような暮らしをしているのだろうか」などと問いをもち、生活習慣などについてクラス全体で予想し合うことで、予想を確かめるための学習問題づくりができるようにする。

追究する 調べる項目を自分たちで決めて調べる

「何を調べるとその国の生活の様子がよく分かり、学習問題を解決できるのか」などと問いをもち、調べる項目をクラス全体で話し合って決め、追究する視点を焦点化する。教師は必ず調べさせる項目（地図上の位置、国旗や国歌など）を決めておき、子供から出なかった場合に

提示する。

2. 文化や習慣を日本と比較して考え、日本との違いを捉え、異なる文化や習慣を尊重し合うことが大切であることを理解できるようにする

追究する 調べた国の文化や習慣を日本と比べて考える

ことで、日本との違いを捉える

自分が調べた国の文化や習慣を、日本と比べて「私が調べた○○国は、日本と比べて□□が違っていて、△△は似ている」などの文型で表現することで、日本の文化や習慣との違いを明確に捉えることができるようにする。

まとめる 異なる文化や習慣をもつ国の人々とどのような方法で仲よくなるか考える

「自分が調べた国の友達とどのような方法で仲よくなるか」などと問いをもち、自分が調べた国の文化や習慣をその国の人と話す際のきっかけにしたり、相手の国で尊重されているマナーを守ろうとしたりすることなどを通して、異なる文化や習慣を尊重し合うことが大切であることを理解できるようにする。

「教材化」のヒント

1. 子供の興味・関心を高める外国の人々の生活の様子の写真とリーフレットにまとめる活動

本単元では、外国の人々の生活の様子を教材化している。まずは、日本とつながりの深いのはどの国か、どの部分でつながりが深いのかを捉えさせる。

その後、日本とつながりの深い国であるオーストラリアにおける真夏のクリスマスや、アメリカの大きなサイズの食べ物、韓国の伝統的な衣装を着た人々や、日本にはない住居や建物の写真を示し、日本とは違う外国の人々の生活の様子に興味や関心をもたせる。

また、資料を使って一つの国を調べ、リーフレットに

まとめて友達同士で紹介する活動を事前に伝え、追究活動の見通しと追究活動への意欲を高めるようにする。

2. 見方・考え方を働かせるための資料

本単元では、「どのような生活の様子か」という見方と、「日本と比較してどこが違うか、共に生きていく上で大切なことは何か」という考え方を働かせ、生活の様子を詳しく調べるために、司書教諭や学校図書館司書などと連携し、関連図書を多数取り寄せておく。また、追究する段階で常に「日本と比べるとどうか、この国の人と仲よくなるための方法は何か」を意識させる。

第6学年 世界の課題と日本の役割

内容(3) 全8時間

単元目標の要素	**C**ontents：学習内容	**V**ision：見方（視点）	**I**nvestigation：調べ方（技能）	**T**hought：考え方（思考）
	Knowledge：知識	**M**otivation：主体的に学習に取り組む態度、社会的事象に関わろうとする態度		

指導計画

	主な学習活動	内容（予想される子供の反応例）	指導の手立て
つかむ	**世界の課題にはどんなものがあるのだろう**　[2時間] ●国際社会の課題を知る。 ●学習問題を考える	・多くの紛争で人々が難民になっている。 ・食糧難や衛生環境悪化に苦しんでいる。 ・日本は何かできないのだろうか。	●資料を基に世界の課題について考えさせる。 資料　世界の紛争（地図・年表） 資料　アフリカの難民（写真） 資料　世界の大規模災害（地図・写真）

学習問題：国際社会の課題に対して世界の国々はどのように解決しようとしているのだろう。そして、日本はどのような役割を果たしているのだろう。

	主な学習活動	内容（予想される子供の反応例）	指導の手立て
追究する（「深い学び」の学習プロセス）	**世界の国々はどのようにして課題を解決してきたのだろう**　[2時間] ●国際連合の組織とそのひとつであるユニセフの活動について調べる。 ●ユニセフ募金などを通して自分たちもユニセフの活動に協力できることを知る。	・国際連合は多くの国々が集まってできている。 ・様々な組織に分かれて具体的な仕事を進めている。 ・ユニセフの活動には募金などを通して自分たちも参加できる。	●国際連合の加盟国、組織図などで世界の国々が協力して課題の解決に当たっていることを理解させる。その際、活動の場所が世界に広がっていることもおさえる。 資料　国際連合の加盟国、組織（組織図） 資料　ユニセフの活動（地図・写真） 資料　ユニセフ募金（資料）
	日本はどのような国際協力をしているのだろう　[2時間] ●国際緊急援助隊（JDR）が大規模自然災害などに対して医療などの緊急援助をしていることを調べる。 ●NGOなど民間の団体が教育や農業などの分野での協力を調べる。	・世界的な災害などは国際緊急援助隊などが組織的に対応している。 ・ODAなどの援助で橋や道路、病院などをつくってきた。橋に日本との友好をうたった名前がついている。 ・NGOの人たちが現地の人たちと協力して生活の向上に取り組んでいる。	●日本の様々な国際協力について世界地図や簡単な年表などを活用し、その全体像を理解できるようにする。 資料　JDR医療チームのスマトラ沖地震やネパール地震に対する活動（資料、地図、写真） 資料　ODAなどの支援（橋や病院の写真） 資料　NGOの教育・農業協力の活動（写真・人の話）
まとめる	**日本のこれからの国際協力はどのようなことを大切にしたらよいのだろう**　[2時間] ●灌漑施設と井戸掘りの事例を基にグループで話し合い、これからの貢献の仕方を考える。	・国際協力には様々な方法があることが分かった。 ・長く着実にその国の人に役に立つ方法を考えることが大切だと思う。	●水に関する2つの事例を比べ国際協力について大切なことを話し合い発表させる。 資料　灌漑施設、井戸の資料 資料　日本の国際協力の予算（グラフ）

| 単元目標 | ◎グローバル化する世界と日本の役割について C 、地球規模で発生している課題の解決に向けた連携・協力などに着目して V 、地図帳や地球儀を活用したり、各種の資料で調べたりして、まとめ I 、国際連合の働きや我が国の国際協力の様子を捉え、国際社会において我が国が果たしている役割を考え表現することを通して T 、国際連合の一員として重要な役割を果たしたり、諸外国の発展のために援助や協力を行ったりしていることを理解できるようにする K 。
◎世界の課題や日本の役割について、学習問題の解決に向けて意欲的に追究し、我が国が国際社会において果たすべき役割などを多角的に考えたり、選択・判断しようとしたりしている M 。 |

単元の配慮事項

- 我が国が国際社会において果たすべき役割などを多角的に考えたり、選択・判断したりできるように配慮する。
- 「国際連合の働き」についてはユニセフを具体的に取り上げた。「我が国の国際協力の様子」については国際緊急援助隊の活動で大規模自然災害の援助、ODAでインフラの整備、NGOの活動で教育・農業での協力を取り上げた。

「見方・考え方」を働かせる「深い学び」のポイント

1. 地理的な広がりに着目して追究できるようにする

つかむ 世界の広がりを意識させる

「世界のどこで災害や紛争が起こっているのだろう」などと問いをもち、地球儀や世界地図で国の位置を確認することで世界の広がりを実感させる。

戦争の発生地（1990-）
データ：Nobelorize.org

2. 日本の国際協力の歴史に着目して考えることができるようにする

追究する 日本の国際協力を調べ年表に表す

「国際的な課題を解決するために日本はどのような協力をしてきたのだろうか」などと問いをもち、国際緊急援助隊が対応してきた歴史を捉えさせる。

3. これからの日本の国際協力を考えることができるようにする

まとめる 事例を比較し、日本の役割を選択・判断する

「これから日本は国際社会でどのような役割を果たしていけばよいのか」と問いをもち、水確保の協力事例を比較し意見を交換し、これからの日本の国際協力について選択・判断する。

日本のODAで作られた灌漑施設

アフリカにつくられた井戸

「教材化」のヒント

1. 子供の興味・関心を高める難民の写真

国際協力に関する内容は、子供たちの日常からは遠いところにあり、興味・関心が高まらないことも予想される。単元の導入では難民の状況が分かる写真を活用し、その課題や背景などを予想する。

なにかから逃げている。荷物をいっぱいもっている。

こんなに船にのっている。どんな理由があるのだろう。

2. 日本の国際協力を多角的に調べる

相手国の様子を比較しながら、日本の国際協力を多角的に調べ、様々な形の国際協力があることを理解する。

- 2004年にスマトラ沖地震の発生を受け、救助、医療、専門家、自衛隊などで組織された国際緊急援助隊（JDR）が派遣される。
- 日本のODAで橋や道路などの大規模なインフラを整備している。2014年にベトナムに橋が完成した際、橋に日本との友好をうたった名前（ニャッタン橋）がついている。
- NGOの人たちが現地の人たちと協力して生活の向上に取り組んでいる。
- 施設等を作るだけでなく、教育を受けることを支援したり、農業で作物を育てる技術を指導したりして、その国の人々の生活が向上するための取組を進めている。

おわりに

　平成29年3月に新しい学習指導要領が告示されました。今回の学習指導要領の改訂は、昭和22年に学習指導要領（試案）が刊行されて以来、8回目の全面改訂となります。今回の改訂は、情報化、グローバル化などによる激しい社会の変化が予測される中での改訂であり、社会科教育も大きな転換が図られようとしています。このような状況の中で、「社会科を考える会」のメンバーと共に本書の編纂に関わることができたことを嬉しく、また誇りに思っています。

　「社会科を考える会」では、中央教育審議会の審議の最中から新しい社会科の動向に関心をもち、社会科教育の方向性について議論を重ねてきました。「現状の社会科教育の課題は何か」「これからの社会科教育は、何を目指す必要があるか」「子供にも教師にも大切にされる社会科はどのようであるべきか」等々、みんなで真剣に考え続けてきたのです。

　学習指導要領の告示と同時に、試案とも言える指導計画の作成に挑戦することにしました。スタート時は、解説書もない中での検討でした。正直のところ混乱もありましたが、それ以上に様々なアイデアが生まれ、新しい社会科を創り出す楽しさを味わうことができました。

　本書の売りは全学年にわたる「単元別指導計画」です。指導計画は航海図であり羅針盤のようなものです。指導計画が構想できれば、船をこぎ出すことができるのです。そこで、全単元の指導計画を提案したために、1単元1見開きの構成になりました。しかし、いずれの単元指導計画も相当な時間をかけて検討したものです。スペースの関係で十分意図が伝わりきれないものもあるかと思いますが、隙間の部分は本書を手に取った方々に埋めていただくことができれば幸いです。

　平成30年度からは、新学習指導要領も移行期間に入ります。多くの学校や地域で先導的な実践が行われるようになることでしょう。その際、本書の単元指導計画を参考にしていただき、至らないところがあれば修正を重ねていただきたいと思います。

　私たちのミッションもこれで終わるわけではありません。「教育は実践」です。実践を通して今回の単元指導計画を更新していきたいと思っています。そして、全国の実践者のみなさんと共に、よりよい社会を創る社会科教育実践を広げていけたらと願っています。

　本書の刊行に当たり、東洋館出版社の高木聡氏に多くのご助言を賜りました。心から感謝申し上げます。

平成30年3月吉日　廣嶋憲一郎（社会科を考える会代表）

小学校社会科

学習指導案
文例集

2018（平成30）年 3 月31日　初版第 1 刷発行
2019（平成31）年 2 月 4 日　初版第 2 刷発行

編著者　澤井陽介
　　　　廣嶋憲一郎
発行者　錦織圭之介
発行所　株式会社　東洋館出版社
　　　　〒113-0021　東京都文京区本駒込5-16-7
　　　　営業部　電話 03-3823-9206／FAX 03-3823-9208
　　　　編集部　電話 03-3823-9207／FAX 03-3823-9209
　　　　振替　00180-7-96823
　　　　URL　http://www.toyokan.co.jp
装　幀　中濱健治
印刷・製本　藤原印刷株式会社

ISBN978-4-491-03509-3　Printed in Japan

JCOPY ＜㈳出版者著作権管理機構　委託出版物＞
本書の無断複写は著作権法上での例外を除き禁じられています。複写される場合
は，そのつど事前に，㈳出版者著作権管理機構（電話 03-5244-5088，
FAX 03-5244-5089，e-mail：info@jcopy.or.jp）の許諾を得てください。